QIYE ZHONGDIAN LINGYU
HEGUI GUANLI ZHINAN

企业重点领域
合规管理指南

本书编写组　编著

中国财经出版传媒集团

经济科学出版社
Economic Science Press

图书在版编目（CIP）数据

企业重点领域合规管理指南/本书编写组编著 . --
北京：经济科学出版社，2023.5
ISBN 978 - 7 - 5218 - 4811 - 3

Ⅰ. ①企…　Ⅱ. ①本…　Ⅲ. ①企业管理 - 中国 - 指南
Ⅳ. ①F279. 23 - 62

中国国家版本馆 CIP 数据核字（2023）第 096405 号

责任编辑：杨　洋　赵　岩　卢玥丞　杨金月
责任校对：徐　昕
责任印制：范　艳

企业重点领域合规管理指南
本书编写组　编著
经济科学出版社出版、发行　新华书店经销
社址：北京市海淀区阜成路甲 28 号　邮编：100142
总编部电话：010 - 88191217　发行部电话：010 - 88191522
网址：www. esp. com. cn
电子邮箱：esp@ esp. com. cn
天猫网店：经济科学出版社旗舰店
网址：http: //jjkxcbs. tmall. com
北京季蜂印刷有限公司印装
710 × 1000　16 开　21 印张　280000 字
2023 年 7 月第 1 版　2023 年 7 月第 1 次印刷
ISBN 978 - 7 - 5218 - 4811 - 3　定价：82. 00 元

编　者　按

习近平总书记多次强调，守法经营是任何企业都必须遵守的一个大原则，企业只有依法合规经营才能行稳致远。合规管理是企业切实有效防范经营风险的关键措施，是确保企业良性循环、稳健发展的迫切需要。

近年来，国务院国资委深入贯彻落实习近平法治思想，把强化合规管理作为法治央企建设重要内容，采取多项措施指导企业加快建立健全合规管理体系。2022 年，国务院国资委以部门规章形式印发《中央企业合规管理办法》，从组织职责、制度建设、运行机制等方面作出全面部署。中央企业认真落实国务院国资委要求，持续深化法治建设，推进合规管理体系建设，取得积极进展和明显成效，为企业依法合规经营提供了坚实保障。

针对经营管理过程中面临的共性风险，国务院国资委政策法规局指导部分中央企业聚焦重点风险领域，编制了合规管理指南，指导企业采取有效措施，切实防范风险，取得了良好效果。为方便企业了解掌握合规管理要求，本书聚焦反垄断、商业伙伴、劳动用工等重点领域，总结合规管控要点，提出工作建议，希望能为企业加快提升依法合规经营管理水平提供有益帮助和辅导。

在本书付印之际，谨向给予本书编写工作支持和帮助的国务院国资委政策法规局和相关中央企业的领导、专家及各界朋友表示衷心感谢。

《企业重点领域合规管理指南》编写组

2023 年 7 月 10 日

目录

第一章　PPP 业务合规管理指南

第一节　跟踪和筛选阶段

一、词语和定义

（一）PPP

《中央企业合规管理指南》（以下简称本指南）所称 PPP，是指政府为增强公共产品和服务供给能力、提高供给效率，通过特许经营、购买服务、股权合作等方式，与社会资本建立的利益共享、风险分担及长期合作关系。

（二）实施机构

本指南所称实施机构，是指负责 PPP 项目准备、采购、监管和移交等工作的政府或其指定的有关职能部门、事业单位或行业运营公司等。

（三）社会资本方

本指南所称社会资本方，是指与政府方签署 PPP 项目合同的社会资本或项目公司。社会资本是指依法设立且有效存续的具有法人资格的企业。

（四）项目公司

本指南所称项目公司，是指为实施 PPP 项目而依法设立的自主运营、自负盈亏的具有独立法人资格的经营实体。

二、项目跟踪和筛选

（一）项目领域要求

企业跟踪筛选的 PPP 项目应是需求长期稳定、价格调整机制灵活、市场化程度较高的基础设施及公共服务类项目。具体包括：燃气、供电、供水、供热、污水及垃圾处理等市政设施项目；公路、铁路、机场、城市轨道交通等交通设施项目；医疗、旅游、教育培训、健康养老等公共服务项目；水利、资源环境、生态保护、新型城镇化试点等项目。

（二）项目入库

企业跟踪筛选的 PPP 项目应按规定已纳入财政部全国 PPP 综合信息平台和国家发展改革委投资项目在线审批监管平台，或已具备纳入以上平台的条件。根据《关于规范政府和社会资本合作（PPP）综合信息平台项目库管理的通知》规定，存在下列情形之一的项目，无法入库或需要被清理出库。

（1）商业地产开发、招商引资等不属于基础设施及公共服务领域，政府不负提供义务的项目。

（2）涉及国家安全或重大公共利益，不宜由企业承担的项目。

（3）仅涉及项目建设，无实质运营内容的采用建设—移交（BT）方式实施的项目。

（4）未按规定履行立项审批手续的新建、改扩建项目。未履行国有资产审批、评估手续的国有资产权益转移存量项目。

（5）入库之日起一年内无任何实质性进展或项目发起人或实施机构书面确认不再采用 PPP 模式实施的项目。

（6）未通过物有所值评价和财政承受能力论证的项目，或虽已开展物有所值评价和财政承受能力论证，但评价方法和程序不符合规定的项目。

（7）未建立与项目产出绩效相挂钩的政府付费或可行性缺口补助项目。

（8）在项目合作期内未连续、平滑支付，导致某一时期内政府财政支出压力激增的政府付费或可行性缺口补助项目。

（9）建设成本未参与绩效考核，或实际与绩效考核结果挂钩部分占比不足30%，固化政府支出责任的项目。

（10）财政支出责任占比已超过5%的地区新上的政府付费项目。尚未进入采购阶段但本级政府当前及以后年度财政承受能力已超过10%上限的项目。

（11）通过打捆、包装等方式，将新上政府付费项目变为内容无实质关联、使用者付费比例低于10%的使用者付费项目。

（12）致使政府从一般公共预算列支的财政支出责任，超过当年本级一般公共预算10%的项目。

（13）采购文件中设置歧视性条款、影响企业平等参与的项目。

（14）未按合同约定落实项目债权融资的项目。或违反相关法律和政策规定，未按时足额缴纳项目资本金、以债务性资金充当资本金（国家另行规定的除外）或由第三方代持企业方股份的项目。

（15）由政府或政府指定机构回购企业投资本金或兜底本金损失的项目。

（16）政府向企业承诺固定收益回报的项目，或政府及其部门为项目债务提供任何形式担保等其他违法违规举债担保的项目。

（17）其他违反规定的项目。

如果企业跟踪和筛选的项目未能纳入财政部全国PPP综合信息平台和发改委投资项目在线审批监管平台，将无法开展项目运作，因此要将PPP项目入库作为PPP项目合同生效要件，或作为实施机构承诺，要求实施机构明确如果无法入库应当承担的责任。

（三）前期工作开展

企业跟踪筛选的PPP项目前期准备工作应已到位。新建、改扩建项目已按规定履行相关立项审批手续;涉及国有资产权益转移的存量项目已按规定履行相关国有资产审批、评估手续;项目已通过物有所值评价和财政承受能力论证。

企业应当关注项目前期工作中有关审批文件的办理主体是否超越其法定权限范围,审批程序是否符合要求。一般情况下,PPP 项目前期工作由实施机构负责。实施机构的主体资格应符合《关于印发政府和社会资本合作模式操作指南(试行)的通知》①《关于开展政府和社会资本合作的指导意见》等相关要求。需重点关注政府方 PPP 项目审批手续及审批程序是否合规,对 PPP 项目批准文件的审批主体资格、审批权限及工作程序进行审查。重点审查项目是否入库,核实 PPP 项目财政支出责任是否纳入财政一般公共预算管理,是否超过当年本级一般公共预算支出的 10% 以及是否纳入中长期财政规划。同时,审查项目的建议书及批复文件、可行性研究报告(含选址意见书、土地预审意见、环境影响评价报告等支撑性文件)及批复文件、设计文件及批复文件(如有)等审批手续是否完备。

(四)政府财政支出安排

跟踪筛选 PPP 项目时,应关注政府每一年度全部 PPP 项目需从预算中安排的支出责任以及占比。项目所在地政府每一年度全部 PPP 项目需要从预算中安排的支出责任,占一般公共预算支出比例是否超过 10%。财政支出责任占比超过 5% 的地区,根据《关于推进政府和社会资本合作规范发展的实施意见》规定,除污水、垃圾处理等依照收支两条线管理、表现为政府付费形式的 PPP 项目之外,无法推出新的政府付费项目②。

在实践中,如果项目未纳入一般公共预算管理,应在 PPP 项目合同中

---

① 《政府和社会资本合作模式操作指南(试行)》虽已在《财政部关于公布废止和失效的财政规章和规范性文件目录(第十三批)的决定》中废止,但在新的替代文件出台前,仍具有指导意义。

② 《关于进一步推动政府和社会资本合作（PPP）规范发展、阳光运行的通知》再次强调对财政承受能力红线约束。

将项目纳入一般公共预算管理作为合同的生效要件，或要求实施机构承诺明确如果未纳入一般公共预算管理应当承担的责任。此外，PPP项目不应从政府性基金预算、国有资本经营预算安排中支出。

（五）企业资产规模

根据《关于加强中央企业PPP业务风险管控的通知》规定，企业跟踪筛选的PPP项目应属于企业主业领域投资。已纳入企业债务风险管控范围的企业集团，累计对PPP项目的净投资产已超过上一年度合并净资产50%的，跟踪筛选时应测算对企业资产负债率的影响，不应因开展PPP项目而推高企业资产负债率。资产负债率高于85%或近2年连续亏损的企业，应以联合投资的方式实施PPP项目。

（六）项目模式

实践中可能存在将不符合采用PPP模式要求的项目包装成PPP模式而引发的风险。对此，企业应对照国务院及有关部委规定，对跟踪筛选的项目是否适宜采用PPP模式进行严格审查，明确约定相关责任的承担及费用补偿等。

第二节　可研报告及项目决策阶段

一、可行性分析

企业应根据《关于加强中央企业PPP业务风险管控的通知》要求，在PPP项目决策前充分开展项目可行性分析，并形成可行性分析报告。报告内容一般应包括：项目概述（项目概况、项目区位、主要建设运营内容、主要经济指标、交易结构、主要产出说明、项目进展情况）、项目背景及必要性、地方政府信誉及财政承受能力评估、项目投标单位及合作单位、项目交易结构及法人治理结构、项目投资（融资）方案、项目回报机制与绩效考核、项目运营、移交及退出方案、合同体系及主要边界条件、项目经济评价、项目风险及防控、结论与建议等。

高度关注可行性分析不实风险，避免流于形式，或分析所依据的资料和数据信息存在隐瞒、篡改等情形，影响 PPP 项目投资决策有效性。对此，建议健全企业投资项目管理制度体系，对 PPP 项目可行性研究报告所包含的内容要素及研究深度提出明确、标准化要求，加强对 PPP 项目投资决策前及投标前审核评估。强化责任追究，对可行性分析报告弄虚作假，造成重大经济损失的进行责任追究。

二、审批主体

企业集团总部（含整体上市的上市公司总部）是 PPP 业务的投资决策审批主体。企业集团总部承担 PPP 业务的管控主体责任，投资 PPP 项目的各级子企业承担 PPP 业务的具体管理责任。企业集团总部（含整体上市的上市公司总部）依法依规履行内部程序后，根据管控能力、业务集中度等因素，可将一定投资限额内的 PPP 业务决策权授权至二级子企业，被授权的二级子企业不应转（再）授权。

三、决策流程

企业应对项目投标实施前置审核。审核未通过的，不得开展项目投标。审核通过且中标的，企业应根据企业章程、"三重一大"决策制度等规定，报内部相关决策机构审核决策。审核决策通过的，根据《关于加强中央企业 PPP 业务风险管控的通知》规定，报企业集团总部（含整体上市的上市公司总部）审批决策。企业集团总部（含整体上市的上市公司总部）根据章程、"三重一大"决策制度等规定审批决策前，可委托第三方机构对项目经济性、科学性等进行评价。评价结果应作为审批决策参考依据。

四、重点关注事项

（一）项目是否完成可行性论证

企业拟投资 PPP 项目的，应关注政府方是否已按照《国务院办公厅关于保持基础设施领域补短板力度的指导意见》《国家发展改革委关于依法依规加强 PPP 项目投资和建设管理的通知》等规定进行可行性论证：一是从经济社会发展需要、规划要求、技术和经济可行性、环境影响、投融资方案、资源综合利用以及是否有利于提升人民生活质量等方面，对项目可行性进行充分分析和论证；二是从政府投资必要性、政府投资方式比选、项目全生命周期成本、运营效率、风险管理以及是否有利于吸引企业参与等方面，对项目是否适宜采用 PPP 模式进行分析和论证。

（二）项目是否已履行审核备案程序

企业拟投资 PPP 项目的，应关注政府方是否已按照《政府投资条例》以及《企业投资项目核准和备案管理条例》等规定履行项目审批、核准以及备案程序。当项目建设地点发生变化，建设规模和主要建设内容发生较大变化，建设标准发生较大变化，项目投资规模超过投资批复的 10%，应重点关注政府方是否已重新履行项目审核备案程序。

（三）项目是否达到决策指标要求

企业集团总部（含整体上市的上市公司总部）审批决策时，应设置合理的项目财务管控指标、投资回报率和项目风险管控等作为决策的依据指标，一般包括：项目是否符合国家产业政策和企业发展战略和规划；项目的技术、市场、经济性是否合理，支撑材料分析、数据测算是否真实、可靠；投融资方案是否科学合理，项目资金是否已经落实；投资回报是否高于企业相同或相近期限债务融资成本，对企业的经济增加值是否在合理范围；投资风险分析是否全面，风险是否可控、可接受或者已经制定有效的防范措施；投资法律风险评估是否到位，是否存在违法违规问题，是否已经制定法律风险防控措施。

（四）规范缴纳项目保证金

企业缴纳的项目保证金限于投标保证金、履约保证金、工程质量保证金、农民工工资保证金等四项。项目保证金应按规定以银行保函等非现金方式缴纳。

（五）严禁未批先投

未批先投指企业未按规定履行投标前置审核、项目保证金缴纳等审批程序，或者上述程序尚未审批通过时，擅自实施项目投标或缴纳保证金。对此要坚决予以禁止，同时要按照《国务院办公厅关于清理规范工程建设领域保证金的通知》《关于进一步推动中央企业工程建设领域保证金保函替代工作有关事项的通知》要求，建立工程项目保证金支付审批备案制度，明确项目保证金的审批程序和权限。对以现金形式缴纳项目保证金超过5000万元的，应经企业集团总部批准，超过1亿元的应报国资委备案。

第三节　投标阶段

一、遴选方式

企业应按照《中华人民共和国政府采购法》《政府采购竞争性磋商采购方式管理暂行办法》等规定，通过公开招标、邀请招标、竞争性谈判、竞争性磋商和单一来源采购五种方式成为项目社会资本方。其中，以公开招标、邀请招标、竞争性谈判、竞争性磋商方式参与投标或磋商活动前，应按要求参加实施机构组织的项目资格预审。

二、遴选流程

企业要成为项目社会资本方，一般应经过资格预审、项目投标、现场考察、采购结果确认谈判、拟定并签订项目合同等流程。

（一）资格预审

企业应按照实施机构在项目所在地省级以上人民政府财政部门指定媒体发布的政府采购资格预审公告要求，在规定的时限内提交资格预审申请文件。

（二）项目投标

1. 投标前准备

投标前，企业应组织专业投标团队，认真研究采购文件中的专用条件、技术规范、功能描述书、投标书附录等内容，充分识别项目风险，划分项目风险等级，制定投标策略及风险防控举措。

2. 编制投标文件

企业应按照《中华人民共和国建筑法》《中华人民共和国招标投标法》规定编制投标文件。投标文件应真实有效，符合采购文件要求并对采购文件作出实质性响应。采购文件有内容含糊或前后不一致的，企业应要求采购方组织澄清。

3. 递交投标文件

企业应在采购文件规定的首次提交投标文件截止日期前以密封方式递交投标文件。投标截止日期前，企业可通过书面形式修改、替代和撤销已递交的投标文件，其格式应与投标文件的格式相同。

（三）现场考察

企业可要求实施机构按照公平、合法原则组织现场考察或者召开采购前答疑会。现场考察和答疑会应有两个以上（含两个）的企业参加。

（四）采购结果确认谈判

按照候选排名，企业依次与实施机构就项目合同中可变的细节问题进行签署前确认谈判。确认谈判不得涉及项目合同中的实质性条款（工作范围、合作期限、质量标准、合同价格等）。

（五）拟定并签订项目合同

企业应按照《政府和社会资本合作项目政府采购管理办法》规定，在被确定为预中标、成交社会资本方后 10 个工作日内，与实施机构签署确认谈判备忘录，并根据采购文件、响应文件及有关补遗文件和确认谈判备忘录共同拟定项目合同。

三、重点关注事项

（一）提交资格预审申请文件的期限

根据《政府和社会资本合作项目政府采购管理办法》规定，提交资格预审申请文件的期限应不少于自资格预审公告发布之日起 15 个工作日。

（二）资格预审评审小组的组成

评审小组应由实施机构代表和评审专家共 5 人以上单数组成，其中评审专家人数不少于评审小组成员总数的 2/3。评审专家可以由项目实施机构自行选定，但评审专家中至少应当包括 1 名财务专家和 1 名法律专家。

（三）履行公示程序

被确定为预中标、成交社会资本方后，实施机构应将预中标、成交结果和项目合同在省级以上人民政府财政部门指定的政府采购信息发布媒体上进行公示，公示期不少于 5 个工作日。公示期满无异议后 2 个工作日内，实施机构应及时发出中标、成交通知书，并在规定期限内签订经本级人民政府审核同意的项目合同。

四、主要合规风险防范

（一）实施机构主体不适格风险

1. 风险概述

实施机构主体不适格包括两个方面：一是实施机构与国务院有关部委发布的政策规定不一致；二是签署项目合同的实施机构未获得政府正式授权。

2. 主要应对举措

（1）按照项目具体适用的 PPP 政策规范确定项目实施机构，同时明确项目实施机构的授权依据、范围、预算安排等。

（2）实施机构不符合政策要求的，企业应与政府协商更换实施机构，确保实施机构主体资格符合相关要求。

（3）如签署项目合同的一方为实施机构派出机构，企业应要求实施机构明确派出机构仅为实施机构授权代表，项目合同下的权利义务均由实施机构承担，实施机构追认派出机构的一切行为并承担相应法律责任。

（4）企业在投标前应查看招标人的招标授权文件。如果中标后发现招标人授权存在瑕疵，企业应协调招标人尽快取得实施机构的追认。

（二）投标主体不适格风险

1. 风险概述

投标主体不适格是指项目投标人的主体资格不符合政府采购法律法规及有关规定要求。

2. 主要应对举措

（1）单独投标时，确保作为投标人的主体资格符合政府采购法律法规及有关规定要求。

（2）联合体投标时，企业应合理选择联合体成员及联合方式，并签署联合体协议，合理划分联合体成员的权利与义务。避免因联合体成员的资质认定、业务禁止、权利与义务约定不清等问题导致联合体投标无效或者发生争议。避免母公司参与投标而子公司履约或者商业银行直接作为股东参与项目股权投资等情形的发生。

（三）采购方式违规风险

1. 风险概述

采购方式违规，是指实施机构未按照政府采购法律法规及有关要求遴选社会资本方，或者违反规定采用"两招"变"一招"① 方式。

2. 主要应对举措

（1）重点关注招标主体的资格及授权文件、招标方式的合法合规性，尤其是审查单一来源采购方式的项目是否符合《中华人民共和国政府采购法》及其实施条例相关规定。

（2）在投标阶段，禁止投标人与招标人就实质性内容进行谈判或形成书面材料。

（3）严格按照《中华人民共和国招标投标法》《招标投标法实施条例》，以及政府采购有关政策规定的条件遴选社会资本方和项目施工主体。

第四节　合同签署阶段

一、合作方式

企业应以委托运营、管理合同、建设—运营—移交、建设—拥有—运营、转让—运营—移交和改建—运营—移交等方式与政府开展 PPP 项目合

---

① 《关于在公共服务领域深入推进政府和社会资本合作工作的通知》规定，对于涉及工程建设、设备采购或服务外包的 PPP 项目，已经依据《中华人民共和国政府采购法》选定社会资本合作方的，合作方依法能够自行建设、生产或者提供服务的，按照《招标投标法实施条例》第九条规定，合作方可以不再进行招标，即 PPP 项目实践中所称的"两招"变"一招"。

作。新建的经营性及准经营性项目一般采用建设—运营—移交、建设—拥有—运营等合作方式。存量项目一般采用改建—运营—移交、移交—运营—移交等合作方式。

二、签署主体

签订 PPP 项目合同的政府方，应是县级及县级以上具有相应行政权力的政府或其授权的实施机构。签订 PPP 项目合同的社会资本方，应是依法设立且有效存续的具有法人资格的企业。成立项目公司的，由项目公司作为项目合同及其他相关合同的签约主体。

三、签署路径

未设立项目公司的，由中标企业直接与实施机构签订确认谈判备忘录、项目合同。设立项目公司的，项目公司成立前，企业应先与实施机构签订确认谈判备忘录、项目合同；项目公司成立后，由项目公司与实施机构重新签署项目合同，或者签署继承项目合同的补充合同，对项目合同生效后实施机构与项目公司及企业此前就本项目所达成的协议是否继续存续进行约定。

四、签署时限

实施机构发出中标、成交通知书后，企业应根据《中华人民共和国招标投标法》《政府和社会资本合作项目政府采购管理办法》规定，督促实施机构按照规定时限及时签署项目合同。签署之前，项目合同应履行有关审批程序。

五、合同体系内容

项目合同、股东协议、工程承包合同、运营服务合同、原料供应合同、产品或服务购买合同、融资合同和保险合同等组成项目合同体系。合同体系中各合同的内容由当事人约定。合同的内容，根据《中华人民共和国民法典》第四百七十条规定，一般包括以下条款：（一）当事人的名称或者姓名和住所；（二）标的；（三）数量；（四）质量；（五）价款或者报酬；（六）履行期限、地点和方式；（七）违约责任；（八）解决争议的方法。

当事人可以参照各类合同的示范文本订立合同，但应注重合同之间的传导关系及合同内容的贯通衔接。

PPP项目合同是PPP项目合同体系的核心，企业应参照国务院有关部委发布的项目合同指南，重点做好项目价格机制、合作期限、项目融资等条款的设计安排。

（一）价格机制

1. 健全项目定价机制

企业应在项目合同中健全项目定价机制：一是要统筹考虑项目投资、利益分配机制、价格政策、政府补贴或优惠、最低需求量保证、产品或服务的能力水平、期望投资回报率、公众需求量及消费心理、税收政策等影响项目定价的因素。二是要制定有效定价举措。项目合同中应制定包括设置唯一性条款、限制超额利润、设置可计量、可衡量的绩效评估机制、限定政府参与收费定价的具体方式等在内的项目定价举措。

2. 完善项目调价机制

一是在项目合同中明确享有项目调价权的主体。享有项目调价权的主体一般为社会资本方，涉及公众利益的，项目调价主体还包括行业主管部门。二是明晰调价的具体情形。当PPP项目合同约定的调价周期届满，或者项目价格变化幅度、服务范围达到PPP项目合同约定的标准时，可申请调价。三是规范审价流程。实施机构应在项目合同约定的期限内审查调价申请，作出同意或不同意调价的决定。有异议的，应按约定的争议解决机制处理。调价需要履行听证程序的，应按照《中华人民共和国价格法》等规定，履行价格听证等法定程序。

3. 确定付费机制

一是在项目合同中设定可细化量化的合理性项目绩效指标。二是在项目合同中明确不同付费机制所依据的核心要素。政府付费和可行性缺口补助项目，应明确项目"可用""不可用"的界定标准，以及"不可用"情形下相应的违约豁免、社会资本方获取经济补助的具体方式。建立"照付不议"付费制度，当项目实际需求低于约定的最低需求时，应尽量要求实施机构仍负付费义务。使用者付费项目，应确保一定期限内项目附近没有其他新建和竞争性项目。对因需求激增或收费价格上涨引发的政府限定社会资本方投资回报率的，应约定具体措施确保项目公司或社会资本能获得合理收益。

（二）合作期限

1. 项目合作期限

确定项目合作期限，应根据项目的投资回收期、项目设计和建设期、财政承受能力等综合确定。项目合同约定的项目合作期限应在 10～30 年之间，对于投资规模大、回报期长的特许经营项目，可约定超过 30 年的合作期限，但法律法规另有规定的，应从其规定。

2. 合作期限的规定方式

应采取以下两种方式在项目合同中约定合作期限的起始：一是自合同生效之日起的一个固定的整体期限。二是分别设置独立的设计建设期间和运营期间，并规定运营期间为自项目开始运营之日起的一个固定期限。

3. 合作期限的延长

项目合同中应明确合作期限可以延长的事由，当实施机构违约导致社会资本方延误履行其义务并迟延获取收益，或因发生实施机构应承担的风险导致社会资本方延误履行其义务并迟延获取收益的，项目合作期限可适当延长。

（三）项目融资

1. 项目融资

项目合同中，应明确项目公司和融资方的权利和义务，明确约定项目全生命周期内相关资产和权益的归属，以确定项目公司是否有权通过在相关资产和权益上设定抵/质押担保等方式获得项目融资，以及是否有权通过转让项目公司股份以及处置项目相关资产或权益等方式实现投资的退出。涉及融资交割的，须确保所提交的融资文件满足融资方的要求，或被有效豁免，所签订的融资合同合法有效。融资方的权利义务中，应关注融资方在特定情形下的介入权，以及介入权行使的具体情形、程序和通知义务等。如政府为项目提供投资补助、基金注资、担保补贴、贷款贴息等支持的，项目合同中须明确政府支持的具体方式及条件。

2. 项目再融资

项目合同应约定再融资的条件，以及再融资后所节省的财务费用的具体分配。

六、主要合规风险防范

（一）违规签署合同风险

1. 风险概述

违规签署合同包括两个方面：一是指中标后，实施机构和企业未能在《中华人民共和国招标投标法》规定的期限内，根据招投标文件、《中标通知书》确定的内容签订 PPP 项目合同；二是指实施机构和企业违反《中华人民共和国招标投标法》《最高人民法院关于审理建设工程施工合同纠纷案件适用法律问题的解释（一）》的相关规定，另行签订在工程范围、建设工期、工程质量、工程价款等方面与《中标通知书》不一致的合同。

2. 主要应对举措

（1）实施机构与企业应严格按照《中华人民共和国招标投标法》等法律法规中关于合同签署期限、依据及签署内容的相关规定，依法依规签订 PPP 项目合同。

（2）确需变更 PPP 项目合同的，实施机构与企业应在不变更原 PPP 项目合同中有关工程范围、建设工期、工程质量、工程价款等实质性内容的前提下，另行签订补充协议。

（二）收益模式违规风险

1. 风险概述

收益模式违规是指实施机构违反 PPP 项目利益共享、风险共担的原则，向社会资本方承诺固定收益回报，或者 PPP 项目的未来收益及清偿责任与土地出让收入挂钩。

2. 主要应对举措

（1）严格按照有关政策规定，确定符合政策要求的 PPP 项目收益模式，避免因 PPP 项目模式违规被清退出库，导致社会资本方收益受损。

（2）项目收益模式违反政策规定的，企业应与实施机构重新测算并出具符合规定的实施方案，及时变更项目回报模式，并签订补充协议予以固化。

（三）违规增信风险

1. 风险概述

违规增信是指为成功获得融资，企业拟通过引入"名股实债"类股权资金、购买劣后级份额或为其他股东出资提供担保、承诺收益等方式向金融机构提供融资增信。

2. 主要应对举措

（1）探索多元化融资增信方式。原则上由项目自身权益、资产或股权投资作为担保措施。尝试采用排污权、收费权、特许经营权、购买服务协议预期收益等权利出质或资产抵押方式作为融资担保措施。

（2）严格按照国资监管规定要求，对确需由项目公司股东提供融资担保的，应坚持由项目公司各方股东按照出资比例提供担保。

（四）违规分担法律风险

1. 风险概述

违规分担法律风险是指政府违反政策规定，通过项目合同条款安排，将本应由政府承担的包括政策变动、不可抗力在内的法律风险转嫁给企业承担。

2. 主要应对举措

（1）总体上，按照以下原则分配风险。一是承担风险的一方应对该风险具有控制力，承担风险的一方能够将该风险合理转移；二是承担风险的一方对于控制该风险最为有效；三是如果风险最终发生，承担风险的一方不应将产生的费用和损失转移给合同相对方。

（2）具体而言，土地使用权获取、政策调整、法律变更等风险一般由政府方承担。对项目融资风险，项目设计、建设和运营维护相关风险，包括完工、供应、技术、运营以及移交资产不达标等风险，可由社会资本方承担。不可抗力风险由双方合理分担。

第五节　实施前准备阶段

一、项目公司设立

社会资本方应按照采购文件及项目合同约定，按时足额出资设立项目公司。

（一）项目公司法人治理结构

项目公司应建立健全现代企业制度，完善法人治理结构，合理设置股东会、董事会、监事会。

（二）项目公司党的建设

项目公司为国有资本绝对控股企业的，应根据《中共中央组织部　国务院国资委党委关于扎实推动国有企业党建工作要求写入公司章程的通知》规定，将党建工作要求写入项目公司章程，并按照《中国共产党章程》《中国共产党国有企业基层组织工作条例（试行）》规定，在项目公司设立党的工作机构，配齐配强专兼职党务工作人员，保证必需的党建工作经费，确保党的活动能够正常开展。

二、项目融资

企业应按照《关于加强固定资产投资项目资本金管理的通知》《关于加强中央企业 PPP 业务风险管控的通知》《关于规范金融企业对地方政府和国有企业投融资行为有关问题的通知》等规定，落实项目融资。

（一）融资要求

根据股权比例合理确定各方融资比例。优先使用金融机构或受托管理资金、保险资金、基本养老保险基金等长期低成本资金支持。项目融资比例应结合企业的资产负债率设定，匹配好债务融资与项目生命周期，严格控制杠杆比例。企业提供项目融资担保时，应由项目自身权益、资产或股权投资担保，确需企业担保的，应由项目公司各股东按照出资比例提供担保。

（二）企业融资

禁止以"名股实债"、股东借款、借贷资金等债务性资金作为项目资本金。以股权资金方式进行项目融资的，应以非劣后方式进行融资。不得为其他方股东出资提供担保、承诺收益。企业融资时，应重点关注以下事项。一是企业不应为政府举债或变相为政府举债提供便利。二是实施机构应以非借贷类资金出资项目公司。三是企业不应要求实施机构就项目投资本金损失、项目最低收益作出承诺。四是除外国政府和国际经济组织贷款转贷外，企业不得要求实施机构就项目融资承担偿债责任。

三、组建项目管理机构

除按照项目合同约定组建项目公司外，承担项目建设任务的企业应按照《建设工程项目管理规范》（GB/T50326－2017）规定，及时组建项目管理机构。项目管理机构的人员配置应满足 PPP 项目管理需要。项目管理机构成员应具备相应资格，并按照职责权限开展工作。

四、主要合规风险防范

（一）债务性资金出资风险

1. 风险概述

债务性资金出资是指企业为缓解资金压力，通过引入金融机构筹措项目资本金，金融机构以股加债、名股实债等方式提供债务性资金作为资本金注入 PPP 项目。

2. 主要应对举措

严格把握项目资本金合法合规的底线，禁止以"名股实债"、股东借款、借贷资金等债务性资金和以公益性资产、储备土地等方式违规出资或不实出资，确保出资合法合规。

（二）项目公司设立及治理风险

1. 风险概述

政府为加强对项目的管控，不仅在项目合同层面设置实施机构各项监督与临时干预权利，也在项目公司治理层面限制企业在项目公司中的权利，违反实施机构在项目公司中不得有实际控制力及管理权的政策规定而引发的风险。

2. 主要应对举措

（1）严格按照有关规定及项目合同约定设立项目公司。对政府参与设立项目公司的，应确保实施机构在项目公司中的持股比例不高于 50%，且不具有实际控制力及管理权。

（2）科学配置股东会、董事会、监事会、经理层和党组织的权责关系。股东会、董事会、监事会、经理层和党组织的职权划分应符合有关规定。决策机构的议事规则和表决机制应当公平合理。政府参股项目公司的，应明确政府享有的分配权益和股东代表在项目公司法人治理结构中的安排。如是否享有与其他股东同等权益，是否在利润分配顺序上予以优先安排，是否在特定事项上拥有否决权等。

（3）合理设置一票否决权。项目公司章程中应明确约定实施机构行使一票否决权的事项及前提。避免出现"重大事项""大额支付"等界定不清晰的定性表述。通常情况下，项目公司法人治理结构中，除涉及公共安全、公共利益外，要限制实施机构在项目公司拥有和使用一票否决权的情形。大股东应按照章程行使权利，避免出现大股东权利滥用的情形。

（4）完善授权管理制度，明确项目公司各项事务办理流程，避免实施机构代表在制度文件规定的权限以外干涉项目公司正常经营。

（5）当实施机构或者联合体中的金融机构为项目公司大股东时，在项目公司组建时应充分考虑实际管理方的权利诉求，在股东会、董事会决议表决权设置及经理层人员派驻方面，确保实际管理方能顺利实现对项目公司的日常经营管理。

（三）表外融资风险

1. 风险概述

表外融资风险是指企业出于优化自身财务报表、规避考核等方面的考虑，未按照"实质重于形式"原则，对拥有实际控制权的 PPP 项目合并财务报表而引发的风险。

2. 应对举措

严格按照《关于印发修订〈企业会计准则第 33 号——合并财务报表〉的通知》《关于加强中央企业 PPP 业务风险管控的通知》要求，按照"实质重于形式"原则综合判断对 PPP 项目的控制程度，规范界定财务报表合并范围。

第六节　项目实施阶段

一、合同技术交底

项目实施前，项目公司应组织实施项目合同交底。就合同的主要内容、合同责任、实施风险、合同目标等向相关方进行说明。承担项目设计任务的项目公司，应组织设计单位根据审核合格的施工图，就设计内容、设计意图和施工注意事项向项目监理单位、施工单位进行说明。

二、项目过程管控

（一）工程设计管理

根据项目合同约定，承担项目设计任务的项目公司，应组建项目设计管理部门，界定设计管理职责与分工，健全项目设计管理制度体系，明确项目设计控制流程。理顺设计与采购、施工、运营等专业环节的接口关系，建立项目设计管理工作动态调整机制。

（二）项目进度、质量、安全环保管理

项目公司应按照《建设工程项目管理规范》（GBT50326－2017）要求，做好项目进度、质量、安全环保管控，确保项目进度、质量、安全环保在可控范围之内。

1. 项目进度

项目公司要根据项目施工合同约定履行项目进度管控职责。应将项目关键线路上的各项活动目标作为项目进度控制的重点。要定期检查项目进度，当项目实际进度和计划进度不一致时，项目公司应采取有效举措，或按照规定对进度计划进行变更调整。

2. 项目质量

项目公司应根据项目施工合同中的质量条款、项目设计文件、法律法规和标准规范要求，采取跟踪、数据收集与比较、分析与纠偏等手段，开展项目质量控制。

3. 项目安全环保

项目公司应按照《建设工程安全生产管理条例》等规定，开展项目常态化安全环保管理。

三、项目收尾

项目公司应按照《建设工程项目管理规范》（GBT50326－2017）要求，完成项目竣工验收、项目竣工结算、项目竣工决算、项目保修等收尾工作。

（一）组织项目竣工验收

项目公司应按照《中华人民共和国建筑法》《建设工程质量管理条例》《建筑工程施工质量验收统一标准》（GB50300－2013）、《建设工程文件归档整理规范》（GB/T50328－2001），以及地方主管部门关于基本建设项目验收管理的规定组织项目竣工验收，验收合格后编写竣工验收报告书。

（二）完成项目竣工结算

项目竣工验收后，项目公司应根据项目合同、竣工图和工程变更文件、有关技术资料、工程计价文件和工程量清单以及确认的签证和工程索赔资料等办理项目竣工结算。

（三）开展项目竣工决算

项目公司应按规定，依据项目可行性研究报告、项目概算文件、项目设计文件、项目合同、竣工结算书等编制项目竣工决算书。项目竣工决算书应包括项目竣工财务决算说明书、项目竣工财务决算报表、项目造价分析表。

（四）实施项目保修

项目公司应制定项目保修期管理制度，按照《建设工程质量保证金管理办法》要求，与施工单位签订项目保修期保修合同，确定质量保修范围、期限、责任与费用的计算方法。

四、重点关注事项

（一）项目手续

如需企业办理用地手续的，应按照规定向城乡规划、国土资源、环境保护等部门申请办理规划选址、用地预审、环境影响评价、开工许可等审批手续。

（二）履约担保

企业缴纳的保证金数额应在项目预算金额的2%以内。履约保证金的数额应在项目初始投资总额或者资产评估值的10%以内。无固定资产投资或者投资额不大的服务型PPP项目，履约保证金的数额应在项目平均6个月服务收入额以内。

五、主要合规风险防范

（一）项目管理风险

1. 风险概述

项目管理风险是指未按照工程项目管理规范要求，未建立健全项目管理制度体系，未配备与所承建项目规模、复杂程度相适应的项目管理人员而导致的风险。

2. 主要应对举措

（1）按照工程项目管理规范要求，建立健全包括质量、安全、进度、资金、技术、材料、设备等在内的项目管理制度体系。

（2）根据所承建项目的规模及复杂程度，配备持有政府有关部门规定的资质证书的项目管理人员。同时，要避免项目管理机构负责人未经项目公司同意兼任两个及以上工程项目的项目管理机构负责人。

（二）项目超概风险

1. 风险概述

项目超概风险是指由于增加建设内容、扩大建设规模、提高建设标准或改变设计方案，或者项目建设期价格大幅上涨、政策调整、地质条件发生重大变化和自然灾害等不可抗力因素等原因导致项目超概而引发的风险。

2. 主要应对举措

（1）项目公司应按照《中央预算内直接投资项目管理办法》《国家发展改革委关于加强中央预算内投资项目概算调整管理的通知》《中央预算内直接投资项目概算管理暂行办法》，以及项目所在地政府发改部门发布的制度规定，做好项目概算控制及调整。合同价格的调整必须控制在概（预）算内。

项目由于政策调整、价格上涨、地质条件发生重大变化等原因确需调整投资概算的，由项目公司向实施机构提交概算调整申请文件。实施机构同意调整概算申请的，由项目公司按要求准备概算调整申报材料，报项目原概算核定部门核定。概算调增幅度超过原批复概算10%的，概算核定部门商审计部门进行审计后，依据审计结果进行概算调整并同意概算调整的，项目公司应督促实施机构协调有关机构重新出具项目财政责任支出列入一般公共预算的决议，并与实施机构签订项目补充协议。项目回报方式为政府付费和可行性缺口补助的，项目公司应敦促政府方相应调整物有所值和财政可承受能力论证等手续，并更新项目入库信息。

（2）项目公司应按照批准的可行性研究报告、投资估算控制、概算总投资控制以及施工图等加强设计阶段工程造价控制。

（3）项目公司应通过做好工程施工的招标管理及合同管理，严格履行超概审批程序，严格控制合同价款调整上限等强化施工阶段工程造价的控制。

（4）健全设计变更、签证审批制度，严禁"先干后变、先干后算"，重大设计变更和签证应在实施机构批准后实施。

（三）违法发包风险

1. 风险概述

违法发包风险是指项目公司将项目发包给个人或不具有相应资质的单位、肢解发包、违反法定程序发包及其他违反法律法规规定发包所导致的风险。

2. 主要应对举措

（1）健全项目公司发包管理制度，加强项目发包信用审查，从源头加强和杜绝发包方的违法行为。

（2）按照法定程序，项目应发包给具有相应资质的单位，严禁将项目发包给不具有相应资质的单位或个人，以及肢解发包、违反法定程序发包及其他违反法律法规规定发包的行为。

（四）未重新履行审批程序风险

1. 风险概述

未重新履行审批程序是指建设规模、主要建设内容和建设标准发生较大变化，以及项目投资规模超过批复投资规定比例时，实施机构或企业未按规定重新履行审批程序。

2. 应对措施

（1）健全企业项目决策管理制度，明确重新履行审批程序的具体条件和情形。加大未按规定履行审批程序的责任追究力度。

（2）需重新履行审批程序的，项目公司应督促实施机构按照规定履行程序。企业需要重新履行审批程序的，也应按照相关规定办理。

（五）工期延误风险

1. 风险概述

工期延误风险是指因实施机构或企业未能合理安排施工、妥善配置资源、及时提供必要协助等原因导致工期超过合同约定期限而引发的风险。

2. 应对措施

（1）在项目投标和合同谈判过程阶段，应充分研究拟承接项目的工期是否科学合理。在合同谈判阶段，应准确界定项目建设期、运营期的起止日。在 PPP 项目合同中明确约定工期可顺延的具体事项及主张工期顺延的程序、逾期主张工期顺延的后果等。

（2）在项目合同中，明确约定因工期延误引发的误工费用的承担与计算、补贴年限、单次补贴额度、建设期补贴起付时间、工期顺延的期限、补偿金额等事项的结算标准和原则等。

（3）制订科学的施工进度控制计划，合理优化配置施工资源，加强项目工期过程控制，做好工期顺延的证据收集和沟通工作。

（六）技术质量风险

1. 风险概述

技术质量风险是指由于未按照工程项目管理规范要求，建立健全项目质量管理组织机构和制度体系，未明确质量标准和责任，以及技术质量管理人员违反操作规程而产生的技术质量隐患。

2. 主要应对举措

（1）在合同中明确约定应采用的技术质量标准及相应规范。

（2）建立健全项目技术质量管理组织机构和制度体系。

（3）建立工程项目技术质量交底制度，明确技术质量管理部门、人员的具体工作要求和责任。

（4）加大项目质量过程监督和阶段性查验力度。完善隐蔽工程验收办法和程序，做好工程质量检查和记录。

（七）审计结算风险

1. 风险概述

审计结算风险是指按照规定以审计结果作为项目结算依据，但由于部分项目成本不被审计认可、审计材料不齐备，或者政府拖延审计结算时间等，致使项目结算款项延迟到位或价款低于预期的风险。

2. 应对举措

（1）在项目合同中约定政府的审计期限，作出当政府逾期审计时以报送的结算资料为准的约定。

（2）强化项目中间验收和过程审计，及时完善项目审计资料，分散竣工审计风险。

第七节 运营与维护阶段

一、运营条件

项目运营包括试运营和正式运营。当具备以下条件时，项目开始运营：一是项目的建设已经基本完工（除一些不影响运营的部分）并且已经达到满足项目目的的水平；二是项目运营所需的审批手续已经完成（包括项目相关的备案审批、竣工验收手续以及特许经营许可）；三是其他需要满足项目开始运营条件的测试和要求已经完成或具备。

二、管理模式

项目公司应按照项目合同约定，采用自行运营、联合运营、委托运营等项目运营管理模式。自行运营是指项目公司通过自行组建专业队伍直接负责项目运营维护；联合运营是指项目公司借助专业运营公司丰富的运营管理经验、人员、设备等资源，实施项目运营维护；委托运营是指项目公司将项目部分运营和维护事项交给专业运营商负责。

项目进入运营与维护阶段前，项目公司应根据项目现场实际，提前编制好项目运营维护方案。项目运营维护方案实施前应经实施机构批准。方案批准后，项目公司对其作出重大变更的，应提交实施机构审批。

三、运营维护

项目公司应从运营管理制度体系、收入管理、运营成本和现金流管理、维护管理、项目绩效管理、风险及应急管理等方面加强项目运营维护管理。

（一）运营管理制度体系

项目公司应健全项目运营管理制度体系，完善项目运营相关的业务操作规程，确保项目运营维护工作的规范化和标准化。

（二）收入管理

项目公司应健全项目收入管理体系，明确政府付费的计算基数、支付条件、支付节点、支付方式、支付程序，以及运营期或付费期的起算时点，提前完成项目收费报批工作。

对不同的付费方式，项目公司应采取不同的管理措施。对运营内容较少或由政府指定的运营商、可约定固定运营费用；承诺分步回购的项目，项目公司应单独建档管理，固化收入和支付边界条件。对可用性付费，项目公司应掌握政府财政预算支出决策程序和支付流程，动态关注政府偿债能力状况，确保由财政资金支付的部分能够按期、足额进入政府年度财政预算支付范围。对于使用者付费项目或使用者付费占主要比例的项目，项目公司应通过提高服务质量或产品质量等手段，做好收费定价、调价、计量和收费风险管控。对于可行性缺口补助项目中的使用者付费部分，项目公司应采取切实措施，确保使用者付费部分应收尽收。

（三）加强维护管理

项目公司应结合自身优势逐步提升自主运营能力。牢固树立运营主体责任意识，切实加强维护风险的预警、防范和规避。对于部分专业性较强、确需进行专业运营分包的工作内容，项目公司应加强管控，做好风险防范。

（四）项目绩效管理

项目公司应深入研究项目运营绩效考核标准和考核办法。项目运营期前，要明确项目绩效考核标准，进一步细化考核细则，争取全部采用客观性、技术性标准，使考核更具备可操作性，避免主观考核标准或多主体评价，消除项目运营风险。绩效评价时，项目公司应按照《政府和社会资本合作（PPP）项目绩效管理操作指引》要求，配合实施机构开展项目运营绩效考核。

四、运营责任分配

因项目公司原因导致无法按期开始运营的，项目公司应承担无法按时获得付费、运营期缩短、支付逾期违约金、项目终止及提供履约担保等运营责任。因实施机构原因导致无法运营的，项目公司应要求延迟开始运营日并索赔有关费用。因不可抗力等原因导致无法运营的，受影响方可主张免除违约责任或申请延迟运营。

由于计划内原因导致项目暂停运营，项目公司应履行提前向实施机构报告的义务。停运系不可抗力等计划外原因引起的，一般由各方平等承担责任。无论是计划内抑或是计划外暂停运营，项目公司均应与实施机构及时制订工作应对预案，规避扩大损失，产生不良社会后果。

五、主要合规风险防范

（一）政府支付风险

1. 风险概述

政府支付风险是指在采用政府付费或可行性缺口补助付费机制的项目中，由于政府付费或补助金额未按规定列入预算或出现政府支付能力欠缺，导致实施机构延迟或不履行支付义务。

2. 主要应对举措

（1）坚持承接能入库项目，在项目合同中约定政府支付安排及纳入预算的义务及责任，并将项目入库、财政支出纳入一般公共预算管理作为项目合同生效条件。

（2）在项目周期内，按年度关注政府对项目的预算编制及中期财政规划调整情况，确保政府支付资金始终在财政预算范围内。

（二）成本及现金流风险

1. 风险概述

成本及现金流风险是指在项目运营中，由于提高产品服务标准、增加项目产出，或项目公司运营管理不善，项目收费发生重大变化等原因，导致项目公司运营成本和现金流的支出超出预期。

2. 主要应对举措

（1）按照"事前算赢"原则，通过计划、监测、考核等方法，全面测算运营成本，制定运营维护风险应对预案，提高成本管理水平，在满足产出标准/服务要求的基础上逐步压降运营成本。

（2）统筹做好运营期的还本付息安排和现金流管理，提前制订现金流风险防范预案，规避因政府支付延期或使用者付费发生较大变化而出现流动性风险。对于突发事件引起现金流发生变化，项目公司应及时报告相关方。

（3）在项目合同中明确约定项目运营维护成本超支及现金流大幅减少的责任分配以及价格调整的程序和方法等。

（三）委托运营风险

1. 风险概述

委托运营风险是指企业超越自身运营服务权限将权限范围外的运营服务事项委托给其他运营维护商，或者将项目全部或部分的运营和维护事务委托给缺乏相关经验、资质的运营维护商。

2. 主要应对举措

（1）企业应严格按照项目合同，在约定的运营服务权限范围内组织开展项目运营服务事项。

（2）对潜在的运营合作方的项目业绩、履约能力以及资信能力进行全面评估，尽量选择综合实力较强的运营合作方作为项目运营维护商。

（3）在委托运营服务的合作协议中，明确约定运营服务商未来的责权利，特别是约定项目的运营费用与运营风险的承担。并通过要求运营单位提供担保等方式，转移委托运营责任及风险。

（四）未建立按效付费机制风险

1. 风险概述

未建立按效付费机制是指在政府付费或可行性缺口补助付费机制下，未建立与项目产出绩效相挂钩的付费机制，未连续、平滑支付，导致某一时期内财政支出压力激增，或项目建设成本未参与绩效考核，实际与绩效考核结果挂钩部分占比不足 30%，固化政府支出责任。

2. 主要应对举措

（1）在采用政府付费或可行性缺口补助付费机制的项目中，严格按照《关于规范政府和社会资本合作（PPP）综合信息平台项目库管理的通知》要求，建立按效付费机制。

（2）按照"明确、客观、合理"的原则，约定绩效考核标准，明确绩效考核调整条件、程序及建立第三方考核评价的异议争议解决机制。

（五）特许经营权终止风险

1. 风险概述

特许经营权终止是指在特许经营期限内，因特许经营协议一方严重违约或不可抗力等原因，或者出现约定的提前终止协议情形，导致无法履行特许经营权协议，特许经营权终止。

2. 主要应对举措

（1）加强对特许经营协议签订主体、程序、授权范围的合法合规性审核。规避国有企业或地方政府融资平台公司等不符合要求的主体代表政府签署项目合同。

（2）在项目合同中就特许经营协议提前终止、政府收回特许经营项目后的补偿义务、范围和程序进行约定。

第八节　移交与退出阶段

一、项目移交

项目移交是指在项目合作期限结束或者项目合同提前终止后，政府或项目公司作为移交方将全部项目设施及相关权益以项目合同约定的条件和程序移交给作为接收方的项目公司、政府或其指定的其他机构。

（一）移交条件

符合条件的项目方可移交。项目移交条件包括权利和技术两类。权利方面，即项目设施、土地及所涉及的任何资产不存在权利瑕疵，其上未设置任何担保及其他第三人的权利，但在提前终止导致移交的情形下，就尚未清偿的项目贷款所设置的担保除外。技术方面，即项目设施应符合项目合同约定的技术、安全和环保标准，并处于良好的运营状况。

（二）移交程序

1. 成立机构

项目公司与实施机构委派人员共同组成移交管理机构。

2. 评估和测试

项目公司对项目资产状况进行评估，并对项目是否达到合同约定的条件进行测试。不符合约定条件的，移交方应对项目设施进行修理、更新，以满足移交要求。

3. 签署移交合同

评估测试结果满足要求的，由项目公司和实施机构签署移交合同。移交合同应包括移交范围、移交费用、人员安置、保险转让、相关合同转让、技术转让及培训等内容。

4. 设置移交过渡期

移交期间，要确保项目运营平稳有序，项目公司和实施机构应设置移交过渡期，并明确过渡期内各自的权利义务以及工作内容、进度安排等。

5. 办理移交手续

项目公司和实施机构应按照合同约定办理移交手续。移交费用按照合同约定分担，合同没有约定或约定不明确的，移交费用一般由项目公司承担。移交工作因一方违约造成损失时，由违约方承担赔偿责任。

（三）移交内容

移交内容包括项目设施、土地使用权及项目用地相关的其他权利；相关设备、机器、装置、零部件、备品备件以及其他动产；相关人员以及运营维护项目设施所要求的技术和技术信息；项目手册、图纸、文件和资料（书面文件和电子文档）；其他所需内容。

二、项目退出

当发生合同约定事由或发生不可抗力时会导致项目退出。具体包括：合作期限届满的正常退出；合作约定特定条件下的提前退出；一方违约导致的退出；政府基于公共利益的强制退出；不可抗力引发的退出。

项目退出时，项目公司应基于不同的退出原因制定相应的退出处理机制，明确不同退出情形下政府、项目公司应承担的回购、补偿义务。

三、重点关注事项

（一）移交后的合同转让

移交时，项目公司应在征得相关方同意的条件下，将尚未履行完毕的有关合同转让给政府或政府指定的其他机构。政府根据合同对项目继续运营的重要性，决定是否进行合同转让。

（二）移交后的技术转让

涉及移交有第三方技术支持的项目，项目公司应将项目运营和维护所需要的所有技术，全部移交给政府或政府指定的其他机构，并确保政府或政府指定的其他机构不会因使用这些技术而遭受任何侵权索赔。对移交时技术使用权期限已届满的，项目公司应协助政府或政府指定的其他机构取得技术继续使用权。

（三）移交后的风险转移

项目公司应以确定的移交日为基准，合理安排移交过程中的风险转移。通常在移交日前，由项目公司承担项目设施全部或部分损失或损坏的风险，除非该损失或损坏是由实施机构的过错或违约所致；在移交当日及其后，由实施机构承担项目设施的全部或部分损失或损坏的风险。

四、国有资产转让风险

国有资产转让风险是指企业未采用规定方式转让项目国有资产，或者转让项目国有资产时未按照规定履行审计、评估程序以及未基于评估结果确定转让价格等引发的风险。

对此，企业应高度关注，切实采取以下措施。

（1）企业应按照《企业国有资产交易监督管理办法》规定，确定项目国有资产转让的具体实施方式。

（2）对通过产权市场公开方式转让项目国有资产的，企业应按照《企业国有资产交易监督管理办法》《关于印发〈企业国有产权交易操作规则〉的通知》《企业国有资产评估管理暂行办法》等规定，履行内部决策、审计、评估、信息披露、转让协议审查等程序，以竞价方式完成项目国有资产转让。

（3）对按照规定采取非公开协议方式转让项目国有资产的，企业应根据《企业国有资产交易监督管理办法》《企业国有资产评估管理暂行办法》等要求，履行内部决策、审计、评估、转让协议审查等程序，按照协议约定完成国有资产转让。协议约定的转让价格不应低于转让标的的评估结果。

PPP 项目合作协议约定运营期结束后社会资本方将所持项目公司股权或资产无偿转让给政府方的，应当确保社会资本方在运营期内能够收回投资成本并获得合理收益。

第九节　健全 PPP 业务合规管理机制

一、完善 PPP 合规管理规范

从事 PPP 业务的企业应根据法律法规和政策监管的合规要求，完善 PPP 项目全生命周期闭环式合规管理制度，完善全员普遍遵守的 PPP 合规经营行为规范，建立 PPP 项目标准化规范运行机制。PPP 项目全生命周期闭环式合规管理制度应包含事前科学评估和决策、事中强化管理和监控、事后严格评价和责任追究等方面的管理要求。PPP 合规经营行为规范应包含财务纳税、招标投标、商务合作、合同管理、质量、安全环保等方面的合规要求。

从事 PPP 业务的企业在完善 PPP 合规管理制度的过程中，应强化对规章制度、行为规范的合规审查，确保符合法律法规、监管规定等要求。

二、健全 PPP 合规风险管控机制

从事 PPP 业务的企业应健全 PPP 合规风险管控机制，对 PPP 项目风险管理信息实行动态管理，定期或不定期地组织有关职能部门和业务单位，或聘请有资质、信誉好、风险管理专业能力强的中介机构开展 PPP 项目合

规风险识别、评估及预警工作。系统查找分析 PPP 项目在经营决策、运营管理等每个环节可能存在的合规风险。采用定性与定量相结合的方法，对 PPP 项目合规风险发生的可能性、影响程度、潜在后果等实施分析评价。对于典型性、普遍性和可能产生较严重后果的风险应及时发布预警，并按照有关规定，编制专项风险报告和应对预案，采取有效管理策略和解决方案，及时应对处置。

三、建立 PPP 合规审查机制

从事 PPP 业务的企业应建立 PPP 项目全过程合规审查机制。把合规审查工作融入 PPP 决策、经营、实施、监督等各个环节。将合规审查作为 PPP 项目经营管理行为的必经程序。实行合规论证与市场论证、技术论证、财务论证等有机结合。根据业务规模、合规风险水平等因素配备专业化、高素质的专兼职合规管理人员。从跟踪筛选阶段开始，企业应主动吸收合规管理人员全程参与 PPP 项目，促进合规由静态审核变为动态审核，由被动参与变为主动介入，切实发挥合规审查专业把关作用，做到 PPP 项目风险防控与市场商机的合理平衡。

四、构建 PPP 合规信息化管理系统

从事 PPP 业务的企业应建立与 PPP 业务规模、风险状况等相匹配的合规风险管理信息系统。建立健全合规风险数据质量控制机制，积累真实、准确、连续、完整的内部和外部合规风险数据，使其具备 PPP 业务合规风险的识别、计量、评估、检测、报告和经验反馈等功能，满足企业 PPP 业务合规管理需要，助推 PPP 项目合规管理水平的提升。

五、提升 PPP 重点人员的合规意识

从事 PPP 业务的企业应建立制度化、常态化的 PPP 合规培训机制，积

极普及 PPP 业务合规管理内容。重点加强 PPP 管理人员、重要风险管控岗位人员的合规培训。筑牢管理人员带头依法合规经营的思想基础，持续推动重要风险管控岗位人员熟悉并严格遵守业务涉及的合规知识和合规管理要求。

PPP 业务合规培训应注重培训的针对性和有效性。培训内容应满足法律法规、政策规则、合规准则等最新要求，建立 PPP 业务合规培训档案，将 PPP 业务合规培训的时间地点、培训方式和内容、培训证明、考核结果等信息和事项记录在案。

六、强化 PPP 违规问责

从事 PPP 业务的企业应完善 PPP 业务违规行为处罚制度体系，健全违规行为处罚工作机制。明确违规行为的认定标准、原则和范围，细化违规行为处罚类型、适用情形等。对于违法违规造成企业资产损失的，相关企业应按照有关规定，及时查处并严肃追究违规人员责任。同时，应举一反三、查漏补缺，不断提升 PPP 业务合规管控能力和水平。

第十节　PPP 项目合同审查重点

一、参与主体资格审查

审查项目参与主体资格是否符合本指南第一章第四节的规定。审查代表政府签署项目合同的一方是否有实施机构正式书面授权。除此之外，还应审查实施机构的主体资格是否符合本指南第一章第一节对实施机构的定义要求。

二、模式合规性审查

虽然企业在跟踪筛选阶段已对项目模式是否合规作出判断，但实施法律审查时，合规机构仍应按照本指南第一章第一节有关规定，对项目模式是否合规作出独立评价。

三、内容一致性审查

审查项目合同时，应审查其与先签署的法律文件的内容是否一致，是否存在前后约定不一或冲突的情形。此外，法律事务机构还应关注采购文件和响应文件等法律文件对项目合同的效力和条款的影响，审查相关条款内容是否发生了实质性变更。

四、项目风险分配审查

审查时，法律事务机构应判断风险分配是否合理，是否符合一般项目风险分配原则，是否与项目实况以及各主体的风险承受能力相匹配，是否有加重或减轻风险承受的情形。

五、术语释义审查

审查项目合同中涉及的重要术语是否根据项目具体情况作了定义。对已经定义的术语，应审查其内涵和外延在项目合同中是否一致。一般而言，应对项目合同主体及"服务范围""技术标准""服务标准""特许经营期""融资交割""不可抗力""法律变更"等词语进行重点释义，释义能量化的，应尽量量化。

六、项目范围审查

应审查项目范围、建设内容、服务对象、独家运营区域等内容是否清晰界定。项目范围涉及的设计、投融资、建设、运营、维护、移交中的具体环节是否明确。

七、项目合作期限审查

审查项目合作期限是否符合本指南第一章第四节规定。并对合作期限的合理性以及内容完整性等方面作出评价。

八、合同生效先决条件审查

应审查项目合同是否约定了先决生效条件，以及当先决条件未成就或未被豁免将导致哪些条款无法生效、导致哪些后果。同时，还应审查未能满足先决条件的一方应承担哪些责任。如约定承担赔偿责任，应审查赔偿规则是否符合规定。如约定了违约金条款及保证条款，应审查承担违约责任的方式、金额、计算规则是否明确。

九、合同生效时间审查

审查时，应注意项目合同中的生效条款。梳理即时生效条款和附条件生效条款。一般而言，前提条件、争议解决等条款属于签署时即生效条款。其他部分条款可作为附条件生效条款。

十、政府承诺效力审查

（一）审查限制竞争性承诺

应审查限制性词语是否明确和量化，避免使用"项目周边、项目附近"等定性描述，应采用定义加列举的方式明确。对政府违反限制竞争性承诺是否承担责任也应审查。审查是否明确约定了政府承担违约责任的具体方式、计算规则等。

（二）审查审批协助承诺

应审查政府对有关事项提供的协助行为是否符合法定条件和程序。

（三）审查提供项目配套承诺

对政府承诺向项目提供设施配套或项目投入物的，应审查因此导致政府每一年度全部 PPP 项目需要从预算中安排的支出责任，占一般公共预算支出比例是否超过 10%，是否对财政承受能力论证的结果产生实质性影响。

十一、项目融资审查

项目公司负责融资的，应审查融资行为、融资比例、融资模式等是否符合有关规定。要求企业为项目公司融资提供担保的，应根据《关于加强中央企业 PPP 业务风险管控的通知》规定，审查是否由项目公司各股东方按照出资比例为项目公司融资债务共同担保。如赋予融资方介入权，审查时，应关注是否设置融资方行使介入权的前提、条件、程序，以及前提、条件、程序设置的合理性和可操作性。涉及再融资的，应审查项目合同中是否约定了再融资的条件，以及政府方对于因再融资所节省的财务费用是否可以分成以及如何分成。

十二、项目用地审查

（一）审查项目用地取得的方式

对实施机构负责提供项目用地的，应根据《划拨用地目录》规定，审查项目用地取得方式是否符合规定，并审查是否已经由县级以上人民政府批准。实施机构协助项目公司获得项目用地的，应根据《划拨用地目录》规定，审查项目用地取得方式是否符合规定。取得用地的方式如不符合《划拨用地目录》规定，应审查是否以招标、拍卖、挂牌、租赁或作价出资入股等有偿方式取得。采用租赁方式取得项目用地的，审核时应注意土地租赁期限是否与项目期限一致。实施机构以土地使用权作价出资入股的，应审查作价出资入股方案是否已获得批准。

（二）审查土地用途

审查在合作期内，项目土地使用权能否流转、能否设置抵押权，以及流转时是否需要审批等。需要注意的是，对以划拨方式取得的土地使用权的流转，根据《中华人民共和国土地管理法》规定，应补缴土地出让金。

（三）审查费用承担

审查时，应关注是否约定了土地使用权的具体费用承担范围，以及费用的承担主体。

十三、项目设计审查

（一）审查设计深度

一般而言，项目设计深度不同，项目合同中的设计范围也应有所不同。审查时，应确保 PPP 项目合同设计范围与不同设计深度文件包含的范围保持一致。

（二）审查设计分工

审查时，应关注项目发起人为哪一方。项目发起人不同，设计工作的分工也不同。一般而言，实施机构发起项目的，可行性研究报告和项目产出说明的编制工作由实施机构自行完成。企业发起项目的，可行性研究报告和项目产出说明的编制工作由企业自行完成。初始设计、技术设计和施工图设计工作一般在 PPP 项目合同签署后，主要由项目公司按照 PPP 项目合同约定的设计要求和标准完成。

（三）审查设计标准

应审查设计标准是否符合国家、地区和行业的强制性技术标准。对根据项目特点采用非标设计的，审查时，应关注是否有论证程序。

（四）审查设计变更

在由企业或项目公司负责全部或部分设计的，且采用政府付费或可行性缺口补贴付费机制的项目中，应审查项目合同中是否列明了设计变更情形以及是否设定了必要的审批程序等。

（五）审查设计责任

对设计成果需要实施机构审查的，应审查是否明确约定了实施机构的审核标准、范围、审核时间、逾期审核的后果、提出修改意见的程序、审核争议的解决程序等。应当注意的是，即使项目合同约定由项目公司承担设计责任，但该责任不因实施机构的审核或分包给其他设计单位而减轻或免除。

（六）审查建设阶段实施机构的监督和介入

审查是否对实施机构的监督和介入设置了条件，防止实施机构过度干预。一般而言，可限定政府仅在获取建造计划、报告资料等方面行使监督权。实施机构在不影响项目正常施工的前提下，可按照双方约定的程序进行检查、测试。在选择施工单位时，可约定政府行使有限监督权，对监督的具体内容也应明确。

项目合同中，当约定实施机构有出入项目建设场地的权利时，应审查是否对行使该权利设置了限制条件和应履行的相关义务。一般而言，仅在检查项目建设进度、监督运营维护等情形下，实施机构有权出入场地。当实施机构进入场地时，应履行通知义务，且应遵守现场安全保卫规定，不能影响项目的正常建设和运营。

需要说明的是，实施机构依据公权力行使监管职权进入项目场地的，不受合同限制条件的约束。

（七）审查建设要求

项目合同中，应对建设工期、质量标准、违约责任等基本要求予以明确。此外，应根据 PPP 项目特点，在项目合同中应明确约定项目计价方式、风险分配、价格调整、工程变更、费用结算等内容。

十四、项目建设审查

审查时，应关注项目合同中，政府方与项目公司在建设期的权利义务划分是否合理，项目建设所依据的技术和质量标准是否明确，是否明确约定了建设工期及进度要求。在完工时间对于项目具有重大影响的项目中，是否明确了具体的完工日期或开始运营日。其他条款可参照住建部门发布的最新建设工程施工合同范本进行审查。

十五、项目运营维护审查

应审查是否明确约定了运营开始的具体时间以及运营应当达到的具体条件。具体条件应以列举加概括的方式设定。同时，还审查是否约定了运营维护能否外包，以及无法按约定时间开始运营的责任归属、责任承担方式、损失计算标准和不可归责于合同任一方时的责任处置举措。

十六、项目移交退出审查

参照本指南第一章第八节的相关规定对项目的移交退出实施法律审查，作出独立评价。

十七、股权限制变更审查

（一）审查股权限制变更范围

审查项目合同是否约定了限制股权变更的具体范围。一般而言，限制股权变更范围包括但不限于股权转让、定向增发、发行可转债等。为确保股权变更范围能全面覆盖有可能影响项目实施的情形，项目合同中关于股权变更的范围，通常还需加入兜底性条款，如"导致股权变更或表决权变动的其他情形"。

（二）审查股权限制变更的方式

审查时，应关注是否约定了限制股权变更的锁定期。锁定期限的起讫日是否明确，同时还应审查设定锁定期是否增加了项目风险。对锁定期较长的，可提出引入担保机制缩短锁定期的意见和建议。对锁定期的例外情形也应明确。锁定期的例外情形一般包括：项目融资人实现本项目融资项下的债权导致的股权变更、实施机构转让项目公司股权。

（三）审查股权受让主体资格

涉及股权转让的，应当审查采购文件、响应文件等法律文件对股权受让主体的资格是否有特定要求。如有特定要求，应约定受让方必须满足该要求。

（四）审查违反股权限制变更的后果

审查是否约定了当一方违反股权限制约定的，守约方可采取的法律举措以及违约方应承担的违约责任。约定违约责任的，应审查违约责任的承担方式、计算标准、支付方式是否明确且可计量、可操作。

十八、付费条款审查

审查付费机制是否符合有关规定。定价机制是否科学合理，是否可以保证项目公司在运营期限内收回投资成本并获得合理利润。采用可用性付费的，应审查"可用"和"不可用"的标准是否明确、合理。采用使用量付费的，应审查是否明确了在最低使用量和最高使用量情形下的政府付费义务。采用绩效付费的，应审查绩效标准是否合理、客观、易于评价，付费是否与绩效考评结果挂钩，挂钩比例是否符合规定。采用使用者付费的，应审查是否有限制竞争性条款和超额利润限制条款，以及条款的约定是否明确，措施是否完善等。采用可行性缺口补助的，应审查是否明确了政府提供可行性缺口补助的具体方式，是否明确了具体的结算周期、付款周期、付款方式。

十九、履约担保审查

审查履约担保方式、担保金额是否符合有关规定。确保履约担保方式、担保金额满足《政府和中央企业合作项目政府采购管理办法》《关于加强中央企业 PPP 业务风险管控的通知》要求。

二十、违约与提前终止审查

审查合同是否约定了违约事件，以及当事人违约事件的界定是否清晰，发生违约应履行哪些程序和将导致哪些后果。一般应采用概况式、列举式、概况加列举的方式界定当事人的违约事件。

审查合同是否明确约定了合同终止事由，以及当事人是否享有合同单方解除权和权利行使的条件、程序。如果约定了政府方享有单方解除权，应审查是否有对政府可能滥用权力行为的限制举措。

二十一、争议解决方式审查

应根据合同内容审查约定的争议解决方式是否符合有关规定。如果项目不涉及特许经营，应通过协商、专家裁决、申请商事仲裁或提起民事诉讼方式解决争议。如果涉及特许经营，应通过协商、专家裁决或提起行政复议、行政诉讼方式解决争议。

二十二、其他

除以上内容外，还应对项目资本金比例、保险等事项，根据《国务院关于加强固定资产投资项目资本金管理的通知》《基础设施和公用事业特许经营管理办法》以及建筑领域的相关法律法规规定实施审查。

第二章 法人人格否认视域下母子公司管控合规管理指南

　　企业集团是顺应市场经济自由竞争和社会化大生产发展需要逐步形成的，已成为市场经济主体的重要组织形式。为贯彻落实集团发展战略，促进组织体系协同有效运行，企业集团内部需要加强管控，其实质就是母子公司管控。实践中，母子公司管控常出现突破法人权力边界，滥用法人独立地位，损害公司小股东和债权人利益的情形。2019 年最高人民法院出台了《全国法院民商事审判工作会议纪要》，细化了否定公司法人人格的三种典型情形（人格混同、过度支配与控制、资本显著不足）、十二种具体表现形式，对母子公司规范管控提出了更高要求。

　　本指南依据《中华人民共和国民法典》（以下简称《民法典》）、《中华人民共和国公司法》、《全国法院民商事审判工作会议纪要》（以下简称《会议纪要》）等法律法规和文件，结合司法案例和管理实践，探索性研究分析母子公司管控行为和风险点，类型化梳理提炼母子公司管控合规要点，旨在规范母子公司管控行为，为积极预防和化解母子公司管控中的法人人格否认风险提供管理参考。

第一节 母子公司管控中的法人人格否认风险及情形

　　《民法典》第八十三条第二款规定："营利法人的出资人不得滥用法人

独立地位和出资人有限责任损害法人债权人的利益；滥用法人独立地位和出资人有限责任，逃避债务，严重损害法人债权人的利益的，应当对法人债务承担连带责任。"法人人格否认制度载入民法典彰显了该制度在我国民商事法律中不可或缺的地位，现实意义重大。

　　法人人格否认构成要件一般包括：主体要件，滥用公司法人独立地位和股东有限责任的主体限于公司股东（最高人民法院公布的第15号指导案例将主体扩大到关联公司）；行为要件，存在滥用公司独立人格和股东有限责任的行为，一般从公司与股东或关联公司是否存在财产、业务、人员混同或者存在不正当支配和控制等方面加以认定；结果要件，须严重损害了公司债权人的利益，只有滥用行为导致公司丧失清偿能力时，才可适用法人人格否认制度。依据《会议纪要》相关规定，企业母子公司管控涉及的法人人格否认风险主要有人格混同、过度控制、资本显著不足三种。

　　本指南描述的某一个风险行为并不一定会被司法机关认定构成法人人格否认，但多个风险行为的集合会导致司法认定法人人格否认风险的加大。

一、人格混同

　　公司不具有独立的意志和独立的财产，由其股东或实际控制人控制，会导致公司法人人格形骸化、被认定为丧失独立性的法律风险。人格混同包括财产混同、业务混同、人员混同、住所混同，其中财产混同是人格混同最重要、最核心的认定要素。常见典型的风险行为如下。

　　风险行为1：母公司无偿使用子公司资金或者财产，不作财务记载的。如母公司用子公司的资金偿还自身债务，或者将子公司的资金提供给关联公司无偿使用，不作财务记载；母公司未支付对价使用子公司办公厂房、办公设施、生产设备设施等不作财务记载。

　　风险行为2：母子公司账簿不分，致使母子公司财产无法区分的。如母子公司财务支付混乱、管理成本混同，劳动力成本、后勤保障服务成本等由一方承担，另一方不分摊成本；母子公司之间党务费用、工会费用、团费、福利费用等专项费用，长期由一方支付，另一方完全受益。

风险行为3：母公司自身收益与子公司盈利不加区分，致使双方利益不清的。如母公司对外销售产品，通过"内部领用手续"将子公司产品交付对方，母公司未向子公司支付相应对价；子公司对外签署合同，由母公司收取合同款项。

风险行为4：子公司的财产记载于母公司名下，由母公司占有的。如由子公司出资购置土地、房产、设备等资产登记在母公司名下；子公司专利、计算机软件著作权等由母公司占有登记。

风险行为5：主营业务相互混同的。如母子公司主营业务交叉、重叠，实际开展同一经营业务时，母子公司名义混用、资质混用，外部交易主体无法明确区分；母子公司在合同履行过程中互相代为收发货、收付款、开具往来票据、对外确认债权债务等。

风险行为6：组织机构、人员、住所混同的。如母子公司共用一套组织机构和工作人员，特别是财务、销售、采购机构及相关人员；母子公司之间商号不分，子公司人员常冠以母公司的商号对外进行品牌、业绩宣传；母子公司登记住所和联系电话相同等。

二、过度控制

母公司超出正常股东权限，不合理操纵子公司的决策与经营活动、肆意支配资产等各类资源，使子公司丧失独立性，沦为母公司抽取利益的工具或规避风险的躯壳，严重损害子公司独立性和债权人利益，可能引发母子公司间过度控制法律风险。常见典型的风险行为如下。

风险行为1：母子公司之间进行利益输送的。如母子公司间以虚假交易或显著异于市场价格交易，转移资产；将子公司重要客户及业务等转移至母公司，使母公司获得更多利益，造成子公司盈利能力、偿债能力下降。

风险行为2：母子公司之间进行交易，收益归一方、损失由另一方承担的。如母公司明知无法履约仍要求子公司为其融资、交易提供担保，导致子公司承担责任后无法获得偿付；母公司以格式条款或收益保底条款等形式确保自身收益，而将交易风险全部由子公司承担。

风险行为3：母公司利用子公司法人独立性逃避债务的。如母公司先从原子公司抽走资金，然后再成立经营目的相同或类似的子公司，逃避原子公司债务；母公司先解散子公司，再以原子公司场所、设备、人员及相同或相似的经营目的另设子公司，逃避原子公司债务。

风险行为4：母子公司权责边界不清，子公司生产经营活动由母公司控制，子公司法人治理机制失效的。如子公司的重要人事直接由母公司决定选聘；子公司的重大经营管理事项由母公司直接决定。

三、资本显著不足

子公司设立后的经营过程中，母公司实际投入的资本数额与子公司经营所隐含的风险相比不匹配，可能影响法人人格独立性，产生法律风险。常见典型的风险行为如下。

风险行为1：母公司在子公司设立后未履行出资义务或抽逃出资、转移资产的。如母公司未实缴出资或未办理出资资产的交付、产权变更登记；母公司擅自转移子公司的注册资本，导致子公司无法应对经营风险。

风险行为2：母公司对子公司投入的资本规模与经营风险明显不匹配，母子公司利用较少资本从事力所不及的经营。如母公司要求子公司扩大经营规模，但未相应增加投资导致子公司经营风险与风险承受能力明显不匹配；子公司已出现经营困难、偿债能力明显下降的情况下，母公司进行减资。

第二节　母子公司管控合规要点

母子公司管控是通过管理关键控制点实现，根据母子公司管控中法人人格否认的主要风险行为，较易出现法人人格否认风险的关键控制点包括组织管控、决策管控、人员管控、投资管控、财务管控、资产管控、关联交易七部分。

一、组织管控合规要点

组织混同可能导致发生过度控制，是认定人格混同的补强情形。因此，企业母子公司之间在进行组织架构规划设计和制度建设时，应保证各自独立。母子公司之间组织管控合规要点如下。

（一）建立健全各自的法人治理结构

（1）母子公司应各自建立健全股东会（股东、股东大会）、董事会（执行董事）、监事会（监事）、经理层、工会组织。各法人治理主体应保证各自独立、有效运行，依法依规行使职权，形成防范法人人格否认风险的有效屏障。

（2）母子公司各法人治理主体的组成、任职条件、选聘程序应符合法律要求，母子公司董事会、经理层人员应避免高度重合，防范组织机构混同、人员混同或过度控制。

（二）依法设置各自的内部管理机构

（1）母子公司内部管理机构的设置应由各自董事会根据经营管理需求自行决策。

（2）子公司设置内部管理机构时，应避免与母公司共用一套组织机构及工作人员，尤其是财务、采购、销售机构及工作人员，应保持独立性。

（三）建立各自的制度体系和管理机制

（1）母子公司应以章程为统领，以需求为牵引，分别建立制度体系和管理机制，明确各自的规章制度拟定、审议、发布、修订、废止流程，保障规章制度的完备性、有效性、适用性。

（2）母公司制度效力不宜直接适用于子公司，子公司可将母公司制度内容进行吸收转化形成符合自身实际的管理制度，避免从制度层面造成母公司和子公司的人格混同和过度控制。

二、决策管控合规要点

决策管控是母公司行使股东权利、监督管理子公司的重要内容，母子公司决策管控主要以公司法人治理机构权限配置、议事规则设计等为抓手。决策管控过程中的合规要点如下。

（一）通过章程贯彻落实母公司管控要求

（1）母公司应通过子公司的章程，明确股东权利和子公司股东会、董事会、监事会、经理层的权责，划分股东权利行使和公司经营管理权责边界。

（2）母公司应严格按法律法规和子公司章程行使股东权利、履行股东义务，通过股东会、董事会等法定方式实现对子公司的管控，避免以命令、文件等代替子公司的决策。

（二）规范各自治理主体的议事规则

（1）母子公司应当分别制定股东会、董事会、监事会、总经理办公会等议事规则和决策事项清单，为各治理主体正确行使决策权利提供制度依据。

（2）母公司应建立股东事务管理，明确对子公司议案审议流程，规范管控行为。母公司对子公司实行重大事项请示与审批管控的，应注意划分与重大决策管理的界限，不得以请示与审批代替子公司重大决策程序。

（3）尊重职工（代表）大会在母子公司治理中的权利，按照法律法规要求，明确应当听取意见和提交审议的各自事项范围、工作流程和表决机制，确保民主监督管理作用的充分发挥。

三、人员管控合规要点

人员管控根据对象可划分为董事、监事、高级管理人员管控和员工管控，其中董事、监事、高级管理人员的管控重点是推荐和聘任，员工管控的重点是劳动关系管理。母子公司人员管控的合规要点如下。

（一）依法选聘董事、监事、高级管理人员

（1）母公司拟派出的子公司董事、监事、高级管理人员的人选，应当按照规定的权限和程序向子公司推荐。子公司依据《中华人民共和国公司法》及公司章程规定，由股东会、董事会依法选任或更换董事、监事、高级管理人员，母公司不以文件等方式直接任免。

（2）设有职工董事、职工监事的公司，职工董事、职工监事应当由子公司依照《中华人民共和国公司法》《中华全国总工会关于进一步推行职工董事、职工监事制度的意见》和公司章程规定通过民主程序选举或更换，不得由母公司直接任免。

（3）母公司可建立选派的董事、监事、高级管理人员述职、考核制度，加强对派出董事、监事、高级管理人员的监督。相关人员薪酬应根据《中华人民共和国公司法》及公司章程规定经子公司股东会或董事会审议。

（二）规范员工管理

（1）母子公司应各自独立开展员工招聘与配置，子公司贯彻落实母公司人力资源战略时，应结合子公司用工需求制定独立的人力资源规划，并自主实施员工招聘，不得以母公司名义发布招聘信息、组织笔试和面试、发布录用通知、签订劳动合同。

（2）母子公司应依法独立开展劳动用工管理，以各自名义签订劳动合同，建立独立的薪酬福利待遇、职工培训、劳动安全卫生、休息休假、劳动纪律等规章制度，履行各自的民主决策程序并及时公示告知员工。

（3）母子公司应独立发放薪资，各自负担人力成本，无法定依据不得相互代替发放薪酬、福利、扣缴保险等。

（4）母子公司应各自按照法律法规和管理制度实施考核、提拔、职级晋升、处罚、劳动关系变更解除等，母公司不得直接对子公司员工进行管理。

（5）母子公司应依法依规开展人员流动管理，母子公司间员工流动、借用应征求员工本人同意，签订劳动合同变更、解除及借用协议等法律文件，明晰各方权利义务。

四、投资管控合规要点

公司法人全面、完善的投资管理流程，应涵盖投资计划编制、投资决策与审批、资产评估（估值）、投资实施、出资人记载和退出等主要环节。根据各环节的内容和规定，投资管控中的合规要点如下。

（一）科学编制投资计划

（1）母公司可以按照发展战略和规划要求子公司编制年度投资计划，对子公司投资计划的控制应当通过股东权利来行使，不能自行代替子公司编制或以命令方式要求子公司按照母公司意愿编制投资计划。

（2）母公司对子公司投资计划相关的投资对象、投资预算、资产负债水平、主业非主业投资比例等事项的管控应通过子公司章程或转化为子公司有效投资管理制度实现。

（3）涉及子公司的投资计划及变更，应由子公司依据章程履行内部决策程序。

（二）依规开展投资决策与审批

（1）母公司可以制定本集团内的投资管理制度，明确投资决策机制，对投资决策实行统一管理。子公司应当根据母公司规定或授权，结合章程，建立自己的投资决策机制和制度，兼顾自主决策和管控落实。

（2）母公司不得决议子公司投资禁止类项目或违反规定程序、超越权限决议子公司投资监管类项目。

（3）母公司应根据子公司营业范围蕴含的风险，合理设定投入资本数额和出资期限，不得违背诚信原则，恶意利用有限责任，造成投入与风险严重失衡，侵害债权人利益。

（三）公正公允进行资产评估

（1）母子公司以非货币资产对外投资的，除法律法规另有规定外，均应委托具有相应资质的评估机构，按照适用的评估准则进行公正评估。

（2）母公司不得要求出具虚假、有重大遗漏的评估报告，不能要求子公司拒绝提供或提供不真实的评估材料，不得干预评估结果。

（四）严格按照决策通过的方案实施投资事项

（1）母子公司均应按照决策通过的方案开展投资事项的实施、管理工作，投资方案的变更应当按照规定再次履行决策和审批程序。

（2）母公司应当按照投资协议约定，按时足额履行出资义务，以非货币资产出资的，应当及时向子公司完成资产交付和产权变更登记。

（3）母公司不得违规转移、抽逃子公司资金、资产投资设立经营目的相同或者类似的公司。

（4）子公司以特定资产对外投资需要报国家有关管理部门履行审查程序的，未依法完成各项审批前，母公司不得要求实施投资。

（五）如实记载出资人

（1）投资事项完成后，子公司对外投资项目的出资证明书记载股东应如实登记为子公司，不得记载为母公司。

（2）子公司投资项目公司的股东名册之股东名称和住所、出资额等信息应根据子公司投资情况记载，非经法定程序，不得由母公司代替行使股东权利。

（六）依法退出投资事项

（1）母子公司应当依法依规通过解散清算、股权转让、减资、吸收合并和破产等方式实施投资事项退出，不得以命令方式要求子公司违反有效的决策、审批程序或超越授权范围退出投资。

（2）需进行审计或评估的，应按照规范开展工作，母公司不得要求子公司隐匿资产、提供虚假信息，不得授意中介机构出具虚假审计、评估报告。

（3）母公司不得要求子公司根据母公司确定的价格和方式转让子公司享有的产权。产权转让收益为子公司所有，母公司不得侵占。

（4）对应采取破产清算退出的投资项目，母公司不得要求子公司违规向关联方进行个别清偿、提前清偿、低价或无偿转让财产。

（5）解散清算时，母公司不得要求子公司及其投资公司违规向其关联方偿还债务、分配剩余财产。

五、财务管控合规要点

财务管控是母子公司管控的核心内容，也是认定人格混同的重要因素，财务管控主要通过统一会计核算、资金管理等手段实现。财务管控的合规要点如下。

（一）规范母子公司会计基础管理

（1）母子公司应根据《中华人民共和国会计法》《企业财务会计报告条例》《企业会计准则》等法律法规，各自建立独立的财务核算体系，独立编制会计报表，如实记载母子公司之间的经济往来并确保独立作出财务决策。

（2）母子公司应分别设置独立的财务机构，各自配备专职财务会计人员，母子公司财务人员不得交叉任职。

（3）在财务机构设置、财务负责人任免等重大事项决策方面，母子公司应分别履行相应的决策程序并做好相应记录。

（4）母子公司应各自规范管理、使用财务印鉴，不得混用。

（二）规范母子公司资金使用

（1）严格按照财务规范进行资金使用与管控；母子公司应分别单独开立银行账户；避免母子公司之间长期、频繁发生大额非交易性的资金往来。

（2）母公司应避免以任何形式长期占用子公司资金；母公司不应通过借款、违规担保等方式非经营性占用子公司资金；母公司不应对子公司财务支出进行审批。

（3）对子公司归集上划款项，应按照商业原则，合理确定并支付相应利息，防止形成内部利益输送；应避免通过资金归集等活动影响子公司履约能力，损害债权人、其他股东等第三方利益；确保子公司可自由支配所归集上划资金。

（4）母公司在开展资金集中管控过程中，不得实施超出权限或约定范围的管控行为，避免构成财务混同或过度管控。

（三）规范管理子公司财务核算

（1）母公司不应不当控制子公司财务核算，致使其无法真实、准确地对经济事项进行确认、计量、记录、报告。

（2）母公司不应利用不合理的会计政策、会计估计，影响子公司财务核算，操控子公司利润。

（3）母公司在开展审核、备案、批复等工作中，不应对子公司年度财务决算、预算、利润分配方案等股东会决策事项进行不合理调整，操控子公司财务核算与财务决算。

（四）依法依规实施利润分配

（1）母子公司应各自建立账簿，使双方资产、收益能够明确区分。子公司利润分配事项应严格履行决策程序，母公司应充分尊重子公司经营决策权，避免滥用母公司权利支配子公司利润分配。

（2）母公司不应实施各类以侵占、转移、隐匿子公司利润为本质，损害其他股东或债权人利益的行为，如设立第三方关联公司作为子公司与客户间交易的中介，截留公司利润；通过不合规的报销攫取子公司财产，减少公司利润；虚构债权债务，操纵子公司向其他单位支付利息等费用。

六、资产管控合规要点

资产管控包括资产获得、资产管理、资产处置等。资产管控的合规要点如下。

（一）依法获得资产

（1）母子公司应各自建立健全资产购置、验收等管理制度，依照法定方式和程序合理配置资产，确保子公司资产合法合规、归属独立。

（2）子公司应当自行开展可行性论证、内部决策，依照法定方式和程序实施采购，母公司不得直接决定或干预子公司资产采购事宜，母公司可通过行使股东权利管控重大资产采购。

（3）未取得授权委托等法定依据，母子公司不得以对方名义发布招标公告、代为签署资产采购合同、代为签发验收材料。

（4）母子公司应当分别建立独立的资产台账，规范开展资产核算、决算及相关资产的转固，母公司不得将子公司资产登记在母公司名下。

（二）合规管理资产

（1）母子公司应当分别建立资产定期盘点、清查及跟踪管理机制，做到各自的资产权属清晰。

（2）母公司不得随意调用、使用子公司资产，确需使用的，应支付相应对价；不得占有子公司对外出租出借资产的收益。

（三）独立开展资产处置

（1）子公司应独立开展资产出售、转让、捐赠、报废、损失核销等处置工作，母公司不得直接决定子公司资产处置、交易对象、交易价格、交易方式等。

（2）以出售、转让、报废等方式处置公司资产的，除另有规定外，母子公司应独立履行决策、资产评估（如涉及）、进场交易（如涉及）等法定程序，处置收益归各自所有。

七、关联交易合规要点

母子公司之间发生转移资源、劳务或义务的行为，不论是否收取价款均属于关联交易，包括购买或销售商品、购买或销售商品以外的其他资产、提供或接受劳务、担保、提供资金（贷款或股权投资）、租赁、代理、研究与开发项目的转移、许可协议、代表企业或由企业代表另一方进行债务结算、关键管理人员薪酬等。关联交易管控的合规要点如下。

（一）规范各自的关联交易管理

（1）母子公司应各自对经常性关联交易、偶发性关联交易进行分类管理，明确界定关联交易范围和种类，分级设置授权审批权限，规定各自的关联交易管理程序及要求。

（2）母子公司在开展关联交易时，应严格遵循《中华人民共和国公司法》、公司章程及制度的规定，分别履行各自的内部管理和决策程序。

（3）若关联交易根据法律、行政法规或行业惯例需履行如外部审批、招投标、进场交易等前置程序要件的，还应在履行前置程序后，再行开展关联交易。

（二）合法合规开展关联交易

（1）母子公司之间的关联交易应符合法律法规和各自的利益，母公司不得利用关联交易损害子公司利益，不得存有转移利润、虚假报表、逃避税收、逃避债务等恶意或不良动机。

（2）母子公司之间的关联交易应本着公开、公平、公正的原则确定交易价格，母公司须保证关联交易的公允性，不得以显失公平、明显异于市场价格的对价进行交易，避免侵占子公司利益。母子公司在确定交易价格时，可直接适用政府定价的应直接适用，无政府定价的应参考政府指导价或市场价；确无可参考依据时，应根据成本及合理利润确定交易价格。

（3）母子公司发生关联交易应签署书面合同，避免无合同依据直接通过财务账目记录关联交易的行为。

（4）子公司为母公司提供担保的，须经股东会或者股东大会决议，母公司不得参加该事项的表决。

（三）按要求予以披露

（1）母子公司应严格按照会计准则要求分别履行披露义务，在企业财务报表中披露所有关联方关系及与关联方交易的信息，对外提供合并财务报表的，还应当披露与合并范围外各关联方的关系及相关关联交易。

（2）披露关联交易时，母子公司均应披露与关联方关系的性质、交易类型和交易要素。交易要素包括：交易的金额；未结算项目的金额、条款和条件，以及有关提供或取得担保的信息；未结算应收项目的坏账准备金额；定价政策。

第三节　对上市子公司管控的合规要点

上市子公司既是公众公司，也是母公司管控的子公司，因此在保证中小股东的利益不被母公司或其他子公司侵占的同时，还要遵循母公司的发展战略、重大决策、企业文化要求，管控过程稍有不慎，就会出现过度干涉上市子公司经营管理，损害上市子公司独立性和公众利益的情形。因此，除遵循前述合规管控要点外，在上市子公司的资产完整性、公司运营、信息披露、关联交易等方面还要遵守更为明确的管控规定。

一、公司治理合规要点

公司治理是证券监管机构和公众舆论关注的重点，证券法律法规、证券交易机构行业规定都对母子公司的治理管控行为进行约束。[①] 对上市子公司的公司治理合规要点如下。

（一）建立制度明确职责和权限

母公司应当建立制度，明确对上市子公司重大事项的决策程序及保证上市子公司独立性的具体措施，确立相关人员在从事上市公司相关工作中的职责、权限和责任追究机制。

（二）维护上市子公司资产的完整性

（1）母公司应当维护上市子公司资产完整，按照法律规定及合同约定及时办理投入或转让给上市子公司资产的交付、过户手续，不得侵害上市子公司对其财产的占有、使用、收益和处分的权利。

（2）母公司不得通过以下方式影响上市子公司资产的完整性。

第一，与生产型上市子公司共用生产经营有关的生产系统、辅助生产系统和配套设施。

第二，与非生产型上市子公司共用与经营有关的业务体系及相关资产。

第三，以显失公平的方式与上市子公司共用商标、专利、非专利技术等。

第四，无偿或以明显不公平的条件占有、使用、收益或处分上市子公司的资产。

---

① 本部分主要参考上海证券交易所的业务规则。

（三）保持上市子公司高级管理人员的独立性

（1）母公司应当维护上市子公司人员独立，不得干预高级管理人员的正常选聘程序，不得越过股东大会、董事会直接任免高级管理人员；不得限制上市子公司董事、监事、高级管理人员以及其他在上市子公司任职的人员履行职责。

（2）母公司不得指使上市子公司董事、监事、高级管理人员以及其他在上市公司任职的人员实施损害上市子公司利益的决策或行为。

（3）上市子公司的高级管理人员不得担任除母公司的董事、监事以外的行政职务。上市子公司总经理及其高级管理人员必须在上市子公司领薪，不得由母公司代发薪酬。

（四）维护上市子公司财务独立

（1）母公司应当维护上市子公司的财务独立性，不得与上市子公司共用银行账户或者借用上市子公司银行账户；不得通过借款、违规担保等方式非经营性占用上市子公司资金；不得通过财务会计核算系统或者其他管理软件，控制上市子公司的财务核算或资金调动；不得将上市子公司的财务会计核算系统纳入母公司管理系统内；不得要求上市子公司为其支付或垫支工资、福利、保险、广告等费用或其他支出。

（2）母公司通过其下属财务公司为上市子公司提供日常金融服务的，应当按照法律法规的规定，督促财务公司以及相关各方配合上市子公司履行关联交易的决策程序和信息披露义务，监督财务公司规范运作，保证上市子公司存储在财务公司资金的安全，不得利用支配地位强制上市子公司接受财务公司的服务。

（五）维护上市子公司机构独立

（1）母公司应当支持上市子公司董事会、监事会、业务经营部门或其他机构及其人员的独立运作。

（2）母公司不得通过行使相关法律法规及上市子公司章程规定的股东

权利以外的方式干预上市子公司机构的设立、调整或者撤销，或对上市子公司董事会、监事会和其他机构及其人员行使职权进行限制或施加其他不正当影响。

（六）维护上市子公司业务与决策独立

（1）母公司应当维护上市子公司业务独立，支持并配合上市子公司建立独立的生产经营模式，不得与上市子公司在业务范围、业务性质、客户对象、产品可替代性等方面存在可能损害上市子公司利益的竞争。

（2）母公司应当维护上市子公司在生产经营、内部管理、对外投资、对外担保等方面的独立决策，支持并配合上市子公司依法履行重大事项的内部决策程序，以行使提案权、表决权等相关法律法规及上市子公司章程规定的股东权利方式，通过股东大会依法参与上市子公司重大事项的决策。

二、信息披露合规要点

信息披露关系到上市公司的信息公开和中小股东权益保护，是上市公司的一项重要制度，也是证券监督管理机构和公众舆论最关注的内容。母公司作为上市子公司的控股股东，有获得上市子公司重要信息的权利，也有向上市子公司和公众履行信息披露的义务，如母公司超出正常股东权限，过度披露上市子公司信息、滥用股东权利控制上市子公司信息披露，或上市子公司因母公司的控制无法要求其配合履行信息披露义务，均可能引发法人人格否认风险。对上市子公司管控中的信息披露合规要点如下。

（一）规范母子公司信息披露管理

（1）上市子公司应建立信息披露管理制度，明确母公司配合信息披露工作的要求和程序，建立内幕信息知情人登记备案管理制度，当母公司为履行法定职责获取上市子公司未披露信息时，上市子公司应要求母公司按规定完成内幕信息知悉人登记备案。

（2）母公司应建立配合与支持上市子公司的信息披露管理制度，规定知悉上市子公司内幕信息的管理要求，明确内部管理流程，在答复上市子公司质询时应确保向上市子公司提供材料的及时性、准确性、真实性、完整性和提供程序的合规性。

（3）母子公司之间应建立媒体采访和投资者会面管理机制，固定在接受媒体采访和投资者调研或者与其他机构和个人进行沟通时的通报方式、联系方式，当母公司接受媒体采访或与投资者会面前，上市子公司应提前对其向外提供的材料或信息进行合规审查，上市子公司可与母公司人员共同参加媒体采访或会面，监督母公司行为。接受媒体采访或与投资者会面时，母公司不得提供、传播与上市子公司相关的未披露重大信息或提供、传播虚假信息、进行误导性陈述。

（4）母公司应加强涉及上市子公司的重大资本运作决策的保密管理，避免由于重大事项信息提前泄露，导致上市子公司股价异动或信息披露违规风险。

（5）母公司不得非法要求上市子公司提供依法需要披露但尚未披露的信息；在上市子公司的内幕信息依法披露前，母公司不得公开或者泄露获得的内幕信息，不得利用该信息进行内幕交易。

（二）母公司应按规定履行与信息披露有关的义务

（1）当出现以下对上市子公司重大事件的发生、进展产生较大影响的情形时，母公司应履行书面告知义务，避免母子公司因未履行信息披露义务或履行不到位而承担连带责任。

第一，母公司持有股份或者控制子公司的情况发生较大变化，母公司及其控制的其他企业从事与子公司相同或者相似业务的情况发生较大变化。

第二，法院裁决禁止母公司转让其所持股份，母公司的股份被质押、冻结、司法拍卖、托管、设定信托或者被依法限制表决权等，或者出现被强制过户风险。

第三，母公司拟对子公司进行重大资产或者业务重组等重大事件。

第四，母公司发生其他可能对子公司的证券及其衍生品种交易价格产生较大影响的事件。

（2）配合上市子公司履行信息披露义务前出现以下情形之一的，母公司应履行书面通知和公告义务。

第一，该事件难以保密。

第二，该事件已经泄露或者市场出现传闻。

第三，上市子公司证券及其衍生品种出现异常交易情况。

三、关联交易合规要点

规范的关联交易是上市公司合规经营的应有之义，也是证券监督管理机构关注的重要内容。证券监督管理机构、证券交易机构对上市公司的关联交易规定非常详细，涉及母子公司之间关联交易的合规要点如下。

（一）准确界定关联交易及主体

（1）证券交易机构依据"实质重于形式"的原则认定关联交易，母公司与上市子公司应严格界定双方的交易行为，准确识别关联交易，避免未按上市公司管理要求履行法定程序。

（2）母公司应及时告知上市子公司其存在的关联关系，上市子公司应通过公司章程明确关联交易主体范围，并通过建立内部关联关系报告制度等形式，要求关联主体及时报告关联关系，避免上市子公司因不掌握实际情况而违规开展关联交易。

除母公司、实际控制人、董事、监事、高级管理人员及其直接或间接控制的企业外，上市公司关联交易主体还包括：持有上市公司5%以上股份的法人或其他组织、自然人及与其关系密切的家庭成员；可能导致上市公司利益对其倾斜的法人或其他组织、自然人，包括持有对上市公司具有重要影响的控股子公司10%以上股份的法人或其他组织、自然人；关联法人的董事、监事和高级管理人员；与上市公司董事、监事、高级管理人员关系密切的家庭成员等。

（3）在关联交易发生前后12个月内存在应被认定为关联主体情形的，基于12个月溯及力的原则，与其发生的交易应按照上市公司关联交易规则进行管理和披露。

（4）上市子公司应根据掌握的情况，明确关联交易主体名单，由上市公司审计委员会（或关联交易控制委员会）确认，并及时向董事会和监事会报告。

（二）严格遵守关联交易管理要求

（1）上市子公司应按要求公示母公司信息，并逐层揭示与母公司之间的关联关系，明确说明母公司的名称、组织机构代码等。

（2）上市子公司与母公司的关联交易达到证券交易机构规定标准的，应当提交股东会、董事会审议。上市子公司为母公司提供担保的，不论数额大小，均应当提交董事会和股东会审议。

（3）母子公司之间的重大关联交易，应当在独立董事发表事前认可意见后，提交董事会和股东会审议。上市子公司审计委员会（或关联交易控制委员会）应当同时对该关联交易事项进行审核，形成书面意见，提交董事会审议，并报告监事会。

（三）公允定价并严格执行表决回避

（1）母公司与上市子公司的关联交易定价应当公允，同时遵守证券交易机构规定的定价原则：实行政府定价的，可以直接适用；实行政府指导价的，在政府指导价的范围内合理确定交易价格；有可比的独立第三方的市场价格或收费标准的，优先参考确定交易价格；无可比的独立第三方市场价格的，参考关联方与独立于关联方的第三方发生的交易价格确定；无可供参考的，以合理成本费用加合理利润合理的构成价格作为定价的依据。

定价方法根据交易的不同类别可采取成本加成法、再销售价格法、交易净利润法、利润分割法等方式。

（2）母公司与上市子公司的关联交易无法按上述原则和方法定价的，应当披露关联交易价格的确定原则及其方法，并对该定价的公允性作出说明。

（3）上市子公司董事会审议涉及母公司的关联交易事项时，母公司董事应当回避表决，也不得代理其他董事行使表决权。董事会决议应经非关联董事过半数通过，如出席董事会非关联董事不足 3 人的，该关联交易事项需提交上市子公司股东大会审议。

（4）上市子公司股东大会审议涉及母公司的关联交易事项时，母公司股东代表应当回避表决。

（四）规范关联交易披露管理

（1）母公司与上市子公司发生任一种关联交易的，上市子公司均应严格按要求审议并予以信息披露，其中母公司与上市子公司进行"提供财务资助""委托理财"等关联交易的，应当以发生额作为交易金额，达到证券交易机构规定标准时按要求披露。

（2）母公司可建立针对上市子公司日常关联交易管理的制度，明确涉及与上市子公司日常关联交易的管理流程，上市子公司应将与母公司或其他关联人产生的日常关联交易定期上报母公司，便于母公司掌握情况，并进行分析。

（3）母公司与上市子公司日常关联交易数量较多的，应在披露上一年年度报告之前，按类别对当年度将发生的日常关联交易总额进行合理预计，并根据预计结果提交董事会或股东大会审议。

第四节 典 型 案 例*

案例一：

徐工集团工程机械股份有限公司诉成都川交工贸
有限责任公司等买卖合同纠纷案

审理法院：江苏省高级人民法院

案　　号：（2011）苏商终字第 0107 号

一、案例简介

原告徐工集团工程机械股份有限公司（以下简称徐工机械公司）诉成都川交工贸有限责任公司（以下简称川交工贸公司）拖欠其货款未付，而成都川交工程机械有限责任公司（以下简称川交机械公司）、四川瑞路建设工程有限公司（以下简称瑞路公司）与川交工贸公司人格混同，三个公司实际控制人王永礼以及川交工贸公司股东等的个人资产与公司资产混同，均应承担连带清偿责任。请求判令：川交工贸公司支付所欠货款10916405.71 元及利息；川交机械公司、瑞路公司及王永礼等个人对上述债务承担连带清偿责任。

法院经审理查明，川交机械公司成立于 1999 年，三个公司的管理人员存在交叉任职的情形。在公司业务方面，三个公司在工商行政管理部门登记的经营范围均涉及工程机械且部分重合，相互之间存在共用统一格式

＊ 以下案例来源于中国裁判文书网或其他公开渠道。

的《销售部业务手册》、《二级经销协议》、结算账户的情形；三个公司在对外宣传中区分不明，部分川交工贸公司的招聘信息中，公司简介全部为对瑞路公司的介绍。在公司财务方面，三个公司共用结算账户，资金的来源包括三个公司的款项，对外支付的依据同为一人签字；在川交工贸公司向客户开具的收据中，存在公章混用的情形；在与徐工机械公司均签订合同、均有业务往来的情况下，三个公司于2005年8月共同向徐工机械公司出具《说明》，要求所有债权债务、销售量均计算在川交工贸公司名下，并表示今后尽量以川交工贸公司名义进行业务往来；2006年12月，川交工贸公司、瑞路公司共同向徐工机械公司出具《关于"成都川交工贸有限责任公司、四川瑞路实业有限公司"2006年度徐工产品销售划分的申请》，以统一核算为由要求将2006年度的业绩、账务均计算至川交工贸公司名下。

二、裁判要旨

关联公司的人员、业务、财务等方面交叉或混同，各自财产无法区分，丧失独立人格，构成人格混同，严重损害债权人利益，关联公司应对外部债务承担连带责任。

（1）人员混同。三个公司的经理、财务负责人、出纳会计、工商手续经办人均相同，其他管理人员亦存在交叉任职的情形，川交工贸公司的人事任免存在由川交机械公司决定的情形。

（2）业务混同。三个公司实际经营中均涉及工程机械相关业务，经销过程中存在共用销售手册、经销协议的情形；对外进行宣传时信息混同。

（3）财务混同。三个公司使用共同账户，三个公司与徐工机械公司之间的债权债务、业绩、账务及返利均计算在川交工贸公司名下，对资金及支配无法证明已作区分。

案例二：

德州锦城电装股份有限公司与北京斯普乐电线电缆有限公司股东损害公司债权人利益责任纠纷案

审理法院：北京市第三中级人民法院

案　　号：（2019）京 03 民终 2577 号

一、案例简介

原告北京斯普乐电线电缆有限公司（以下简称北京电线公司）诉被告德州锦城电装股份有限公司（以下简称德州电装公司）、第三人天津市日拓高科技有限公司（以下简称天津高科公司）股东损害公司债权人利益。天津高科公司欠付北京电线公司货款，经人民法院审理，判决天津高科公司给付北京电线公司货款 8275705.53 元及逾期付款利息。后经北京电线公司申请人民法院强制执行，但并未实际执行到财产。2013 年 11 月 30 日至2014 年 4 月 29 日期间，德州电装公司系天津高科公司唯一股东。北京电线公司主张天津高科公司将其对外享有的债权和主营业务无偿转给德州电装公司，致使天津高科公司无法清偿对北京电线公司的债务，故德州电装公司应对天津高科公司欠付北京电线公司的款项承担连带清偿责任，故将本案诉至法院。

法院经审理查明，德州电装公司在天津高科公司未进行股东书面决议、未支付对价的情况下，将天津高科公司的重要业务转移给其自身，属于母公司对子公司进行了过度控制，且不具有正当目的，应当对天津高科公司欠付北京电线公司的货款本金及利息承担连带清偿责任。

二、裁判要旨

股东应充分尊重子公司的独立意志，并保护公司债权人利益，股东利用对子公司的绝对控制权，在短暂持股期间将子公司的重要客户以无对价方式转移至自己名下，造成子公司偿债能力下降，进而损害子公司债权人债权受偿，符合公司人格否认中股东对公司过度控制构成要件，股东的过度控制属于滥用公司法人独立地位和股东有限责任严重损害公司债权人利益的行为，应当对公司的债务承担连带清偿责任。

案例三：

陈丽容、谢泳兴诉佛山市富艺置业有限公司商品房销售合同纠纷案

审理法院：广东省佛山市南海区人民法院

案　　号：（2019）粤 0605 民初 14211 号

一、案例简介

原告陈丽容、谢泳兴诉佛山市富艺置业有限公司（以下简称佛山富艺公司）未能向其移交符合可正常使用标准的商铺，而佛山富艺公司与其股东广东富艺广告有限公司（以下简称广东富艺公司）、股东佛山市宝轮投资有限公司（以下简称宝轮公司）存在因资本显著不足构成的法人人格否认情形，要求两个股东承担连带清偿责任。请求判令：三个公司移交符合可正常使用标准的商铺，并以商铺交易价格为本金，支付延期移交违约金。

法院经审理查明，佛山富艺公司由股东广东富艺公司、宝轮公司各出资 50 万元设立，公司注册资本 100 万元。涉诉商铺所在商场由佛山市南海风度置业发展有限公司开发，共 1144 个商铺，佛山富艺公司购置全部一手商铺，并取得房地产权证书，交易金额过亿元。2012 年 2 月，佛山富艺

公司与原告签署《二手商铺买卖合同》，涉诉商铺交易价格为 310752 元，合同签署后原告支付全部购房款，取得涉诉商铺产权证书。《二手商铺买卖合同》约定，自签约之日至 2017 年 12 月 31 日，佛山富艺公司统一经营商铺，享有五年免费使用权及商铺经营收益权。五年期满如双方未能就合同延期达成一致，佛山富艺公司应于 2018 年 4 月 1 日前按约定标准对商铺进行装修，并将商铺移交至原告，逾期移交需支付违约金。

开发商交付商铺及原告购买商铺时，所有商铺均以定位钉方式间隔确权，佛山富艺公司在未办理消防手续情况下，对商场内部进行改建装修，将所有商铺以轻钢龙骨石膏板间隔，未通过消防验收，结合消防部门意见及普通生活常理，商场间隔现状不能正常使用。五年统一经营商铺期满时，佛山富艺公司未能向原告交付符合可正常使用标准的商铺。诉讼中，法院责令三个公司在限定时间内提供佛山富艺公司的财务账册，但三个公司未能提供。

二、裁判要旨

股东实际投入公司的资本数额与公司经营所隐含的风险相比明显不匹配，资本显著不足，股东利用较少资本从事力所不及的经营，实质是恶意利用公司独立人格和股东有限责任将投资风险转嫁给债权人，此种情况需突破股东有限责任，要求股东对公司债务承担连带责任。

本案中佛山富艺公司向开发商购买 1144 个商铺时，交易金额过亿元，而佛山富艺公司仅由股东广东富艺公司、宝轮公司各出资 50 万元成立，资本显著不足，已大大超出公司所能承担的风险。在存在如此巨额资金出入的情况下，三个公司完全有可能也有义务提供佛山富艺公司的财务账册用以查核股东广东富艺公司、宝轮公司与佛山富艺公司的财产是否混同，以厘清两个股东的法律责任，但三个公司在诉讼中未能提供，对此应承担举证不能的法律责任。原告诉请股东广东富艺公司、宝轮公司对债务承担连带清偿责任，法院予以支持。

案例四：

刘伟升、唐明智等特许经营合同纠纷民事二审民事判决书

审理法院：山东省高级人民法院

案　　号：（2021）鲁民终 913 号

一、案例简介

原告唐明智诉被告威海辣伴鲜餐饮管理咨询有限公司（以下简称辣伴鲜公司）、林罗永、宫林林、魏子超特许经营合同纠纷。经一审法院审理，判决解除唐明智与辣伴鲜公司于 2018 年 4 月 24 日签订的涉案合同，辣伴鲜公司返还唐明智合同款 56000 元及支付唐明智违约金 13800 元，宫林林、林罗永、刘伟升、魏子超承担连带责任。上诉人刘伟升不服山东省济南市中级人民法院（2020）鲁 01 民初 1244 号民事判决，提起上诉，请求撤销一审判决，依法改判或发回重审。

法院审理查明，在辣伴鲜公司被曝光虚假宣传、经营不符合食品安全标准食品，并受到市场监管部门行政处罚，即存在严重经营风险的情况下，刘伟升等股东将辣伴鲜公司注册资本由 300 万元大幅减少至 3 万元，具体到刘伟升系由 42 万元减少至 0.42 万元，股东实际投入公司的资本数额与公司经营所隐含的风险相比明显不匹配，没有从事公司经营的诚意，系滥用公司法人独立地位和股东有限责任，把投资风险转嫁给债权人，逃避债务，严重损害了被特许人的合法利益。并且，一审判决辣伴鲜公司向唐明智返还合同款 56000 元及支付违约金 13800 元，上述数额远高于辣伴鲜公司减资后的注册资本，该事实亦佐证了刘伟升等股东逃避债务，严重损害公司债权人利益的情况。所以，一审判决刘伟升等股东对辣伴鲜公司返还合同款及支付违约金承担连带责任并无不当。

二、裁判要旨

《中华人民共和国公司法》第二十条第三款规定，公司股东滥用公司法人独立地位和股东有限责任，逃避债务，严重损害公司债权人利益的，应当对公司债务承担连带责任。资本显著不足即上述滥用行为中的情形之一。资本显著不足是指公司设立后在经营过程中，股东实际投入公司的资本数额与公司经营所隐含的风险相比明显不匹配。股东利用较少资本从事力所不及的经营，表明其没有从事公司经营的诚意，实质是恶意利用公司独立人格和股东有限责任把投资风险转嫁给债权人。

第三章　反垄断合规管理指南

第一节　反垄断监管要求概述

一、监管目的

为了预防和制止垄断行为，保护市场公平竞争，鼓励创新，提高经济运行效率，维护消费者利益和社会公共利益，促进市场经济健康发展，世界主要国家制定了反垄断法。不同司法辖区对反垄断法的表述有所不同，例如，"反垄断法""竞争法""反托拉斯法""公平交易法"等。反垄断执法机构依法监管垄断行为，处理限制竞争贸易的行为，保护竞争促进创新。反垄断法激励受害者通过提起诉讼来威慑违法者，例如，美国规定了私人诉讼3倍损害赔偿责任，中国和欧盟规定了损害赔偿诉讼。

二、域外效力

多数司法辖区反垄断法规定域外管辖制度，即对在本司法辖区以外发生但对本司法辖区内市场产生排除、限制竞争影响的垄断行为，同样适用其反垄断法。

《中华人民共和国反垄断法》第二条规定，中华人民共和国境外的垄断行为，对境内市场竞争产生排除、限制影响的，适用本法；美国是第一个将反托拉斯法域外适用的国家，这些法律包括《谢尔曼法》《克莱顿法》《对外贸易反托拉斯改进法》等；《欧盟运行条约》第 101 条、第 102 条规定禁止对成员方之间的贸易实施具有防碍、限制和扭曲共同市场竞争的企业间的协议、决议和协同行为，以及滥用市场支配地位的其他行为。外国公司实施了防碍、限制和扭曲共同市场竞争的行为，欧盟对外国公司均有管辖权。

三、经营者和市场

（一）经营者的定义

中国反垄断法界定了经营者的含义，即经营者是指从事商品生产、经营或者提供服务的自然人、法人和其他组织。

美国和欧盟没有在立法中界定经营者含义，但在司法和执法实践中对市场主体作出了界定：市场主体包括法人和自然人，参与市场经济活动和竞争活动，承受交易行为利益和义务的组织和个人。

（二）市场的定义

中国反垄断法界定了相关市场的含义，即相关市场是指经营者在一定时期内就特定商品或者服务进行竞争的商品范围和地域范围。

美国和欧盟对市场界定的方法很相近，在确定市场产品的可替代性方面都使用了需求交叉弹性标准，还使用了产品的物理特性和用途标准确定产品的可替代性，其差别在于欧盟优先考虑消费者在经济方面的有效选择权和可能性。

四、垄断协议

垄断协议是指企业间订立的排除、限制竞争的协议或者采取的协同行为，也被称为"卡特尔""限制竞争协议""不正当交易限制"等，主要包括固定价格、限制产量或分割市场、联合抵制交易等横向垄断协议，以及转售价格维持、限定销售区域和客户或者排他性安排等纵向垄断协议。部分司法辖区反垄断法也禁止交换价格、成本、市场计划等竞争性敏感信息，某些情况下被动接收竞争性敏感信息不能成为免于处罚的理由。横向垄断协议，尤其是与价格相关的横向垄断协议，通常被视为非常严重的限制竞争行为，各司法辖区均对此严格规制。多数司法辖区也对纵向垄断协议予以规制，如转售价格维持（RPM）可能具有较大的违法风险。

垄断协议的形式并不限于企业之间签署的书面协议，还包括口头协议、协同行为等行为。垄断协议的评估因素较为复杂，企业可以根据各司法辖区的具体规定、指南、司法判例及执法实践进行评估和判断。比如，有的司法辖区对垄断协议的评估可能适用本身违法或者合理原则，有的司法辖区可能会考虑其是否构成目的违法或者需要进行效果分析。适用本身违法或者目的违法的行为通常推定为本质上存在损害、限制竞争性质，而适用合理原则与效果分析时，会对相关行为促进或损害竞争的效果进行综合分析。部分司法辖区对垄断协议行为设有行业豁免、集体豁免和安全港制度，企业在分析和评估时可以参照有关规定。此外，大多数司法辖区均规定协会不得组织企业从事垄断协议行为，企业也不会因协会组织的垄断协议而免于处罚。

（一）中国反垄断法的监管要求

《中华人民共和国反垄断法》第十六条规定：垄断协议是指排除、限制竞争的协议、决定或者其他协同行为。协议或者决定可以是书面、口头等形式。其他协同行为是指具有竞争关系的经营者之间，虽未明确订立协议或者决定，但实质上存在协调一致的行为。认定其他协同行为，应当考虑经营者的市场行为是否具有一致性；经营者之间是否进行过意思联络或者信息交流；经营者能否对行为的一致性作出合理解释；相关市场的市场结构、竞争状况、市场变化等情况。

根据《中华人民共和国反垄断法》和《禁止垄断协议规定》，经营者禁止从事以下行为。

1. 禁止横向垄断协议

下列所称"具有竞争关系的经营者"包括处于同一相关市场进行竞争的实际经营者和可能进入相关市场进行竞争的潜在竞争者。

（1）禁止具有竞争关系的经营者就固定或者变更商品价格达成下列垄断协议。

①固定或者变更价格水平、价格变动幅度、利润水平或者折扣、手续费等其他费用。

②约定采用据以计算价格的标准公式、算法、平台规则等。

③限制参与协议的经营者的自主定价权。

④通过其他方式固定或者变更价格。

（2）禁止具有竞争关系的经营者就限制商品的生产数量或者销售数量达成下列垄断协议。

①以限制产量、固定产量、停止生产等方式限制商品的生产数量，或者限制特定品种、型号商品的生产数量。

②以限制商品投放量等方式限制商品的销售数量，或者限制特定品种、型号商品的销售数量。

③通过其他方式限制商品的生产数量或者销售数量。

（3）禁止具有竞争关系的经营者就分割销售市场或者原材料采购市场达成下列垄断协议。

①划分商品销售地域、市场份额、销售对象、销售收入、销售利润或者销售商品的种类、数量、时间。

②划分原料、半成品、零部件、相关设备等原材料的采购区域、种类、数量、时间或者供应商。

③通过其他方式分割销售市场或者原材料采购市场。

前款关于分割销售市场或原材料采购市场的规定适用于数据、技术和服务等。

（4）禁止具有竞争关系的经营者就限制购买新技术、新设备或者限制开发新技术、新产品达成下列垄断协议。

①限制购买、使用新技术、新工艺。

②限制购买、租赁、使用新设备、新产品。

③限制投资、研发新技术、新工艺、新产品。

④拒绝使用新技术、新工艺、新设备、新产品。

⑤通过其他方式限制购买新技术、新设备或者限制开发新技术、新产品。

（5）禁止具有竞争关系的经营者就联合抵制交易达成下列垄断协议。

①联合拒绝向特定经营者供应或者销售商品。

②联合拒绝采购或者销售特定经营者的商品。

③联合限定特定经营者不得与其具有竞争关系的经营者进行交易。

④通过其他方式联合抵制交易。

（6）具有竞争关系的经营者不得利用数据和算法、技术以及平台规则等，通过意思联络交换敏感信息、行为协调一致等方式，达成前款第（1）至（5）条规定的垄断协议。

（7）经营者不得组织其他经营者达成垄断协议或者为其他经营者达成垄断协议提供实质性帮助，包括下列情形。

①经营者不属于垄断协议的协议方，在垄断协议达成或者实施过程中，对协议的主体范围、主要内容、履行条件等具有决定性或主导作用。

②经营者与多个交易相对人签订协议，使具有竞争关系的交易相对人之间通过该经营者进行意思联络或者信息交流，达成前款第（1）至（6）条规定的垄断协议。

③通过其他方式组织其他经营者达成垄断协议。

实质性帮助，包括提供必要的支持、创造关键性的便利条件，或者其他重要帮助。

2. 禁止纵向垄断协议

禁止经营者与交易相对人就商品价格达成下列垄断协议。

（1）固定向第三人转售商品的价格水平、价格变动幅度、利润水平或者折扣、手续费等其他费用。

（2）限定向第三人转售商品的最低价格，或者通过限定价格变动幅度、利润水平或者折扣、手续费等其他费用限定向第三人转售商品的最低价格。

（3）通过其他方式固定转售商品价格或者限定转售商品最低价格。

对前款规定的协议，经营者能够证明其不具有排除、限制竞争效果的，不予禁止。

经营者不得利用数据和算法、技术以及平台规则等，通过对价格进行统一、限定或者自动化设定转售商品价格等方式，达成前款规定的垄断协议。

经营者能够证明其在相关市场的市场份额低于市场监管总局规定的标准，并符合市场监管总局规定的其他条件的，不予禁止。

3. 其他禁止行为

对于不属于前述第 1 条及第 2 条所列情形的其他协议、决定或者协同行为，有证据证明排除、限制竞争的，应当认定为垄断协议并予以禁止。认定时应当考虑以下因素。

（1）经营者达成、实施协议的事实。

（2）市场竞争状况。

（3）经营者在相关市场中的市场份额及其对市场的控制力。

（4）协议对商品价格、数量、质量等方面的影响。

（5）协议对市场进入、技术进步等方面的影响。

（6）协议对消费者、其他经营者的影响。

（7）与认定垄断协议有关的其他因素。

4. 行业协会禁止行为

行业协会是指由同行业经济组织和个人组成，行使行业服务和自律管理职能的各种协会、学会、商会、联合会、促进会等社会团体法人。行业协会应当加强行业自律，引导本行业的经营者依法竞争，维护市场竞争秩序。

行业协会禁止从事下列行为。

（1）制定、发布含有排除、限制竞争内容的行业协会章程、规则、决定、通知、标准等。

（2）召集、组织或者推动本行业的经营者达成含有排除、限制竞争内容的协议、决议、纪要、备忘录等。

（3）其他组织本行业经营者达成或者实施垄断协议的行为。

（二）美国反托拉斯法监管要求

违反反托拉斯法的协议是指若干个经营者之间所达成、实施限制竞争或者反竞争的协议，协议是市场主体的一致意思表示，主要有口头形式、书面形式、默示行为，包括限制、排除或者妨害市场竞争内容。

1. 横向限制规定

美国《谢尔曼法》第1条规定，任何限制各州之间或与外国的贸易或商业的合同，以托拉斯或其他形式的联合或共谋，都是非法的。

（1）横向限制竞争协议。

横向限制竞争协议是指企业间限制贸易的合同、联合和共谋。认定横向限制协议时应注意默示协议的证据。违法的横向限制竞争协议属于不合理的限制贸易行为。合理性原则是美国最高法院确立的判定限制贸易协议是否违法的规则之一。企业间的合同、联合和共谋还需具有州际意义，应判断是否影响或者损害州际或者其他国家的利益。

（2）横向限制竞争协议的类型。

横向限制竞争协议的内容类型包括固定价格、限制生产和分割市场，即经营者在协议中串通或者共谋固定价格，限制竞争，相互承诺限制生产、分割消费者和消费地域等，这些协议属于本身违法（illegal per se）。为了保护来自境外的竞争、促进国内产业更加集中以及自给自足，美国在对外贸易中处罚限制美国进口、固定价格、分割市场的国际协议。[①]

（3）协议中包括集体抵制和标准化的内容。

集体抵制是指经营者联合不与竞争对手、供应商或其他客户交易的协议，即美国《谢尔曼法》第1条涉及的限制贸易的串通或者联合。尽管一定程度的标准化有利于消费者、销售者和使用者，但是应当避免排挤"非标准化的产品"遭到反托拉斯诉讼，因此，为达成符合反托拉斯法的目的，应注意保证标准的客观性和可操作性，使用中介机构的公开程序，并通过中介机构公布结果。[②]

（4）设立国际合资企业。

设立国际合资企业是指具有卡特尔性质的经营者为了固定价格、分配市场或者减少产量以限制竞争成立合资企业进行合作，该行为不符合《谢尔曼法》第1条，属于本身违法行为。

通常有三种合资协议形式：一是母公司合资成立新公司，分配新公司的股份；二是股份合资，取得另一个公司的股份进入该公司；三是公司之间签署相互合作协议进行完全合作。评估合资企业是否违反反托拉斯法，司法实践采用合理原则，评估协议对合作者和国民经济带来的最大效益，也会考虑是否排除其他当事人，是否会缩小合资者的潜在竞争。

---

① 参见1911年美国政府诉美国烟草公司案（United States v. American Tobacco Co.）、1947年美国政府诉国家铅公司案（United States v. National Lead Co.）。

② 参见1961年辐射燃烧器股份有限公司诉人民煤气和焦炭公司案（Radiant Burners Inc. v. Peoples Gas Light and Coke Co.）。

在美国设立国际合资企业时应注意研究《1984 年国民合资研究法》和《1993 年国民合作研究法修正案》对合资企业反托拉斯保护的规定，从而充分维护企业合法权益。上述法案规定了合理性规则，即企业如果事先注册，发生诉讼只需要按照实际损害赔偿。同时注意 2000 年 4 月 7 日美国司法部和联邦贸易委员会联合发布的《竞争者合作的反托拉斯指南》，了解这两家执法机构的监管要求和做法。

（5）联合购买协议。

联合购买协议在多数情况下按照合理性规则进行分析。公司联合在一起的规模很小，所在市场也不集中，会加强经济效益和竞争。公司联合不适当扩大了买方的市场力量，压低价格，以致勾结起来交换敏感信息，这样的行为很可能具有反竞争性，会受到反托拉斯执法机构的审查。

2. 纵向限制规定

《谢尔曼法》第 1 条、第 2 条，《克莱顿法》第 3 条和《联邦贸易委员会法》第 5 条，以及联邦法院的相关判例规定了纵向限制的有关内容。纵向限制类型主要包括：

（1）排他交易协议。

生产厂家有权选择交易对象，在特定地域指定分销商或者取得独家销售权的销售商，但是要考虑在该地域内同类产品的竞争是否影响、限制竞争。在选择使用指定协议时还要考虑市场份额，即注意法院判例确定排他交易协议的反托拉斯相关市场标准以及被排挤的市场份额和使用的合理性。

（2）捆绑协议和搭售协议。

关于搭售协议，卖方、出租人或者许可方在转让货物、服务或者技术时，对买方、承租方或者被许可人设置条件，要求买方、承租方或者被许可人从其所指定处购买不同的货物、服务或者技术。《谢尔曼法》第 1 条和《联邦贸易委员会法》第 5 条规定了使用搭售协议。《克莱顿法》第 3 条直接针对搭售协议但是仅限于商品以及在美国领域中的商品销售。联邦最高法院认为捆绑协议和搭售协议的目的是限制竞争。搭售协议有两种方式：一是全线或者全部系列强加搭售（full line forcing）；二是"一揽子"或者整体技术许可搭售（package or block license of technology）。在提起诉讼证明被告违反《谢尔曼法》第一条时应证明涉及两个独立的产品，买方、承租方或者被许可人没有选择的余地，为了获取主要产品只能购买被捆绑的产品，被告在主要产品市场具有支配地位，被捆绑的产品贸易量巨大[1]。捆绑协议和搭售协议如果有明显的商业合理性，不超出其目的范围，该搭售也是合法的。[2]

（3）转售方面限制——转售维持价格、地域和客户限制。

《谢尔曼法》第 1 条和《联邦贸易委员会法》第 5 条规定使用搭售协议规制，即限制买方转售其所购买商品自由的纵向限制协议。美国司法判例中主要涉及限制转售价格、地域和客户的情形。

限制转售价格，也称纵向固定价格或者维持转售价格。美国联邦最高法院在 1911 年的迈尔斯医生医疗公司诉约翰·帕克父子公司案（Dr. Miles Medical Co. v. John Park & Sons Co.）中裁决被告的行为本身违反《谢尔曼法》，转售价格维持不合理限制转售商的定价权利，卖方可以依法建议买方的转售价格，不得签署其希望的销售价格协议或者强迫采取其要求销售的价格。但是美国最高法院在 1997 年的国家石油公司诉卡恩案（State Oil Co. v. Khan）中推翻了以前的裁判标准——本身违法，裁决认为固定转售价格并不有害，采用合理性原则来评估。

地域和客户限制。供应商与买方签署纵向地域和客户限制方面协议不一定具有反竞争性。但是，当销售产品几乎不存在内部竞争时，该协议可

---

① 参见 1992 年伊士曼柯达公司诉影像技术服务股份有限公司案（Eastman Kodak Co. v. Image Technical Services，Inc.）。

② 参见 1989 年莫扎特公司诉北美奔驰股份有限公司案（Mozart Co. v. Mercedes - Benz of North America，Inc.）。

能具有很高的反竞争性。美国法院在 1967 年的美国诉阿诺德施温公司案（United States v. Arnold. Schwinn Co.）中认定生产商对地域和客户的限制是不合理的，属于本身违法，而在 1977 年的大陆电视公司诉燃气轮机西尔瓦尼亚股份公司案（Continental T. V. Inc v. GTE Sylvania Inc.），西尔瓦尼亚案（Sylvania）中抛弃施温案（Schwinn）本身违法原则，以合理性原则审查地域和客户限制的利弊。在美国商品出口中出口企业要注意与美国销售商转售限制事宜，按照合理性和本身违法原则进行风险评估，切记剔除含有最低价格的限制要求。

（三）欧盟竞争法的监管要求

为了保护消费者和企业的合法权益以及维护竞争，《欧盟运行条约》第 101 条规定，联合限制行为属于违法行为。根据欧盟委员会和欧盟法院的实践，《欧盟运行条约》第 101 条第一款规定将联合限制分为三类：横向限制协议（价格卡特尔和分割市场的行为）、纵向协议和使用专利、商标或者技术秘密等许可协议中的限制竞争内容。

1. 横向限制协议

（1）横向限制协议的违法构成要件。

横向限制协议是指企业间关于限制竞争的协议、企业联合的决议以及相互协调的行为。为了规避竞争风险，多个企业有目的、自愿协调其价值行为。企业联合发布相关成本和价格交流的信息，不得涉及具体的竞争者，否则会受到反托拉斯审查。

横向限制协议的违法构成要件包括以下内容。

①企业间协议、企业联合的决议以及相互协调行为具有阻碍、限制和扭曲共同内部竞争的目的或者后果。企业协议、企业联合的决议以及相互协调行为的目的是阻碍、限制和扭曲竞争，即违反了《欧盟运行条约》第 101 条。

②企业间协议、企业集团的决议以及相互协调行为影响成员方之间的

贸易。企业之间限制竞争的协议影响了成员方的贸易，属于违反竞争法的行为。

③企业间协议、企业联合的决议以及相互协调行为具有显著不利影响。根据欧盟委员会1997年发布的《宽容通告》，市场份额不超过5%的横向协议不会产生显著的影响，但是价格卡特尔等协议即使不超过5%，也会被视为对市场产生显著影响。

（2）横向限制协议的类型。

横向限制协议包括以下类型。

①以直接或者间接的方式固定购买、销售价格或者其他供货条件的协议。欧盟的执法实践中严格处理固定价格的行为，不论固定最低价格还是最高价格，均处以大额罚款。

②限制或者控制生产、销售渠道、技术开发或者投资。限制生产、销售数量，经常被称为数量卡特尔，与价格卡特尔一起在协议中违法使用。注意欧盟内部的结构危机卡特尔、专业化生产、标准化生产协议中涉及限制竞争的行为，不适用《欧盟运行条约》第101条第一款，即反垄断豁免。

③分割市场和采购渠道。

④歧视。相同条件下对不同交易对象适用不同的交易条件，使其处于不利的交易地位。

⑤搭售。企业要求交易对象接受无关的附加条件，与合同没有本质上或者惯例上的相关性。

（3）横向限制协议的豁免情形。

《欧盟运行条约》第101条第三款规定，符合下列条件违法的企业间协议、企业联合的决议以及相互协调的行为，不适用第一款规定，可以免除适用反垄断法处理。

①有助于改善食品的销售，有利于推动技术或者经济进步。

②消费者能够从限制竞争的好处中得到合理的份额。

③为实现上述限制竞争是绝对必要的。欧盟豁免时会考虑限制竞争的适当性和必要性，曾豁免过一些结构危机卡特尔。

④限制竞争不得大到排除市场竞争的程度。企业共同的市场份额是认定是否达到排除市场竞争的因素。共同的市场份额低于30%，达不到排除市场竞争的程度；共同的市场份额超过50%，会被怀疑排除市场竞争；共同的市场份额超过90%，达到了排除市场竞争的程度。

2. 纵向限制协议

欧盟对纵向协议的规定主要有《欧盟运行条约》第101条和2022年6月1日新修订的《纵向协议集体豁免条例》及配套的《纵向限制指南》。

纵向协议是指为了协议的目的，在生产或者销售链不同环节的两个以上的经营者之间达成的，有关购买、销售或者转售特定商品或者服务的协议或者协调行为①。

欧盟竞争总司在实践中首先审查协议是代理协议还是供销协议，审查的主要因素为代理人是否承担资金和商业风险。

对于纵向协议，如果存在《纵向协议集体豁免条例》规定的核心限制行为，依据《欧盟运行条约》第101条第一款规定，原则上予以禁止，不论市场份额多少，一律不适用安全港的豁免规定。

在欧盟反垄断实践中下列纵向限制协议几乎不能被豁免。

（1）维持转售价格。如果卖方固定买方的转售价格，或者强加一个最低销售价格，协议得不到豁免。卖方设定一个最高销售价格或者推荐一个销售价格，则不受此限。维持最低转售价格能够产生经济效益，在个案基础上可以得到豁免，包括三种情况：一是维持最低转售价格对引导分销商促销新产品是必须的，特别是在无法通过合同实现的情况下；二是在特许

---

① 资料来源：《纵向协议集体豁免条例》。

经营或者类似的分销协议中，维持转售价格对 6 周的短期促销是必须的；三是第三方能够证明维持转售价格避免售前服务搭便车，特别是在复杂产品情况下对消费者的售前服务。

（2）限制地域或客户。直接或者间接限制买方的销售对象或者销售地域，属于核心限制条款，原则上得不到豁免。但是在以下四种例外情况下可以得到豁免：一是协议禁止买方在卖方或者在卖方为其他销售商保留的独占地域或者专有客户进行的主动销售且不影响买方在自己的独占地域进行独家销售；二是阻止批发商直接向最终用户进行主动或者被动销售的协议可以得到豁免；三是阻止选择性销售网络中的分销商向未经授权的分销商进行主动或者被动销售的协议可以得到豁免；四是如果买方购买零部件的目的是装配，组织买方向卖方直接竞争的生产商主动或者被动销售零部件的协议可以得到豁免。

（3）限制选择性体系的销售商向最终用户进行主动或者被动销售。如果协议禁止选择性体系的销售商向未经授权的销售商（有别于最终用户）销售其所从事的业务，该限制可以得到豁免。

（4）限制选择性体系的销售商进行交叉供货。如果协议限制选择性体系的分销商之间进行交叉供货，即使分销商处于不同阶段，该限制也无法豁免。

（5）限制供货商向第三方企业提供零部件。最终消费者和服务商（合称为第三方企业）有权向供应商购买商品，实施限制是不合理的。如果买方和第三方企业签署合同约定第三方企业只从自己手中购买零配件，则买方与供应商约定禁止供应商向该第三方企业销售零配件的行为被认为是合理的。

（6）双重分销中的特定信息交流。双重分销行为的豁免将不包括供应商与经销商之间特定的信息交流，该等信息包括：与纵向协议的执行不存在直接关系的信息，或并非改善货物或服务的生产或销售所必要的信息。

（7）混合平台与经营者之间的纵向协议。如果在线中介服务的提供者（即平台）同时自行销售相关货物或服务（即自营＋平台模式），则该等平台与平台内经营者之间达成的纵向协议均不属于豁免范围。

（8）广义最惠国条款。根据《2022版纵向限制指南》，任何直接或间接导致在线中介服务的买方（即平台内经营者）不得以更优的交易条件向最终用户提供、销售、转售货物或服务的条款均不得被豁免。

（9）线上渠道销售限制。供应商对线上渠道销售的限制直接或间接、单独或与其他因素共同阻碍经销商或其客户有效利用线上渠道提供货物或服务的行为不得被豁免。

（10）限制在线广告渠道。供应商通过对一个或多个在线广告渠道进行限制，从而阻碍经销商或其客户有效利用线上渠道提供货物或服务，该行为不得被豁免。

五、滥用市场支配地位

市场支配地位是指企业能够控制某个相关市场，而在该市场内不再受到有效竞争约束的地位。一般来说，判断是否具有市场支配地位需要综合考虑业务规模、市场份额和其他相关因素，比如，来自竞争者的竞争约束、客户的谈判能力、市场进入壁垒等。通常情况下，除非有相反证据，较低的市场份额不会被认定为具有市场支配地位。

企业具有市场支配地位本身并不违法，只有滥用市场支配地位才构成违法。滥用市场支配地位是指具有市场支配地位的企业没有正当理由，凭借该地位实施排除、限制竞争的行为，一般包括销售或采购活动中的不公平高价或者低价、低于成本价销售、附加不合理或者不公平的交易条款和条件、独家或者限定交易、拒绝交易、搭售、歧视性待遇等行为。企业在判断是否存在滥用市场支配地位时，可以根据有关司法辖区的规定，提出可能存在的正当理由及相关证据。

（一）中国反垄断法的监管要求

《中华人民共和国反垄断法》规定，市场支配地位是指经营者在相关市场内具有能够控制商品价格、数量或者其他交易条件，或者能够阻碍、影响其他经营者进入相关市场能力的市场地位。其他交易条件是指除商品价格、数量之外能够对市场交易产生实质影响的其他因素，包括商品品种、商品品质、付款条件、交付方式、售后服务、交易选择、技术约束等。能够阻碍、影响其他经营者进入相关市场的情形，包括排除其他经营者进入相关市场，或者延缓其他经营者在合理时间内进入相关市场，或者导致其他经营者虽能够进入该相关市场但进入成本大幅提高，无法与现有经营者开展有效竞争等情形。

1. 禁止滥用市场支配地位

根据《中华人民共和国反垄断法》和《禁止滥用市场支配地位行为规定》，具有市场支配地位的经营者严禁从事下列滥用市场支配地位的行为。

（1）以不公平的高价销售商品或者以不公平的低价购买商品。（认定"不公平的高价"或者"不公平的低价"，可以考虑下列因素：①销售价格或者购买价格是否明显高于或者明显低于其他经营者在相同或者相似市场条件下销售或者购买同种商品或者可比较商品的价格；②销售价格或者购买价格是否明显高于或者明显低于同一经营者在其他相同或者相似市场条件区域销售或者购买商品的价格；③在成本基本稳定的情况下，是否超过正常幅度提高销售价格或者降低购买价格；④销售商品的提价幅度是否明显高于成本增长幅度，或者购买商品的降价幅度是否明显高于交易相对人成本降低幅度；⑤需要考虑的其他相关因素。认定市场条件相同或者相似，应当考虑销售渠道、销售模式、供求状况、监管环境、交易环节、成本结构、交易情况等因素。）

（2）没有正当理由，以低于成本的价格销售商品。（认定低于成本的价格销售商品，应当重点考虑价格是否低于平均可变成本。平均可变成本是指随着生产的商品数量变化而变动的每单位成本。涉及互联网等新经济业态中的免费模式，应当综合考虑经营者提供的免费商品以及相关收费商品等情况。"正当理由"包括：①降价处理鲜活商品、季节性商品、有效期限即将到期的商品和积压商品的；②因清偿债务、转产、歇业降价销售商品的；③在合理期限内为推广新商品进行促销的；④能够证明行为具有正当性的其他理由。）

（3）没有正当理由，拒绝与交易相对人进行交易。（拒绝交易的方式包括：①实质性削减与交易相对人的现有交易数量；②拖延、中断与交易相对人的现有交易；③拒绝与交易相对人进行新的交易；④设置限制性条件，使交易相对人难以与其进行交易；⑤拒绝交易相对人在生产经营活动中，以合理条件使用其必需设施。在依据上述第⑤项认定经营者滥用市场支配地位时，应当综合考虑以合理的投入另行投资建设或者另行开发建造该设施的可行性、交易相对人有效开展生产经营活动对该设施的依赖程度、该经营者提供该设施的可能性以及对自身生产经营活动造成的影响等因素。"正当理由"包括：①因不可抗力等客观原因无法进行交易；②交易相对人有不良信用记录或者出现经营状况恶化等情况，影响交易安全；③与交易相对人进行交易将使经营者利益发生不当减损；④能够证明行为具有正当性的其他理由。）

（4）没有正当理由，限定交易相对人只能与其进行交易或者只能与其指定的经营者进行交易。（限定交易的行为包括：①限定交易相对人只能与其进行交易；②限定交易相对人只能与其指定的经营者进行交易；③限定交易相对人不得与特定经营者进行交易。从事上述限定交易行为可以是直接限定，也可以是以设定交易条件等方式变相限定。"正当理由"包括：①为满足产品安全要求所必须；②为保护知识产权、商业秘密或者数据安全所必须；③为保护针对交易进行的特定投资所必须；④能够证明行为具有正当性的其他理由。）

（5）没有正当理由，搭售商品或者在交易时附加其他不合理的交易条件。（搭售商品或在交易时附加其他不合理的交易条件的行为包括：①违背交易惯例、消费习惯或者无视商品的功能，将不同商品捆绑销售或者组合销售；②对合同期限、支付方式、商品的运输及交付方式或者服务的提供方式等附加不合理的限制；③对商品的销售地域、销售对象、售后服务等附加不合理的限制；④交易时在价格之外附加不合理费用；⑤附加与交易标的无关的交易条件。"正当理由"包括：①符合正当的行业惯例和交易习惯；②为满足产品安全要求所必须；③为实现特定技术所必须；④能够证明行为具有正当性的其他理由。）

（6）没有正当理由，对条件相同的交易相对人在交易价格等交易条件上实行差别待遇。（差别待遇的行为包括：①实行不同的交易价格、数量、品种、品质等级；②实行不同的数量折扣等优惠条件；③实行不同的付款条件、交付方式；④实行不同的保修内容和期限、维修内容和时间、零配件供应、技术指导等售后服务条件。条件相同是指交易相对人之间在交易安全、交易成本、规模和能力、信用状况、所处交易环节、交易持续时间等方面不存在实质性影响交易的差别。"正当理由"包括：①根据交易相对人实际需求且符合正当的交易习惯和行业惯例，实行不同交易条件；②针对新用户的首次交易在合理期限内开展的优惠活动；③能够证明行为具有正当性的其他理由。）

（7）国务院反垄断执法机构认定的其他滥用市场支配地位的行为。（认定其他滥用市场支配地位的行为，应当同时符合下列条件：经营者具有市场支配地位；经营者实施了排除、限制竞争行为；经营者实施相关行为不具有正当理由；经营者相关行为对市场竞争具有排除、限制影响。）

反垄断机构认定上述第（1）款所称的"不公平"和第（2）至（6）款所称的"正当理由"，还应当考虑下列因素。

①有关行为是否为法律法规所规定。

②有关行为对社会公共利益的影响。

③有关行为对经济运行效率、经济发展的影响。

④有关行为是否为经营者正常经营及实现正常效益所必须。

⑤有关行为对经营者业务发展、未来投资、创新方面的影响。

⑥有关行为是否能够使交易相对人或者消费者获益。

经营者不得利用数据和算法、技术、资本优势以及平台规则等从事禁止的垄断行为。

2. 认定经营者具有市场支配地位，应当依据下列因素

（1）该经营者在相关市场的市场份额，以及相关市场的竞争状况。（确定经营者在相关市场的市场份额，可以考虑一定时期内经营者的特定商品销售金额、销售数量或者其他指标在相关市场所占的比重。分析相关市场的竞争状况，可以考虑相关市场的发展状况、现有竞争者的数量和市场份额、商品差异程度、创新和技术变化、销售和采购模式、潜在竞争者情况等因素。）

（2）该经营者控制销售市场或者原材料采购市场的能力。（确定经营者控制销售市场或者原材料采购市场的能力，可以考虑该经营者控制产业链上下游市场的能力，控制销售渠道或者采购渠道的能力，影响或者决定价格、数量、合同期限或者其他交易条件的能力，以及优先获得企业生产经营所必需的原料、半成品、零部件、相关设备和需要投入的其他资源的能力等因素。）

（3）该经营者的财力和技术条件。（确定经营者的财力和技术条件，可以考虑该经营者的资产规模、盈利能力、融资能力、研发能力、技术装备、技术创新和应用能力、拥有的知识产权等，以及该财力和技术条件能够以何种方式和程度促进该经营者业务扩张或者巩固、维持市场地位等因素。）

（4）其他经营者对该经营者在交易上的依赖程度。（确定其他经营者对该经营者在交易上的依赖程度，可以考虑其他经营者与该经营者之间的

交易关系、交易量、交易持续时间、在合理时间内转向其他交易相对人的难易程度等因素。）

（5）其他经营者进入相关市场的难易程度。（确定其他经营者进入相关市场的难易程度，可以考虑市场准入、获取必要资源的难度、采购和销售渠道的控制情况、资金投入规模、技术壁垒、品牌依赖、用户转换成本、消费习惯等因素。）

（6）与认定该经营者市场支配地位有关的其他因素。（认定互联网等新经济业态经营者具有市场支配地位，可以考虑相关行业竞争特点、经营模式、用户数量、网络效应、锁定效应、技术特性、市场创新、掌握和处理相关数据的能力及经营者在关联市场的市场力量等因素；认定知识产权领域经营者具有市场支配地位，可以考虑知识产权的替代性、下游市场对利用知识产权所提供商品的依赖程度、交易相对人对经营者的制衡能力等因素；认定两个以上的经营者具有市场支配地位，还应当考虑市场结构、相关市场透明度、相关商品同质化程度、经营者行为一致性等因素。）

3. 有下列情形之一的，可以推定经营者具有市场支配地位

（1）一个经营者在相关市场的市场份额达到1/2的。

（2）两个经营者在相关市场的市场份额合计达到2/3的。

（3）三个经营者在相关市场的市场份额合计达到3/4的。

有前款第（2）项、第（3）项规定的情形，其中有的经营者市场份额不足1/10的，不应当推定该经营者具有市场支配地位。

被推定具有市场支配地位的经营者，有证据证明不具有市场支配地位的，不应当认定其具有市场支配地位。

（二）美国滥用市场支配地位的监管要求

美国反托拉斯法规定了对有关市场垄断、企图垄断或者垄断化控制的内容。《谢尔曼法》第2条主要针对企业的单方限制贸易行为作出规定，

侧重禁止垄断行为、串通计划或者企图垄断的行为，对违法行为的处理是结构性的，要求拆散违法企业。单方限制贸易行为包括掠夺性定价、拒绝交易、捆绑和其他排他行为等。

（1）掠夺性定价是指具有市场支配地位的企业为排挤竞争者、谋取将来的利润确定低于成本价格的行为。司法实践中由竞争对手提起的掠夺性定价诉讼中胜诉的情况很少。1993年布鲁克集团有限公司诉威廉姆森烟草公司案（Brooke group Ltd. v. Brown & Williamson Tobacco Corp.）中，最高法院指出根据《谢尔曼法》第2条，原告主张掠夺性定价必须表明，被告低于成本价格的行为导致了竞争对手的损失，被告对恢复自己损失的合理方式是通过获得的垄断利润进行补偿，且利润大于损失。结论是除非被告获得了垄断利润补偿，否则掠夺性定价在市场上的低价格实质上有利于增加消费者的福利。

（2）捆绑销售是指一项产品的卖方与买方达成的、以买方同意购买另一项产品，或者至少不向其他竞争者购买该另一项产品为条件而向买方出售前项产品的协议或行为。前项产品是主产品，而另一项产品是捆绑销售产品。在美国，捆绑销售协议作为限制贸易的合同适用《谢尔曼法》第1条，又作为排挤竞争对手的行为而适用《克莱顿法》第2条，同时也适用《联邦贸易委员会法》第5条。

（三）欧盟滥用市场支配地位的监管要求

《欧盟运行条约》第102条（原第82条）规定构成滥用市场支配地位需要满足三个条件：一是一个或多个企业在共同市场或者该市场的一个重大部分具有支配地位；二是滥用支配地位；三是对成员方之间的贸易具有现实或潜在的影响。支配地位、滥用和滥用获得的利益三个条件也适用于相邻市场。欧盟竞争法核心内容之一是规制滥用市场支配地位，禁止滥用市场支配地位的前提是企业在共同市场或者该市场的一个重大部分具有支配地位。如果行为主体是中小企业，有可能豁免；如果行为主体是具有市场支配地位的大型企业，则不可能豁免。

1. 市场支配地位的认定

欧盟委员会和欧盟法院在进行市场支配地位的认定时经常考虑企业的行为，但是最重要的是市场结构标准，即企业的市场份额，比如，企业长期占有很高的市场份额，可以构成市场支配地位的证据。此外，还考虑企业与竞争者的差距、潜在竞争、与上下游企业的联系紧密程度，以及企业的技术优势等因素。

2. 滥用市场支配地位的类型

《欧盟运行条约》第102条列举了过高定价、掠夺性定价、价格歧视、拒绝交易、搭售、限制生产销售或技术开发等滥用支配地位的行为，但并不限于这些情形。

（1）过高定价。

《欧盟运行条约》第102条规定，如果占据市场支配地位的企业，直接或者间接强迫其他企业接受不公平的购买价格或者销售价格或者其他交易条件，就构成滥用市场支配地位，如企业向消费者和用户索取不合理的高价。

（2）掠夺性定价。

《欧盟运行条约》第102条规定了掠夺性定价的有关内容。企业以排挤竞争对手和垄断市场份额为目的，以低于商品成本价格（含有低价倾销的性质）销售商品或服务的行为，构成滥用市场支配地位。

第二节　反垄断合规风险识别

企业可以根据自身业务规模、所处行业特点、市场情况、相关司法辖区反垄断法律法规，以及执法环境等因素识别企业面临的主要反垄断风险。

一、法律风险

（一）违反《中华人民共和国反垄断法》等相关规定的法律风险

1. 行政责任风险

（1）经营者违反《中华人民共和国反垄断法》等相关规定达成并实施垄断协议的，或组织其他经营者达成垄断协议或者为其他经营者达成垄断协议提供实质性帮助的，由反垄断执法机构责令停止违法行为，没收违法所得，并处上一年度销售额的1%以上10%以下的罚款；上一年度没有销售额的，处500万元以下的罚款；尚未实施所达成的垄断协议的，可以处300万元以下的罚款。经营者的法定代表人、主要负责人和直接责任人员对达成垄断协议负有个人责任的，可以处100万元以下的罚款。

（2）行业协会违反《中华人民共和国反垄断法》等相关规定，组织本行业的经营者达成垄断协议的，由反垄断执法机构责令改正，可以处300万元以下的罚款；情节严重的，反垄断执法机构可以提请社会团体登记管理机关依法撤销登记。

（3）经营者违反《中华人民共和国反垄断法》等相关规定，滥用市场支配地位的，由反垄断执法机构责令停止违法行为，没收违法所得，并处上一年度销售额的1%以上10%以下的罚款。

前款（1）至（3）项中，对于情节特别严重、影响特别恶劣、造成特别严重后果的，市场监管总局可以在前款规定的罚款数额的2倍以上5倍以下确定具体罚款数额。

2. 民事责任风险

经营者实施垄断行为，给他人造成损失的，依法承担民事责任；损害社会公共利益的，设区的市级以上人民检察院可以依法向人民法院提起公益诉讼。

3. 刑事责任风险

违反《中华人民共和国反垄断法》，构成犯罪的，依法追究刑事责任。

（二）违反美国反托拉斯法的法律风险

企业违反反托拉斯法的，可能受到刑事处罚、行政处罚或者承担 3 倍损害赔偿等民事责任。

1. 刑事处罚风险

在违反《谢尔曼法》的情况下，对企业可以判处最高额为 1000 万美元的罚款，对个人可判处最高额为 35 万美元的罚款或者 10 年以下的监禁，或者并处罚款与监禁。

2. 行政处罚风险

反垄断行政责任一般包括责令停止违法行为、行政罚款和认定限制竞争协议无效。一是责令停止违法行为。行为人在实施了违法行为的情况下，反垄断执法机构作为市场秩序的维护者，有权对违法行为发布禁令，制止违法行为。美国《联邦贸易委员会法》第 5 条规定联邦贸易委员会制止个人、合伙人或者公司实施不公平竞争或者不正当和欺骗性的行为。二是行政罚款。对违法者处以行政罚款，是反垄断法为了预防和制止违法行为常用的法律手段。美国司法部还使用 2 倍收益或者 2 倍损害的规则对违法者进行罚款。三是认定限制竞争的协议无效或者拆分企业。

3. 民事法律责任风险

美国《谢尔曼法》第 7 条和《克莱顿法》第 4 条规定，任何由于违反反托拉斯法而遭受财产或其他任何损害的人，按照 3 倍的赔偿标准给予其赔偿损失、诉讼费用和适当的律师费用。罚款并不能免除违法者的民事损害赔偿，特别是在国际卡特尔案件中，美国法院判处的民事损害赔偿金额越来越高。

在实践中，3 倍损害赔偿之诉对不法经营者有着很强的威慑力，在维护市场竞争秩序和保护消费者合法权益方面发挥着巨大的作用。美国绝大数反垄断案件是由私人提起的诉讼，政府提起的诉讼只占很小一部分。根据《美国联邦民事诉讼规则》第23条（a）的规定，在某些情况下，美国的私人原告还可以作为与自己处于相同地位的其他人的代理人，以集团的名义提起诉讼。

美国各州都可以作为该州居民的"父母官"，以其辖区内居民的名义提起三倍损害赔偿之诉，因违反反垄断法的行为而受到的损害，可以要求三倍损害赔偿。

（三）违反《欧盟运行条约》的法律风险

企业违反《欧盟运行条约》第101条和第102条以及相关竞争实施条例规定，欧盟委员会宣布终止违法行为，依据《关于实施〈条约〉第101条和第102条规定的竞争规则》予以处罚。罚款不应当超过企业上一年度总产值的10%，按照《第1/2003号条例第23条第2款第a项规定的罚款方法指南》第13条，罚款金额应以企业在欧洲经济区内的侵权行为所涉及的货物或服务销售额为准。

二、商业风险

（一）与竞争者接触的风险

企业与竞争者接触可能发生相关风险。比如，企业员工与竞争者员工之间在行业协会、会议，以及其他场合的接触；竞争企业之间频繁的人员流动；通过同一个供应商或者客户交换敏感信息等。

（二）无法合作的风险

企业之间可能产生无法合作的风险，比如，国际企业在合同中约定，双方应遵守反垄断法，如一方违反反垄断法的，另一方有权解除合同，从而导致双方无法继续合作，遭受重大损失。

（三）商誉受损的风险

企业可能面临商誉受损的风险，进而影响投标等经营利益。《企业信息公示暂行条例》第十八条规定，县级以上地方人民政府及其有关部门应当建立健全信用约束机制，在政府采购、工程招投标、国有土地出让、授予荣誉称号等工作中，将企业信息作为重要考量因素，对被列入经营异常名录或者严重违法企业名单的企业依法予以限制或者禁入。

三、交易风险

日常商业行为中与某些类型的协议或行为相关的风险。例如，与客户或供应商签订包含排他性条款的协议；对客户转售价格的限制等。当事人因合同内容或者经营行为违反反垄断法或者反托拉斯法，被监管机构或者法院责令停止违法行为，导致交易合同无法履行，引发交易合同风险。

第三节　反垄断合规风险防范

一、规范事前管理

（1）企业在防范反垄断合规风险时要遵循以下原则。

①守法合规、事先规范。

②预防为主、控制流程。

③重在教育、入心入脑。

（2）企业应当充分了解、掌握与其具有竞争关系的经营者情况，在识别具有竞争关系的经营者时应当考虑以下因素。

①经营范围，即经营者营业执照记载的经营范围。

②商品功能或者服务功能。

③行业性质，经营者进入行业是否经政府批准。

④地域市场，经营者经营产品或者服务地域区域。

（3）企业应当建立健全符合反垄断法的销售管控模式，充分了解和掌握有关纵向、处于供应链上下游之间、不具有竞争关系的交易相对人情况。

（4）企业应当制定员工合规管理制度，要求高级管理人员作出并履行明确、公开的反垄断合规承诺，要求其他员工作出并履行相应的反垄断合规承诺，可以在相关管理制度中明确有关人员违反承诺的后果。

根据不同职位、级别和工作范围的员工面临的不同合规风险，对员工开展风险测评和风险提示工作，提高风险防控的针对性和有效性，降低员工的违法风险。

①严格规范和管理员工参加由具有竞争关系的经营者组织的行业会议，不论形式如何，只要涉及价格议题或者协商销售价格变动、分割市场范围等反垄断法禁止的行为，员工须一律退出会议讨论场所并收集和保留相关证据。

②禁止员工擅自签署任何违反反垄断法的协议、记录等书面凭据。

③禁止员工参与任何讨论所销售商品价格变化的微信群等。

④禁止向对方提出的涨价提议作出任何承诺。

（5）企业应当加强管理和规范员工对外销售合作行为、引导员工提高反垄断合规意识，合规部门应当及时敦促销售部门员工定期检查以下信息。

①通过微信或者聊天记录等电子通信方式，在销售商品过程中实施达成的垄断协议、销售记录和销售数据、财务数据。

②多家企业领导建立的交流微信群。

③电子邮件、财务报表和数据。

合规部门在审查销售合同时应当关注提供商品或者服务的销售价格、销售数量、财务数据的合规性。

（6）企业可以通过信息化手段优化管理流程，依法运用大数据等工具，加强对经营管理行为合规情况的监控和分析，强化合规管理的信息化建设。

二、强化合同管理

（1）企业禁止达成和实施垄断协议。企业内部的合作行为或协作行为不宜称为协同，避免因使用与反垄断监管相同的词语引起反垄断执法机构的误解。

（2）企业合规部门和销售部门在识别其他协同行为时，应当考虑以下因素。

①经营者的市场行为是否具有一致性。

②经营者之间是否进行过意思联络或者信息交流。

③经营者能否对行为的一致性作出合理解释。

识别其他协同行为，还应当考虑相关市场的结构情况、竞争状况、市场变化情况、行业情况等。

（3）企业合规部门应当加强识别，抵制交易垄断协议，注意掌握与其具有竞争关系的经营者达成的联合抵制交易协议。

企业在实施行为方面，注意以下细节：经营者以搬迁、环保等理由拒绝向其他企业供货，相关企业多次联系，多次拒绝供货，拒绝行为须符合《中华人民共和国反垄断法》第十七条第一款第（三）项"正当理由"的规定，否则构成实施抵制交易协议的行为。

企业合规部门和销售部门在识别联合抵制交易垄断协议时应当考虑以下因素。

①商品市场是否是典型寡头垄断市场。

②具有竞争关系的经营者是否进行意思联络。

③具有竞争关系的经营者的联合抵制行为是否具有一致性。

（4）企业应当树立合规思维，严守反垄断法底线，禁止形成统一涨价的意愿或者集体涨价默契，禁止达成垄断协议。

企业合规部门和销售部门在防范横向垄断风险时要关注以下信息。

①调价倡议书、调费公告以及有关调价和涨价的聚会聚餐、邮件沟通、电话联络等。

②与其具有竞争关系的经营者的公司章程、营业执照。

③财务报表和数据。

④上一年度销售额和销售数据、台账、记录。

⑤年度工作总结、董事会等公司治理机构会议纪要、工作记录。

企业合规部门在审查销售协议是否符合反垄断法有关纵向协议规定时，应考虑本企业市场地位是否强大、所销售商品市场竞争是否充分，以及限制转售价格的目的和后果。

（5）企业应当高度关注行业协会是否遵守反垄断法和相关行为指南的要求，不执行行业协会作出的以下行为。

①制定排除、限制竞争价格的规则、决定、通知等。

②组织经营者达成反垄断法和国家规定禁止的价格垄断协议。

③组织经营者达成或者实施价格垄断协议的其他行为。

企业合规部门和销售部门应当加强对前款合规性的把关，防范行业协会将企业拖入实施垄断协议的合规风险之中。

三、建立健全反垄断合规风险管理体系

（1）企业应依据反垄断的法律法规和监管要求，结合企业业务状况、规模大小、行业特性等，建立反垄断合规管理制度，健全反垄断合规管理体系，或者在现有合规管理体系中开展反垄断合规管理专项工作。

企业可进一步就有关反垄断的合规行为准则及管理办法，细化制定、完善相应的合规操作流程。

（2）具备条件的企业可以建立反垄断合规管理部门，明确合规工作职责和负责人，完善反垄断合规咨询、合规检查、合规汇报、合规培训、合规考核等内部机制，降低经营者及员工的合规风险。

　　反垄断合规管理部门及其负责人应当具备足够的独立性和权威性，可以有效实施反垄断合规管理。合规管理部门执行决策管理层对反垄断合规管理的各项要求，协调反垄断合规管理与各项业务的关系，监督合规管理执行情况。反垄断合规管理部门和合规管理人员一般履行以下职责。

　　①加强对国内外反垄断法相关规定的研究，推动完善合规管理制度，明确企业合规管理战略目标和规划等，保障企业依法开展生产经营活动。

　　②制定企业内部合规管理办法，明确合规管理要求和流程，督促各部门贯彻落实，确保合规要求融入各项业务领域。

　　③组织开展合规检查，监督、审核、评估企业及员工经营活动和业务行为的合规性，及时制止并纠正不合规的经营行为，对违规人员进行责任追究或者提出处理建议。

　　④组织或者协助业务部门、人事部门开展反垄断合规教育培训，为业务部门和员工提供反垄断合规咨询。

　　⑤建立反垄断合规报告和记录台账，组织或者协助业务部门、人事部门将合规责任纳入岗位职责和员工绩效考评体系，建立合规绩效指标。

　　⑥妥善应对反垄断合规风险事件，组织协调资源配合反垄断执法机构进行调查并及时制定和推动实施整改措施。

　　⑦其他与企业反垄断合规有关的工作。

　　企业应当为反垄断合规管理部门和合规管理人员履行职责提供必要的资源和保障。

四、加强反垄断合规培训和建设合规文化

（一）加强反垄断合规培训

　　企业应当制定反垄断合规培训方案和计划，对所有员工进行有针对性的培训，特别是强化对企业高级管理人员包括董事长和总经理、分管销售工作的企业副职和所有销售人员，经培训考核合格的，签发反垄断合规培

训合格证，作为工作合规和晋升的依据。

（二）建设反垄断合规文化

企业党组成员、董事会成员和经营班子成员，以及其他高级管理人员应带头学习反垄断法和相关监管要求，增强反垄断合规意识，形成浓厚的反垄断合规氛围，接受有关合规培训，关键岗位员工应接受有针对性的专题合规培训，例如，针对销售管理和一线销售人员进行合规培训。有关合规培训应做好记录留存。

（三）建立考核奖惩机制

企业应当建立健全对员工反垄断合规行为的考核及奖惩机制，将反垄断合规考核结果作为员工及其所属部门绩效考核的重要依据，对违规行为进行处罚，促使员工遵守反垄断法的相关规定。

第四节　反垄断合规风险应对

面对反垄断调查与诉讼，企业应当成立反垄断风险应对小组，制定应急预案，及时跟进反垄断执法或者诉讼动态，强化组织领导，有针对性地研究调整商业模式，使其商业模式符合反垄断的立法和监管要求。

一、应对反垄断调查

多数司法辖区的反垄断执法机构都拥有强力而广泛的调查权。一般来说，反垄断执法机构可根据举报、投诉、违法公司的宽大申请或者依职权开展调查。调查手段包括收集有关信息、复制文件资料、询问当事人及其他关系人（如竞争对手和客户）、现场调查、采取强制措施等。部分司法辖区还可以开展"黎明突袭"，即在不事先通知企业的情况下，突然对与实施涉嫌垄断行为相关或者与调查相关的必要场所进行现场搜查。在"黎明突袭"期间，企业不得拒绝持有搜查证、搜查授权或者决定的调查人员进入。调查人员可以检查搜查证、搜查授权或者决定范围内的一切物品，可以查阅、复制文件，根据检查需要可以暂时查封有关场所，询问员工等。此外，在有的司法辖区，反垄断执法机构可以与边境管理部门合作，扣留和调查入境的被调查企业员工。

各司法辖区对于配合反垄断调查和诉讼以及证据保存均有相关规定，一般要求相关方不得拒绝提供有关材料或信息，提供虚假或者误导性信息、隐匿或者销毁证据，开展其他阻挠调查和诉讼程序并带来不利后果的行为，对于不配合调查的行为规定了相应的法律责任。通常情况下，企业对反垄断调查的配合程度是执法机构作出处罚以及宽大处理决定时的重要考量因素之一。

企业可以根据需要，由法务部门、外部律师、信息技术部门事先制定应对现场检查的方案和配合调查的计划。在面临反垄断调查和诉讼时，企业可以制定员工出行指南，确保员工在出行期间发生海关盘问、搜查等突发情况时能够遵守企业合规政策，同时保护其合法权利。

企业发现有关部门员工涉嫌违反反垄断法迹象时，应当及时监控、调查，及早处置、处理；认为违法情节严重的，应当积极主动、及时向反垄断执法机构报告，并提供相应证据。

企业在中国面临反垄断调查的，能够证明达成的协议属于以下情形之一的，可以根据《中华人民共和国反垄断法》第二十条规定，向反垄断执法机构申请反垄断豁免。

（1）为改进技术、研究开发新产品的。

（2）为提高产品质量、降低成本、增进效率，统一产品规格、标准或者实行专业化分工的。

（3）为提高中小经营者经营效率，增强中小经营者竞争力的。

（4）为实现节约能源、保护环境、救灾救助等社会公共利益的。

（5）因经济不景气，为缓解销售量严重下降或者生产明显过剩的。

（6）为保障对外贸易和对外经济合作中的正当利益的。

（7）法律和国务院规定的其他情形。

企业可以依据《横向垄断协议案件宽大制度适用指南》的规定，向反垄断执法机构主动报告协议以及证据，主动停止涉嫌违法行为，配合反垄断执法机构调查，可以向反垄断执法机构申请宽大、减轻或者免除处罚。

在境外反垄断调查中，企业可以依照相关司法辖区的规定维护自身合法权益，比如，就有关事项进行陈述和申辩，要求调查人员出示证件，向执法机构询问企业享有的合法权利，在保密的基础上查阅执法机构的部分调查文件；聘请律师到场，在有的司法辖区，被调查对象有权在律师到达前保持缄默。部分司法辖区对受律师客户特权保护的文件有除外规定，企业在提交文件时可以对相关文件主张律师客户特权，防止执法人员拿走他们无权调阅的特权资料。有的司法辖区规定，应当听取被调查企业或行业协会的意见，并使其享有就异议事项提出答辩的机会。无论是法律或者事实情况，如果被调查对象没有机会表达自己的观点，就不能作为案件裁决的依据。

企业在美国面临反托拉斯调查的，可以依据美国法律和案例确定的原则（如合理性原则）、反托拉斯指南，配合美国反垄断执法机构调查。

企业在欧盟面临反垄断调查的，可以依据《欧盟运行条约》和相关豁免条例、指南，向欧盟反垄断执法机构申请反垄断豁免。

二、应对反垄断诉讼

反垄断诉讼既可以由执法机构提起，也可以由民事主体提起。比如，在有的司法辖区，执法机构可以向法院提起刑事诉讼和民事诉讼；直接购买者、间接购买者也可以向法院提起诉讼，这些诉讼也有可能以集团诉讼的方式提起。在有的司法辖区，反垄断诉讼包括对反垄断执法机构决定的上诉，以及受损害主体提起的损害赔偿诉讼、停止垄断行为的禁令申请或者以合同包含违反竞争法律的限制性条款为由对该合同提起的合同无效之诉。

不同司法辖区的反垄断诉讼涉及程序复杂、耗时较长，有的司法辖区可能涉及范围极为宽泛的证据开示。企业在境外反垄断诉讼中一旦败诉，将面临巨额罚款或者赔偿、责令改变商业模式甚至承担刑事责任等严重不利后果。

企业可以建立对境外反垄断法律风险的应对和损害减轻机制。当发生重大境外反垄断法律风险时，可以立刻通知法务人员、反垄断合规管理人员、相关业务部门负责人开展内部联合调查，发现并及时终止不合规行为，制定内部应对流程以及诉讼或者辩护方案。

部分司法辖区设有豁免申请制度，在符合一定条件的情况下，企业可以针对可能存在损害竞争效果但也有一定效率提升、消费者福利提升或公平利益提升的相关行为，向反垄断执法机构事前提出豁免申请。获得批准后，企业从事相关行为将不会被反垄断执法机构调查或者被认定为违法。企业可以根据所在司法辖区的实际情况评估如何运用该豁免申请，提前防范反垄断法律风险。

企业可以聘请外部律师、法律或者经济学专家、其他专业机构协助企业应对反垄断法律风险，争取内部调查的结果在可适用的情况下可以受到律师客户特权的保护。

（一）应对中国反垄断诉讼

1. 了解反垄断民事诉讼制度

2012 年 5 月，最高人民法院发布《关于审理因垄断行为引发的民事纠纷案件应用法律若干问题的规定》，这部司法解释具有三个主要特点：一是反垄断民事诉讼的独立性。在诉讼方式上，反垄断民事诉讼不以反垄断行政机关的行政处理为前置条件，垄断行为受害人既可以直接向人民法院起诉，也可以等待行政执法机关作出认定构成垄断行为的决定后起诉；在事实认定上，反垄断行政执法机关的行政处理决定认定的事实对于审理民事案件的法院没有法定约束力，仅仅是法院认定事实的证据之一，如有相反证据足以推翻的，人民法院可以重新认定事实。对于行政机关未作认定的事实，法院可以结合案件具体证据和事实独立作出认定。二是原告资格的开放性。无论是直接还是间接受到垄断行为侵害的经营者和消费者，都有原告资格。三是责任方式的多样性。通过反垄断民事诉讼，原告可以请求就其因垄断行为受到的损失获得赔偿，还可以请求获得禁令救济以及确认与垄断行为有关的法律行为无效。

2. 掌握人民法院对反垄断法实施的理解与适用

人民法院通过案件审理，明确了反垄断法实体条文的含义或者垄断行为分析方法，确立了相关领域的竞争规则和行为标准。例如，在娄丙林诉北京市水产批发行业协会横向垄断协议纠纷案中，法院认为，对于固定价格的横向协议，无须单独界定相关市场，可以根据该行为排除、限制竞争的目的或者效果直接认定其构成垄断协议；在锐邦公司诉强生公司纵向垄断协议案中，二审判决明确了限制最低转售价格的纵向垄断协议的分析方法；在唐山市人人信息服务有限公司诉北京百度网讯科技有限公司垄断纠纷案中，法院判决首次探索了互联网搜索引擎服务的相关市场界定原则；在奇虎公司诉腾讯公司垄断民事纠纷案中，判决明确了在网络环境下相关市场界定的思路与方法；在华为公司诉美国 IDC 公司滥用市场支配地位垄断纠纷案中，判决探索了必要专利许可相关市场界定标准以及超高定价的判断标准。

（二）应对美国个人诉讼

企业的法务人员要研究美国的反托拉斯法律制度和联邦法院的反托拉斯判例，特别是要加强对联邦民事诉讼规则和联邦证据规则的研究，并强化向领导普法，避免盲目决策，对案件的走向要心中有数。

根据案件的需要聘请美国律师，要聘请态度对我方友好、职业素养和职业能力较强的律师，切记防备进入律师陷阱，漫天收费。为了控制费用，可以考虑聘请中国律师。

（1）关于美国国家主权豁免问题。

中国的国有企业遇到反垄断诉讼时，通常会按照美国1976年《外国主权豁免法》提出的豁免动议。这里涉及三个问题：一是美国法院是否给予我国国有企业豁免？从《外国主权豁免法》第1603条规定来看，国企可以作为主权豁免主体，但是，近10年来，美国法院在实践中依据《外国主权豁免法》第1605～第1607条规定，以商业活动例外为由，拒绝给予我国国有企业豁免，如2007年中国银行、2010年五矿集团、中钢等企业在美国诉讼中，法院据此拒绝主权豁免。二是实践中主张主权豁免的我国国有企业，一旦败诉或者被缺席判决，原告便执行国家在美国的财产，外交部门需要花大力气化解。三是我国政府主张，政府享有绝对豁免，国有企业是独立的法人，不具有国家主权豁免资格，不支持国有企业在个案中提出国家主权豁免主张。

（2）关于案件的走向。

反垄断案件诉讼一般耗时较长，美国国内通常为7～8年，国际案件通常为15～20年，华北制药跨国诉讼耗时17年，历经一审、二审、再审和重审后终于结案。

（3）关于美国联邦法院的诉讼体制。

通常，一审为联邦地区法院，需要陪审团决定事实，若当事人不服一审判决，可以上诉到联邦巡回法院即二审法院，联邦巡回法院判决后，当事人不服的，可申请联邦最高法院调卷审判，由联邦最高法院决定是否受理、审判。从最近研究美国反垄断案件诉讼看，大额诉讼多数会到达联邦最高法院审理，因此必须准备"持久战"。

（三）应对欧盟的诉讼

为保证《欧盟运行条约》第 101 条、第 102 条的有效实施，保证内部市场的正常运行，促进公正赔偿和权利救济将威慑潜在违法者的限制竞争行为，欧盟建立了一套统一适用的损害赔偿诉讼规则。欧盟议会大会于 2014 年 11 月底签署了《关于违反欧盟及其成员国竞争法的损害赔偿诉讼若干规则的指令》（以下简称《损害赔偿指令》）并要求自《损害赔偿指令》公布之日起 2 年内，成员方必须完成对国内相关法律的转化工作，使国内法中的反垄断损害赔偿诉讼的具体规则和标准不得低于《损害赔偿指令》中的规定。《损害赔偿指令》共七章二十四条，明确规定证据开示、转嫁抗辩、起诉资格、求偿范围的量化，以及经双方合意的争议解决等诸多问题。

为保证做好在欧盟的反垄断诉讼，必须了解《损害赔偿指令》以及欧盟法院处理案件的判例。欧盟法院在 2001 年和 2006 年两个判决中指出，受害者的求偿权利是由欧盟法律给予保障的。《损害赔偿指令》第 3 条第 1 款规定，成员方应确保成员方因存在违反竞争法的行为而遭受损失的任何自然人或法人，就其损失享有索赔权并且享有获得充分赔偿的权利。欧盟竞争法将自然人也纳入适格原告范围是出于对消费者权利保护的考虑，凡是因垄断行为而遭受损失的，无论是自然人或法人都有获得充分赔偿的权利。

《损害赔偿指令》第 3 条第 2 款规定，受害人应当获得充分赔偿，赔偿能够使受害人恢复到之前未受到违反竞争法行为影响的状态。因此，充分赔偿权利应当包括针对实际损失和利润损失的求偿权以及支付利息的请求权。这条规定明确了损害赔偿的范围（即受害者应当对所受损害实际价值获得的完全赔偿），包括因违法行为而导致价格上涨所遭受的实际损失、销售额减少导致的利润损失，以及相关的利息损失。《损害赔偿指令》中明确求偿范围之后，各成员方将指令的要求转化为国内法，将有利于规则的统一性和损害赔偿的可预见性。

三、可以采取的补救措施

出现反垄断法律风险时或者反垄断法律风险发生后，企业可以根据相关司法辖区的规定以及实际情况采取相应措施，包括运用相关司法辖区反垄断法中的宽大制度、承诺制度、和解程序等，最大限度地降低风险和负面影响。

（一）宽大制度

宽大制度是指反垄断执法机构对于主动报告垄断协议行为并提供重要证据的企业，减轻或者免除处罚的制度。比如，有的司法辖区，宽大制度可能使申请企业减免罚款并豁免刑事责任；有的司法辖区，第一个申请宽大的企业可能被免除全部罚款，后续申请企业可能被免除部分罚款。申请适用宽大制度通常要求企业承认参与相关垄断协议，可能在后续民事诉讼中成为对企业的不利证据，同时要求企业承担更高的配合调查义务。

（二）承诺制度

承诺制度是指企业在反垄断调查过程中，主动承诺停止或者放弃被指控的垄断行为，并采取具体措施消除对竞争的不利影响，反垄断执法机构经评估后作出中止调查、接受承诺的决定。对于企业而言，承诺决定不会认定企业存在违法行为，也不会处以罚款，但企业后续如果未遵守承诺，可能面临重启调查和罚款的不利后果。

（三）和解制度

和解制度是指企业在反垄断调查过程中与执法机构或者私人原告以和解的方式快速结案。有的司法辖区，涉案企业需主动承认其参与垄断协议的违法行为，以获得最多10%的额外罚款减免；有的司法辖区，和解包括在民事案件中与执法机构或者私人原告达成民事和解协议，或者在刑事案件中与执法机构达成刑事认罪协议。民事和解通常包括有约束力的同意调解书，其中包括纠正被诉损害竞争行为的承诺。执法机构也可能会要求被调查方退还通过损害竞争行为获得的非法所得。同意调解书的同时要求企业对遵守承诺情况进行定期报告。不遵守同意调解书，企业可能被处以罚款，并且重新调查。在刑事程序中，企业可以和执法机构达成认罪协议，达到减轻罚款、更快结案的效果；企业可以综合考虑可能的罚款减免、效率、诉讼成本、确定性、胜诉可能性、对后续民事诉讼的影响等因素决定是否达成认罪协议。

第四章 商业伙伴合规管理指南

第一节 商业伙伴合规管理概述

一、商业伙伴及其合规风险的含义

本指南所称商业伙伴，是指与企业（包含其下属单位，下同）存在任何业务或潜在业务、工作往来的单位或个人。商业伙伴通常包括客户、投资伙伴、供应商、承包商、经销商、咨询机构、代理机构以及其他第三方。

商业伙伴合规风险是指因商业伙伴选择不当或商业伙伴的不合规行为，引发企业承担法律责任、遭受行政处罚、造成经济或声誉损失，以及其他负面影响的可能性。

二、商业伙伴选择的基本原则

（1）合法原则，即为合法目的，选择合法设立和有效存续的商业伙伴开展合作。

（2）诚信原则，即选择具有资信和履约能力、合规义务履行情况良好的商业伙伴开展合作。

（3）择优原则，即充分考虑相对方经济实力、履约能力等因素，从中选择综合实力较强的商业伙伴开展合作。

（4）共赢原则，即与商业伙伴通力协作，实现合作目的，为合作各方和社会创造更大价值。

（5）公开原则，即对于法律法规规定应公开选择商业伙伴的，应公开进行。

三、商业伙伴合规管理职责

（1）建立与风险相适应的商业伙伴合规管理方面的规章制度和管控流程，其中关于供应商合规管理的内容应与企业采购管理相关的规章制度和流程相融合。

（2）采取适当措施对商业伙伴进行全周期管控，包括但不限于：

①在选择阶段，对商业伙伴进行尽职调查，将商业伙伴的合规管理情况纳入尽职调查范围。

②在签约阶段，将商业伙伴的合规义务纳入合同条款。

③在合作阶段，对商业伙伴进行必要的合规培训、合规风险监测和合规调查审计，并及时采取适当的风险防控措施。

④在合作结束后，对商业伙伴进行合规评价，作为后续合作的依据。

企业应将商业伙伴合规管理的各项具体职责落实到具体管理部门。例如，可指定合规管理部门负责商业伙伴合规管理的制度设计、合同合规条款设计，指定业务部门负责商业伙伴合规管理的流程设计和全周期管控等，指定审计部门对商业伙伴合规管理进行专项合规审计。

四、商业伙伴合规管理制度建设

企业应建立商业伙伴合规管理的专项制度，对商业伙伴实行分类管理、动态管理和闭环管理，加强商业伙伴合规风险管控机制建设和商业伙伴合规风险管理保障机制建设。

商业伙伴合规管理专项制度应涵盖本企业涉及的所有类型的商业伙伴，覆盖从商业伙伴选择至合作结束的管理全流程，针对不同类型的商业伙伴和不同的合作阶段制定与风险相适应的具体合规风险管控措施。

针对商业伙伴中的供应商，企业应建立采购管理及供应商管理相关规章制度，与商业伙伴合规管理专项制度相融合。

第二节　商业伙伴合规管理的国际规则

商业伙伴合规管理的国际规则，通常为联合国、经济合作与发展组织（以下简称经合组织）等全球性国际组织倡议的合规管理规则，提供给企业自愿遵守。该等倡议规则虽不具有强制约束力，但若企业将其纳入整体合规管理规则的内容并加以遵守，则可以成为企业发生合规风险时相关责任减轻情节的考虑要素。

一、联合国（UN）关于商业伙伴合规管理的倡议规则

2000 年制定的"全球契约"计划（United Nations Global Compact，UNGC）规定了一套关于人权、劳工标准、环境及反腐败等方面的十项基本原则，要求企业在经营中践行、倡导该等原则。

2018 年通过的最新版本《联合国供应商行为守则》（UN Supplier Code of Conduct，UNSCC）阐明了联合国对在联合国登记或与其有商业往来的所有供应商的期望，设定了联合国供应商的最低标准，内容主要涉及劳工、人权、环境和道德操守等方面。

2010 年制定并于 2016 年更新的《供应链反腐：客户和供应商指导》（Fighting Corruption in the Supply Chain：A Guide for Customers and Suppliers）提供了降低供应链腐败风险的实操方法和案例，并为预防和处理常见的供

应链腐败情形提供了具体指南。

二、经济合作与发展组织（OECD）关于商业伙伴合规管理的倡议规则

1976 年首次通过并于 2011 年修订的《跨国公司准则》（OECD Guidelines for Multinational Enterprises，OECD Guidelines）规定了关于人权、雇佣和产业关系、环境、贿赂邀请和勒索等方面的内容。

1997 年签订并于 1999 年生效的《禁止在国际商务交易中贿赂外国公职人员公约》（Convention on Combating Bribery of Foreign Public Officials in International Business Transactions）要求成员方将提供或给予外国公职人员贿赂的行为定为犯罪。

2010 年公布的《关于内控道德与合规的良好做法指引》（Good Practice Guidance on Internal Controls，Ethics，and Compliance）为企业提供了有效的内部控制、道德规范、合规计划和措施方面的指引，还为商业组织和联合会向企业提供帮助指明了方向与可行措施。

三、世界银行（World Bank）关于商业伙伴合规管理的倡议规则

2010 年制定的《世界银行集团诚信合规指南》（World Bank Group Integrity Compliance Guidelines）将对商业伙伴的尽职调查、诚信合规计划的执行监督等对商业伙伴的合规管理纳入企业的合规管理范围，并要求企业尽最大努力鼓励存在重要业务联系或能够施加影响的商业伙伴作出对等承诺，以预防、发现、调查和补救不当行为。

从 1999 年开始实行"不合格公司与个人清单"（"Listing of Ineligible Firms & Individuals"），即"黑名单"制度，并建立了以此为基础的制裁政策。"黑名单"是指在世界银行网站上发布的被认为对违法行为负有责任

的公司和个人的清单。在名单上的公司和个人由于欺诈或腐败，无资格参与世界银行主导的业务。世界银行还与亚洲开发银行、非洲开发银行、欧洲复兴开发银行及美洲开发银行于 2010 年订立了多边交叉制裁协议（Agreement for Mutual Enforcement of Debarment Decisions），使被列入"黑名单"的公司和个人无法参与这些国际银行的业务，进一步增强了对不法企业与个人的制裁效果。

四、亚太经济合作组织（APEC）关于商业伙伴合规管理的倡议规则

2014 年制定的《北京反腐败宣言》（Beijing Declaration on Fighting Corruption）规定，成员方应通过消除腐败避风港、用更加灵活的手段追回腐败所得、推动信息共享、进一步发掘运用国际法律文书等手段加强亚太地区反腐败合作。

《亚太经合组织有效自愿公司合规计划的基本要素》（APEC General Elements of Effective Voluntary Corporate Compliance Programs）提出了包括开展风险评估、管理层的全力支持和参与、制定和遵守书面的公司行为准则等在内的企业合规项目 11 大基本要素，在"提供反腐败培训、教育讲座和持续指导"以及"开展基于风险和详尽记录的尽职调查"两项领域，对企业的商业伙伴合规管理提出了具体要求。

五、国际标准化组织（ISO）关于商业伙伴合规管理的倡议规则

国际标准化组织在 2014 年制定了《合规管理体系指南》（2014 Compliance Management Systems，ISO 19600），后于 2021 年升级为《合规管理体系要求及使用指南》（2021 Compliance Management Systems—Requirements with Guidance for Use，ISO37301），为企业和其他组织建立、运行、

评估、维护和改进合规管理体系提出了标准化要求和实施指南。

六、其他国际组织关于商业伙伴合规管理的倡议规则

国际商会（ICC）分别于 2010 年和 2013 年发布了《国际商会关于代理商、中间商和其他第三方的指导》（ICC Guidelines on Agents, Intermediaries and Other Third Parties）和《国际商会道德与合规培训手册》（ICC Ethics and Compliance Training Handbook）。前者为企业如何选择和管理第三方提供了建议，后者为企业进行合规管理提供了指引。

世界经济论坛（WEF）在 2014 年制定了《反腐败合作倡议》（Partnering Against Corruption Initiative，PACI），为公司制定反贿赂政策及程序提供了参考基准。

透明国际（TI）在 2012 年发布了《公司反贿赂计划的保证框架》（Assurance Framework for Corporate Anti-bribery Programmes），通过阐述企业获得独立保证措施（保证措施指第三方鉴证机构对企业的反商业贿赂合规建设进行评估、鉴定，以提高公开披露信息的可信度）的过程，提供企业设计和评估自身反贿赂合规方案以获得独立保证时使用的基准。

第三节　商业伙伴合规风险重点管控领域

一、商业伙伴选择不当风险

（一）主体资格风险

商业伙伴主体资格风险是指与主体资格虚假或存在瑕疵的商业伙伴开展合作，可能导致企业遭受商业诈骗、造成前期投入损失、丧失商业机会，甚至遭受行政处罚等风险。

商业伙伴主体资格虚假或存在瑕疵通常表现为：虚构的商业主体、空壳公司、超出有效存续期间的商业主体、存续存在瑕疵的商业主体等。

（二）资质风险

商业伙伴资质风险是指在开展对商业伙伴有特定资质要求的合作时，商业伙伴不具备该特定资质，可能导致项目成果存在质量问题，进而产生企业对外承担违约或侵权责任等风险；或可能导致企业被责令整改、行政罚款，进而产生项目停滞、前期投入损失、对外承担违约责任等风险。

商业伙伴不具备特定资质通常表现为：无资质、资质失效、资质等级不足、超出资质范围等。

（三）关联关系风险

商业伙伴关联关系风险是指企业违反法律法规与关联方交易，可能导致国有资产流失、相关交易行为无效等风险，以及企业相关董事、监事、高级管理人员遭受行政处罚，甚至承担刑事责任的风险。

《中华人民共和国企业国有资产法》中规定的企业的关联方是指企业的董事、监事、高级管理人员及其近亲属，以及这些人员所有或者实际控制的企业。《上海证券交易所股票上市规则》规定的关联方包括实际控制人、控股股东、5% 以上的重要股东及其一致行动人、上市公司董事、监事、高级管理人员，以及前述关联方直接或者间接控制的法人或其他组织；或根据实质重于形式原则认定的其他与上市公司有特殊关系，可能导致上市公司利益对其倾斜的法人或其他组织及自然人。

根据《中华人民共和国公司法》《中华人民共和国企业国有资产法》《企业会计准则第 36 号——关联方披露》《上市公司治理准则》《上市公司重大资产重组管理办法》《上市公司收购管理办法》等规定，企业违反法律法规与关联方交易，通常表现为以下几点。

（1）企业违反决策程序与关联方交易。例如，企业与关联方的交易未依照法律法规和公司章程的规定由股东会/股东大会或董事会决定；企业的董事会对企业与关联方交易进行审议决定时，该交易涉及的董事行使或代理行使表决权。

（2）企业与关联方进行法律法规禁止的关联交易。例如，企业向关联方无偿提供资金、商品、服务或者其他资产；企业与关联方以不公平的价格进行交易。

（3）企业下属上市公司关联交易违反上市公司相关的法律法规等。例如，关联交易未按要求披露报告；关联交易违反企业独立经营原则，交易价格大幅偏离合理价格；涉及重大资产重组、收购等特定事宜的关联交易缺少适格第三方机构的专业意见。

（四）能力风险

商业伙伴能力风险是指合作的商业伙伴履约能力不足，可能导致项目超期、成果存在质量问题或安全隐患，进而产生企业对外承担违约或侵权责任，甚至遭受行政处罚、承担刑事责任的风险。

二、商业伙伴违规风险

商业伙伴违规风险是指合作过程中商业伙伴的违规风险可能传导至企业，引发企业承担法律责任、遭受行政处罚、造成经济或声誉损失以及其他负面影响等。企业应重点关注商业伙伴下述违规风险。

（一）出口管制合规风险

商业伙伴的出口管制合规风险是指商业伙伴在与企业合作过程中，违反相关出口管制法律法规与政策，在未取得相关许可的情况下将管制物项提供给受限国家或地区的企业、受限主体或受限最终用户，或用于受限最终用途，导致企业可能遭受行政处罚、承担刑事责任的风险。

若企业为商业伙伴违反出口管制法律法规与政策的行为提供了融资、订购、存储、处置、服务等支持或帮助，该等支持或帮助行为均可能导致企业遭受监管处罚。该等监管处罚措施可能包括行政罚款、被列入出口管制的实体清单从而丧失进口受管制物项的资格，企业高级管理人员等责任人承担刑事责任等。

管制物项通常指根据适用的法律法规与政策进行出口管制的军用品、军民两用品、核产品、新兴和基础技术等，下述为常见管制物项的清单：《瓦森纳协定》项下的《两用商品和技术清单》和《军品清单》；导弹技术控制机制项下的《设备、软件和技术附件》；澳大利亚集团项下的《共同管制清单》；核供应商集团项下的《核转让准则》及《与核有关的两用设备、材料、软件和有关技术的转让准则》；美国《出口管理条例》项下的《商品管制清单》、《国际武器贸易条例》项下的《美国军品管制清单》；欧盟《两用物项出口管制条例》项下的《欧盟两用物项清单》等。

受限国家或地区通常指根据适用的法律法规与政策被制裁或禁运的国家或地区。常见的受限主体或受限最终用户清单有：中国《出口管制法》项下的管控名单；美国的被拒绝人清单（DPL）、实体清单（EL）、未经核实清单（UVL）、军事最终用户清单（MEU）等。

（二）经济制裁风险

商业伙伴的经济制裁风险是指商业伙伴在与企业合作过程中违反适用的经济制裁法律法规与政策，参与受制裁国家或地区的受制裁行业，与被制裁主体开展禁止性交易，或者从事其他违反经济制裁规定的活动，导致企业可能遭受行政处罚、承担刑事责任的风险。

若企业为商业伙伴违反经济制裁法律法规与政策的行为提供了融资、订购、存储、处置、服务等支持或帮助，该等支持或帮助行为均可能导致企业遭受监管处罚。该等监管处罚措施可能包括行政罚款、被列入制裁名单从而丧失与实施制裁国家企业进行交易以及使用相应货币的资格，企业高级管理人员等责任人承担刑事责任等。

受制裁国家或地区通常指根据适用的法律法规与政策被制裁的国家或地区。

常见的被制裁主体清单有：联合国安理会的制裁名单；中国《中华人民共和国反外国制裁法》项下的"反制清单"；美国的特别指定国民清单（SDN 清单）、代理行和通汇账户制裁名单（CAPTA 清单）；欧盟的受欧盟金融制裁的个人、团体和实体综合名单等。常见制裁措施包括冻结财产和财产权益、禁止进行交易、限制贷款、禁止外汇交易、禁止银行交易、禁止投资、制裁高级管理人员、禁止入境等。

（三）反垄断合规风险

商业伙伴反垄断合规风险是指因与商业伙伴的合作涉及垄断协议、滥用市场支配地位、具有或可能具有排除或限制竞争效果等，可能导致企业承担民事责任、遭受行政处罚等风险。

企业与商业伙伴间的合作，若涉及以不公平的高价销售商品或者以不公平的低价购买商品，低于成本价销售、拒绝或限制交易、不合理搭售与歧视性交易以操纵市场等滥用市场支配地位，或签订限制商品或服务价格、产量、联合抵制交易、分割市场、限制创新等垄断协议，具有排除、限制竞争效果的其他违规行为，以及相关并购活动达到相关申报要求而未申报，均可能导致企业与商业伙伴的相关合作被纳入反垄断调查范围。如被调查机关认定上述合作为垄断行为，将导致相关合作被勒令停止或恢复原状，企业可能遭受行政罚款、没收违法所得等行政处罚，并需要对遭受相关损失的第三方承担民事责任。

（四）反洗钱合规风险

商业伙伴反洗钱合规风险是指因商业伙伴利用与企业的合作进行或参与洗钱，可能导致企业及其董事、高级管理人员遭受行政处罚、承担刑事责任的风险。

商业伙伴知悉相关业务涉及洗钱活动，甚至明知存在洗钱情形拒不报告或采取行动规避报告义务，仍为第三方提供相关服务，帮助隐瞒/掩饰相关犯罪所得，为其开展资金账户、财产形式转换（如现金、金融票据、有价证券等）、资金转移、跨境汇付、贵金属现货交易、不动产交易、资金代管、代持股等洗钱活动，可能导致商业伙伴及其董事、高级管理人员遭受罚款、勒令整改、吊销相关业务证照等行政处罚甚至承担刑事责任，从而影响与企业的业务合作；更有甚者，商业伙伴的前述行为可能使企业与商业伙伴的合作直接构成洗钱活动的环节之一，致使企业可能被认定为对洗钱活动"明知""蓄意"，从而导致企业及其董事、高级管理人员因涉及洗钱活动而遭受行政处罚、承担刑事责任。

（五）知识产权合规风险

知识产权合规风险是指企业在分发、拷贝、复制、编辑、采购或以其他方式使用商业伙伴所销售、提供、出让、授权的知识产权或含有该知识产权的产品或服务时，因该知识产权存在缺陷、未能满足企业业务需要，可能导致企业内部成本增加、盈利受损的风险；因该知识产权侵犯第三方权利，可能导致企业遭受第三方要求索赔的风险；因该知识产权违反法律法规，可能导致企业遭受行政调查、行政罚款、勒令整改等行政处罚，甚至企业及其董事、高级管理人员等承担刑事责任的风险。

（六）数据保护合规风险

商业伙伴的数据保护合规风险是指因互联网服务供应商、电子信息设备供应商、软件开发服务商、系统运维服务商等商业伙伴未按照相关司法辖区适用的数据保护要求开展数据保护工作，可能导致企业在使用相关产品或服务过程中造成数据主体的数据被滥用、被泄露等，致使企业遭受行政罚款、暂停相关业务，甚至取消相关业务经营资格等行政处罚，造成声誉损失等风险；针对相关个人而言，可能面临责令改正与警告、罚款、没收违法所得、行政拘留、禁止从事网络安全管理和网络运营关键岗位工作等风险。

商业伙伴未按照相关司法辖区适用的数据保护要求开展数据保护工作，通常表现为以下几点。

（1）对个人数据不合理采集与使用，未按照要求存储或传输。

（2）未给予数据主体法律规定的权利，未在相应软件及系统的隐私政策中明确告知各方权利及义务、设置相应功能，未按照法律要求披露举报机制等。

（3）使用的网络设施设备未按照相关网络安全等级保护标准要求进行建设、维护、运营。

（4）采购的相关产品与服务不符合相应网络安全要求等。

（七）环境保护合规风险

商业伙伴环境保护合规风险是指因商业伙伴相关工作的开展或其工作成果不符合环境保护要求，可能导致企业遭受项目停滞损失、额外环保费用支出，甚至承担环境损害赔偿责任、遭受行政处罚等风险。

商业伙伴相关工作的开展或其工作成果不符合环境保护要求，通常表现为以下几点。

（1）承担设计、施工、监理等工作的商业伙伴，未按照适用的法律法规中强制性环境保护要求进行建设项目或设施设备的规划、评估、报告、设计、建设。

（2）建设项目或设施设备完工后的验收、维护、运营未能满足相关环境保护要求。

（3）产品供应商生产、销售、提供不符合强制性环境保护要求的产品或服务等。

（八）劳动用工合规风险

商业伙伴劳动用工合规风险是指商业伙伴违反适用的劳动用工法律法规，可能导致企业遭受声誉损失、业务受阻等风险。

商业伙伴违反适用的劳动用工法律法规，通常表现为以下几点。

（1）雇佣童工、用工歧视、强迫劳动等人员聘用方面问题。

（2）不支付或拖延支付薪资、薪酬待遇不符合法律规定等薪资待遇方面问题。

（3）欠缺用工相关保险、剥夺休息时间、强令冒险或超时作业、缺乏必要的安全生产保护措施等劳动保障方面问题。

（4）特定工种缺乏岗前培训等技能培训方面问题。

（九）腐败和商业贿赂合规风险

商业伙伴腐败和商业贿赂合规风险是指因商业伙伴或其相关方，为企业谋取或维系商业机会或谋取其他利益，与政府官员、客户或潜在客户等不恰当交往，被认定为存在（商业）贿赂行为，可能导致企业声誉损失、遭受行政处罚、吊销相关业务证照，甚至高级管理人员等责任人承担刑事责任等风险。

第四节　商业伙伴合规风险管控机制

企业应逐步建立商业伙伴的合规风险管控机制，对商业伙伴实行分类管理、动态管理和闭环管理。

一、商业伙伴的分类管理

企业应根据合作类型和合规风险等级的不同，对商业伙伴实行分类管理，针对不同的商业伙伴采取不同的合规管理措施，兼顾风险管控和经营效益的要求。

（一）按照合作类型对商业伙伴实行分类管理

按照合作类型，商业伙伴分为供应商、客户、投资伙伴和其他商业伙伴。对于不同合作类型的商业伙伴，应实行分类管理，重点关注与各类商业伙伴的合作义务，以及责任相关的合规义务履行能力和履行情况。

1. 供应商合规管理

供应商是指向企业提供商品或服务，并为此收取货款或费用等交易对价的商业伙伴。对于供应商，应重点关注其提供合格产品及服务、知识产权、生产安全、环境保护、合法用工、依法纳税、公平廉洁交易等合规义务的履行能力和履行情况。

2. 客户合规管理

客户是指接受企业提供的商品或服务，并为此支付货款或费用等交易对价的商业伙伴。对于客户，应重点关注交易背景和目的、下游或最终客户、支付能力、结算方式，以及反洗钱、出口管制和经济制裁等合规义务履行能力和履行情况。

3. 投资伙伴合规管理

投资伙伴是指与企业通过合资、合营、合作、合伙等方式，共同投资设立企业或经营项目的商业伙伴。对于投资伙伴，应重点关注其企业类型和性质、股权结构、主要股东和实际控制人情况、资产结构、公司治理和授权、重大法律纠纷情况，以及出口管制、经济制裁、反洗钱、反垄断等合规义务履行能力和履行情况。

4. 其他商业伙伴合规管理

其他伙伴是指除供应商、客户和投资伙伴以外的商业伙伴。对于其他商业伙伴，应根据相关方具体的合作内容、合作形式以及合作风险，重点关注与交易合作安全有关的合规义务履行能力和履行情况。

（二）按照合规风险等级对商业伙伴实行分类管理

1. 商业伙伴分类

企业在选择商业伙伴开展合作时，应对商业伙伴的资信和履约能力进行调查，根据调查结果，并基于商业伙伴相关合规风险发生的可能性及违规后果对企业的影响程度，对商业伙伴的合规风险等级进行以下分类。

（1）一般合规风险等级商业伙伴，是指其发生违规行为的可能性较小、与其合作或其违规对企业业务和声誉影响或造成企业损失较小的商业伙伴。

（2）中等合规风险等级商业伙伴，是指其发生违规行为的可能性不大、与其合作或其违规对企业业务和声誉影响或造成企业损失在可控范围内的商业伙伴。

（3）重大合规风险等级商业伙伴，是指存在"风险预警信号"（指本部分第3项论述的风险预警信号，下同）、与其合作或其违规可能对企业业务和声誉影响或造成企业损失较大的商业伙伴。

2. 分类管理

企业应对不同合规风险等级的商业伙伴实行分类管理，重点关注中等合规风险等级和重大合规风险等级商业伙伴的相关合规风险管控，并对不同合规风险级别的商业伙伴采取不同的合规管理措施。

（1）对于一般合规风险等级商业伙伴，可基于业务需要和资信及履约能力调查情况，由该商业伙伴在合同中作出相关陈述和保证，并在合同中设置对应合规条款。

（2）对于中等合规风险等级商业伙伴，应根据资信和履约能力调查结果，提出相应处理建议和防控预案，争取事前化解风险后，再推进合作。在决定合作情况下，除由该商业伙伴在合同中作出相关陈述和保证并在合同中设置对应合规条款外，企业应针对尚未化解的合规风险制定切实有效的风险防控措施并严格执行落实。

（3）对于重大合规风险等级商业伙伴，除上述规定的合规管理措施外，企业在合作项目内部审批中必须充分披露并提示存在的风险预警信号，同时提出风险缓释措施，以供内部审批机构决策。

3. 风险预警信号

企业判断和评估商业伙伴是否属于重大合规风险等级的商业伙伴，可参考以下几种常见的风险预警信号。

（1）该商业伙伴及/或其高级管理人员、董事、关联方、实际控制人是否被列入全国法院失信被执行人名单、行业黑名单、企业黑名单或本企业高风险供应商名单，或最近三年内曾被列入前述名单。

（2）该商业伙伴所在国家或地区透明国际（TI）判定的清廉指数（CPI）评分在 0～59 分，且具有以下任一情形的（对中国境内地区的评分不适用本项规定）。

①该业务涉及向公职人员出售或购买产品或服务的。

②与该商业伙伴的合作基于公职人员的推荐或要求。

③该商业伙伴基于为本企业获取业务机会的目的，需要与公职人员往来接触的。

④该业务的开展需要获得有关政府部门的审批、许可、证照的。

⑤该商业伙伴或负责该业务的关键业务人员为公职人员或其特定关系人。

（3）该商业伙伴仅为项目公司或无实质运营业务的空壳公司，且实际控制人不明或在公司股权结构、组织架构、运营方面存在不符合商业惯例的异常情况的。

（4）该商业伙伴及其关联方、实际控制人与企业或下属单位发生过重大法律纠纷，且对方存在过错或违约行为的。

（5）该商业伙伴涉及出口管制、经济制裁、反洗钱领域的特定行业、国家、区域，或可能属于特定司法辖区的制裁名单和黑名单主体的。

（6）该商业伙伴坚持采用与交易惯例不符的现金交易、全额付款条件等，或要求企业向该商业伙伴所在国家或者地区以外且与该项业务无关联的国家或地区第三方支付款项，或该商业伙伴坚持使用与该项业务无关联的第三方离案银行账户或空壳公司账户向企业支付款项，或有其他金融结算异常情况的。

（7）商业伙伴无正当理由明确拒绝接受合同中的合规条款、合规陈述和保证或拒绝签署合规承诺书的。

（8）该商业伙伴以获得某项业务、商业机会、行政审批、许可或争议案件等的有利结果为目标，收取不符合商业惯例的畸高奖励费用、风险费用的。

（9）存在其他企业确定的属于重大合规风险等级"风险预警信号"的商业伙伴。

二、商业伙伴的闭环管理

企业应对商业伙伴合规风险进行全流程闭环管理，对商业伙伴合规风险管控应覆盖商业伙伴的选择阶段、合作阶段及合作结束阶段。

（一）商业伙伴的选择

在商业伙伴选择阶段，企业应重视对商业伙伴的尽职调查，把商业伙伴的合规管理状况纳入尽职调查的范围，并在采购供应商产品或服务时遵守采购管理相关的法律法规及企业内部规章制度。

1. 尽职调查

企业在与商业伙伴开展合作时，应调查商业伙伴的资信和履约能力等情况，即调查商业伙伴自主履行其相关合同义务或承诺的能力大小和可信任程度，奠定商业伙伴合规管理的基础和条件。

（1）调查内容。

企业调查商业伙伴的资信和履约能力情况时，可选择的调查内容包括：商业伙伴的设立时间和地址、企业类型和性质、注册资本和实缴资本；经营范围、经营资质和许可；资产、负债、经营利润、现金流及其他财务状况；股权结构、主要股东及实际控制人情况；组织架构、经营管理团队及员工情况；主要业务和资产情况；知识产权情况；重大合同履行情况；资产抵押、权利质押及其他对内对外担保情况；法律纠纷情况；以往同类或近似业务经营业绩情况；合规义务履行能力和履行情况等。

企业调查商业伙伴的合规义务履行能力和履行情况时，可选择的调查内容包括：合法经营；出口管制和经济制裁；反腐败、反贿赂、廉洁交易；保障产品和服务质量；依法纳税；合法用工和保障劳动安全；遵守公平竞争和反垄断法律；反洗钱；保障安全生产；保护知识产权和商业秘密；保护环境；个人数据保护和数据安全；与合作业务或合作内容密切相关的其他合规义务等。

（2）调查的方式和要求。

企业应对拟合作的所有商业伙伴进行一般性资信调查。根据相关法律法规和监管要求，通过企业内部系统排查、公开信息查询、要求商业伙伴主动提供相关资质和证明文件、现场考察等方式，对该商业伙伴进行一般性资信调查，审查了解与合作相关的必要资信和履约能力、重点合规义务履行情况，同时排查是否存在"风险预警信号"等。

根据一般性资信调查结果，如存在"风险预警信号"或其他重大疑议问题的，企业应进一步对商业伙伴进行较全面的资信和履约能力调查，如有必要，可委托外部专业机构依法进行深入尽职调查；资信和履约能力调查记录和调查报告应存档，并作为风险评估、业务审批、合规评价和检查等的依据。

2. 采购管理

企业开展采购活动，应遵守采购管理相关法律法规和企业内部规章制度，严格按照规定的采购方式、审批权限、采购程序进行采购。如涉及招标，还应遵守《中华人民共和国招标投标法》等招标相关法律法规及企业内部规章制度，坚决杜绝应招未招、违规干预招标、招标公告及招标文件违规、招标及开标程序违规等情况发生。

（二）商业伙伴的动态监测

企业应建立商业伙伴合规风险监测和应对处置机制，在与商业伙伴的合作过程中，持续关注商业伙伴的资信和履约能力情况、重点合规义务履行情况，对商业伙伴实行动态管理，防范和控制商业伙伴的合规风险。

1. 合规风险监测内容

在与商业伙伴的合作过程中，企业应定期查询商业伙伴是否存在被列入特定司法辖区的制裁名单和黑名单、全国法院失信被执行人名单、行业黑名单或企业黑名单以及其他行业禁入等负面信息，检查商业伙伴与合作业务相关的资质、许可、证照、授权等的有效性，审查收付款活动是否符合合同约定、是否存在异常金融结算行为、是否完全履行了合规条款规定的义务、是否出现"风险预警信号"。对于中等或重大合规风险等级商业伙伴，企业还应定期关注尚未化解的合规风险的风险状态和风险防控措施执行落实情况。

2. 合规风险监测方式

企业可以通过日常持续监督和关注、必要时开展合规检查等方式，对商业伙伴进行合规风险监测。

（1）日常持续监督和关注。

日常持续监督和关注是企业对商业伙伴进行合规风险监测的最主要方式。企业可以通过信息查询、双方人员日常沟通交流、从第三方侧面了解、合作情况实时跟踪等方式了解、收集、更新商业伙伴的相关信息，并定期整理、记录，以掌握商业伙伴的最新合规状态。

（2）合规检查。

合规检查是企业对商业伙伴进行合规风险监测的特殊方式。商业活动中，平等主体间的合规检查不是法定权利，企业应在与商业伙伴的合同中约定企业的合规检查权利和商业伙伴的合规检查配合义务，作为企业对商业伙伴进行合规检查的合同依据。

在有合同约定的前提下，企业应根据管理需要，对商业伙伴履行合规义务的情况进行检查和监督，具体包括以下几点。

①对于中等或重大合规风险等级商业伙伴，企业应定期检查其尚未化

解的合规风险的风险防控措施执行落实情况。

②在合作过程中，如果商业伙伴发生或可能发生合规风险，且该等风险可能传导至企业，企业应对商业伙伴进行合规检查，以了解其真实合规状态。

企业对商业伙伴的合规检查通常可采用监管机构信息查询、商业伙伴相关内部资料查阅、商业伙伴相关人员访谈、实地考察等方式。

3. 合规风险应对处置

企业在对商业伙伴合规风险监测中，若发现商业伙伴合规状态发生变化，应立即重新评估和调整商业伙伴合规风险等级，采取要求商业伙伴或相关方整改、出具书面承诺、提供有效担保、追究商业伙伴违约责任、中止/终止合作等管控措施，将商业伙伴的合规风险控制在可承受的范围内。

追究商业伙伴违约责任、中止/终止合作，是商业伙伴合规状态发生重大变化以致违反合同约定，甚至触发合同中的企业单方解约条款时，企业采取的救济措施。商业伙伴的违约责任可以包括继续履行、采取补救措施或者赔偿损失等。企业和商业伙伴的合同中应明确约定违约责任的具体内容以及企业单方解约的具体条件。

（三）商业伙伴的合同管理

企业应将商业伙伴需遵守的相关合规行为准则和承诺的合规状态，在与商业伙伴签订的合同中约定为合规条款和陈述与保证条款，或由商业伙伴出具专项合规承诺书，并应在合同或合规承诺书中明确约定商业伙伴违反该等约定或承诺应承担的违约责任。对合规风险等级较高的商业伙伴，企业还应在合规条款中约定本企业对商业伙伴的合规检查的权利以及商业伙伴的配合义务。企业应及时组织制定和更新本企业商业伙伴合规条款标准文本。

除了合规管理一般条款，企业还应结合实际情况，对不同商业伙伴可能涉及的特殊合规风险，在合同中进行特别约定，例如，出口管制和经济制裁合规条款、数据保护合规条款、知识产权保护合规条款、反洗钱合规条款等。

（四）商业伙伴的后评估

企业应在合作结束后，对商业伙伴的资信和履约能力、合规管理能力等方面进行合规评价，掌握商业伙伴的资信和履约能力情况、合规状态持续情况、合规义务履行情况、合规风险整改情况，实行合规风险分级管理和重点管控，相关材料存入合规管理档案，评价结果作为商业伙伴后续合作的重要依据。

企业应制定具体办法，为合规评价等级较高的商业伙伴创造更好的合作机会，鼓励合规行为，减少合规风险。

（五）商业伙伴的文档管理

企业应及时收集、整理、归档商业伙伴合规管理过程中涉及的相关资料，包括但不限于尽职调查、合规风险监测、合规培训、合规审计和检查、合规评价，以及相关的业务合同、谈判记录、会议纪要、招投标文件、各类技术资料及协议等。

第五节　商业伙伴风险管理保障机制

一、合规宣传和培训

（一）合规宣传

企业应在合规宣传中纳入商业伙伴合规管理的内容，使企业员工深入了解商业伙伴合规管理的重要性和必要性，使商业伙伴合规管理的理念深入人心。

企业应开展广泛的合规宣传，树立合规经营的形象，吸引和聚集有共同理念和价值观的商业伙伴并肩前行。

（二）合规培训

1. 培训对象及内容

企业应对员工开展商业伙伴合规培训，使员工知悉并能识别商业伙伴合规风险，了解并掌握商业伙伴合规管理的重点和方法以及风险应对处置措施。

企业可根据需要，对商业伙伴进行合规培训，帮助商业伙伴理解企业的合规理念和合规管理要求，督促商业伙伴遵守相关合规义务，防范商业伙伴发生合规风险。

企业应督促商业伙伴定期对其员工、合作方开展相关领域的合规培训，并提交完整的合规培训记录，确保商业伙伴及其合作方了解和遵守合规义务。

2. 培训方式

商业伙伴合规培训可采取多种方式进行，例如，现场宣贯、线上培训、提供培训文件自行学习等。

企业应根据培训对象，确定合适的培训内容和适当的培训方式，确保一定的培训时长，并保留完整的培训记录。

二、合规管理数字化建设

企业应将数字化建设覆盖至合规管理领域，实现合规管理数字化，通过数字化手段执行商业伙伴合规管理的要求，提升商业伙伴合规管理的效果，实现商业伙伴合规管理的目的。

（1）固化和优化商业伙伴合规管理要素和流程。

（2）落实商业伙伴的尽职调查和合同相对方风险排查要求。

（3）提高商业合同中合规条款的规范性和执行度。

（4）加强对商业伙伴合规情况的实时监测和风险预警。

（5）实现商业伙伴合规管理成果和信息在企业内部的共享。

（6）完整记录和保存商业伙伴合规管理信息，为商业伙伴合规风险处置提供文档支持。

第五章　劳动用工合规管理指南

第一节　招聘录用

一、招聘信息发布

　　用人单位可以通过委托人才中介服务机构、参加人才交流会、在公共媒体和互联网发布信息以及其他合法方式招聘人才①。无论通过何种方式进行招聘，用人单位招聘环节的起始往往是拟定和发布招聘信息。根据《人力资源市场暂行条例》第二十四条，"用人单位发布或者向人力资源服务机构提供的单位基本情况、招聘人数、招聘条件、工作内容、工作地点、基本劳动报酬等招聘信息，应当真实、合法，不得含有民族、种族、性别、宗教信仰等方面的歧视性内容"。这里的歧视也包括户籍、地域歧视，传染病歧视、残疾人歧视等②。因此，在招聘信息发布环节，应特别注意不能存在具有上述歧视性内容的信息。

二、简历筛选与笔试面试

　　在简历筛选和笔试面试环节，用人单位对求职者进行全方位了解、考察

---

　　①② 详见第八章第三节一、二。

与比较，双方就潜在工作机会进行充分沟通，以最大限度地达成企业选人选才的目的，达到人岗相适、人岗匹配。在这一过程中，求职者有义务如实提供个人基本情况以及与应聘岗位直接相关的知识技能、工作经历、就业现状等情况并出示相关证明，而用人单位的法律合规义务则体现在以下方面。

（一）如实告知的义务

《中华人民共和国劳动合同法》（以下简称《劳动合同法》）第八条明确，"用人单位招用劳动者时，应当如实告知劳动者工作内容、工作条件、工作地点、职业危害、安全生产状况、劳动报酬，以及劳动者要求了解的其他情况"。

（二）避免歧视的义务

用人单位对劳动者平等就业权的保护既体现在招聘信息发布环节，也体现在候选人筛选环节。在此过程中，特别是面试等综合评估环节，用人单位应避免因民族、种族、性别[①]、宗教信仰、户籍、地域、传染病、残疾人等为由进行歧视。[②] 当然，避免就业歧视与用人单位用工自主权并不矛盾，用人单位基于合理判断做出选择的权利仍应受到保护。

（三）避免扣押证件或收取押金、要求提供担保的义务

用人单位组织开展招聘活动聘用劳动者，无论出于何种原因（如考试费用、劳动工具保管使用费用、风险押金等）均不得"以任何名义"要求求职者和劳动者提供担保或抵押证件及财物。[③] 如果笔试面试过程涉及候选人异地差旅等费用支出的，建议用人单位提前说明相关费用承担原则和标准，避免因此产生纠纷。

（四）避免招聘不得招用的人员

根据《劳动法》第十五条，禁止用人单位招用未满十六周岁的未成年人。[④] 根据《人才市场管理规定》第二十六条，用人单位不得招聘下列人

---

①②③④　详见第八章第三节三、四、五、六。

员：正在承担国家、省重点工程、科研项目的技术和管理的主要人员，未经单位或主管部门同意的；由国家统一派出而又未满轮换年限的赴新疆、西藏工作的人员；正在从事涉及国家安全或重要机密工作的人员；有违法违纪嫌疑正在依法接受审查尚未结案的人员；法律、法规规定暂时不能流动的其他特殊岗位的人员。

（五）避免不正当竞争

《就业服务与就业管理规定》第十五条明确，"用人单位不得以诋毁其他用人单位信誉、商业贿赂等不正当手段招聘人员"。

（六）尊重隐私与保密义务

《中华人民共和国民法典》（以下简称《民法典》）明确"自然人享有隐私权"[①]，"自然人的个人信息受法律保护"，处理"个人信息的，应当遵循合法、正当、必要原则"；《中华人民共和国个人信息保护法》亦明确"自然人的个人信息受法律保护，任何组织、个人不得侵害自然人的个人信息权益"。在招聘录用过程中，用人单位应充分了解候选人与应聘岗位直接相关的个人信息情况，对于与工作无必要联系的内容（如婚育史、婚育计划等），应避免主动强制获得；对于招聘过程中所掌握的候选人相关信息，未经候选人同意亦不得对第三方披露或非法使用。同时，对于对其现有用人单位或前用人单位负有保密义务的候选人，企业应避免在面试过程中非法获取其他企业商业秘密。

在招聘录用过程中收集、知悉的有关候选人的个人信息、隐私信息或其他单位的商业秘密或内部信息，应注意依法保守秘密和依法、合规使用，不擅自对外披露或用于非工作所需事项。

三、背景调查与利益冲突

背景调查并非招聘流程中的必要环节，却通常是用人单位确定候选人

---

① 详见第八章第三节七。

至发送录用通知前的重要环节。开展背景调查可以通过自行调查、委托调查、要求候选人提供相关证明资料等方式开展，重点应通过调查或核查工作确认以下内容，以避免用人单位承担相关风险：（1）候选人不属于法律禁止招用的人员；（2）候选人身份信息、学历信息、工作经历、职业资质信息真实准确；（3）候选人犯罪记录、信用记录；（4）候选人是否已与原单位解除或终止劳动关系①及是否存在竞业限制义务等；（5）高级管理人员任职资格调查②；（6）特殊行业任职资格调查等。

在背景调查过程中，应采取依法、合规手段获取相关信息，不得采用非法手段获取有关信息。

四、录用通知

如果用人单位向候选人发送录用通知，应充分了解录用通知所具有的法律约束力。录用通知书的发送主体应与招聘简章、广告和签订劳动合同的主体一致，录取通知记载的内容应与双方面试沟通确认的内容以及劳动合同的内容一致。发送录用通知并经候选人确认后，用人单位无正当理由（依法撤回或撤销录用通知）不录用候选人的，需要承担缔约过失责任，并赔偿由此给候选人造成的损失。

五、应届毕业生

应届毕业生基于档案落户等原因，通常会涉及签署"三方协议"的事宜。三方协议可以理解为学校作为见证，毕业生与用人单位签订的一份意向性协议，具有相应法律效力，但不作为建立劳动关系的凭证，不具有劳动合同的效力。订立三方协议后，毕业生或用人单位任何一方违背诚信未如约与对方建立劳动关系的，应承担缔约过失责任。

---

①② 详见第八章第三节八、九。

第二节　标准劳动关系

一、劳动合同订立与劳动关系的确认

（一）劳动合同的订立

根据我国劳动法律体系规范，适用《劳动合同法》和参照执行《劳动合同法》的用人单位主体包括中华人民共和国境内的企业、个体经济组织、民办非企业单位等组织，依法成立的会计师事务所、律师事务所等合伙组织和基金会，以及与劳动者建立劳动关系的国家机关、事业单位、社会团体。集团化经营的用人单位应特别注意确定唯一、适格的用人单位主体；同时，应审查劳动者主体资格①，避免因主体瑕疵造成劳动合同无效或劳动关系混同。因用人单位原因订立无效合同给劳动者造成损害的，需要承担赔偿责任②。

建立劳动关系，用人单位应当及时与劳动者订立书面劳动合同。"及时"是指应当"自用工之日起一个月内"，否则将面临每月多支付一倍工资和被视为签订无固定期限劳动合同的风险责任。③"书面"可以包括电子形式，但用人单位应当与劳动者协商一致，使用符合电子签名法等法律法规规定的可视为书面形式的数据电文和可靠的电子签名。④

订立劳动合同应包含劳动合同期限、工作内容和工作地点、工作时间和休息休假、劳动报酬、社会保险、劳动保护、劳动条件和职业危害防护等必备条款，还可以约定试用期、培训、保守秘密、补充保险和福利待遇等其他事项。合同内容应符合《劳动合同法》及国家地方关于最低工资、

---

①②③④　详见第八章第三节十、十一、十二、十三。

社会保险、安全生产等相关法律法规的强制性规定。同时，用人单位有义务将签署完毕的劳动合同文本交付劳动者，避免扣留劳动合同文本。①

（二）劳动合同的种类

劳动合同分为固定期限劳动合同、无固定期限劳动合同和以完成一定工作任务为期限的劳动合同。固定期限劳动合同，是指用人单位与劳动者约定明确的合同终止时间的劳动合同。《劳动合同法》中并无明确规定固定期限劳动合同长度的条款，只要用人单位与劳动者双方协商一致，合同期限没有限制。无固定期限劳动合同，是指用人单位与劳动者约定无确定终止时间的劳动合同。以完成一定工作任务为期限的劳动合同，是指用人单位与劳动者约定以某项工作的完成为合同期限的劳动合同。②

用人单位与劳动者协商一致，可以订立无固定期限劳动合同。有下列情形之一，劳动者提出或者同意续订、订立劳动合同的，除劳动者提出订立固定期限劳动合同外，应当订立无固定期限劳动合同：（1）劳动者在该用人单位连续工作满十年的；（2）用人单位初次实行劳动合同制度或者国有企业改制重新订立劳动合同时，劳动者在该用人单位连续工作满十年且距法定退休年龄不足十年的；（3）连续订立二次固定期限劳动合同，且劳动者没有《劳动合同法》第三十九条和第四十条第一项、第二项规定的情形，续订劳动合同的。③

无固定期限合同没有到期终止时间，但并不意味着不能变更、解除和终止。在履行过程中，当法律规定的可以解除劳动合同的条件出现，无固定期限的劳动合同可依法定条件解除。用人单位应避免故意规避订立无固定期限劳动合同，否则，按照法律规定应当签订无固定期限劳动合同而未签订的，用人单位将自应签订无固定期限劳动合同之日起每月支付二倍工资，从而承担相应的责任风险④。

---

①②③④　详见第八章第三节十四、十五、十六、十七。

（三）事实劳动关系

事实劳动关系是指用人单位虽未与劳动者订立有效的书面劳动合同，但实际上已经与劳动者形成劳动关系的法律关系。在未订立书面劳动合同的情况下，确立劳动关系依据三个标准：（1）用人单位和劳动者符合法律、法规规定的主体资格；（2）用人单位依法制定的各项劳动规章制度适用于劳动者，劳动者受用人单位的劳动管理，从事用人单位安排的有报酬的劳动；（3）劳动者提供的劳动是用人单位业务的组成部分[①]。

企业应当避免应签未签、应续未续劳动合同形成事实劳动关系承担二倍工资或无固定期限劳动合同的相关法律责任；同时，也应采取措施避免为非与本单位建立劳动关系的人员发放工资、缴纳社保、提供工作证明等，避免非劳动关系被认定为事实劳动关系而承担不必要的用人单位法律责任。

（四）试用期

通常情况下，用人单位与劳动者可以约定试用期，但同一用人单位与同一劳动者只能约定一次试用期，且试用期的期限和形式应符合法律规定（应当以书面形式约定）。劳动合同期限三个月以上不满一年的，试用期不得超过一个月；劳动合同期限一年以上不满三年的，试用期不得超过二个月；三年以上固定期限和无固定期限的劳动合同，试用期不得超过六个月。以完成一定工作任务为期限的劳动合同或者劳动合同期限不满三个月的，不得约定试用期。[②]

试用期工资以劳动合同书面约定为准，劳动者在试用期的工资不得低于本单位相同岗位最低档工资的80%或者不得低于劳动合同约定工资的80%，并不得低于用人单位所在地的最低工资标准。[③] 试用期中的劳动者依法享有社会保险待遇，其他福利待遇可由用人单位在内部规章制度中确

---

①②③　详见第八章第三节十八、十九、二十。

定。在试用期中，除劳动者有《劳动合同法》第三十九条和第四十条第一项、第二项规定的情形外，用人单位不得解除劳动合同。

用人单位应避免违反规定与劳动者约定超长试用期、违规延长试用期[①]，避免出现滥用试用期违规支付工资、违规解除劳动合同等侵害劳动者权益的行为。

二、劳动关系管理

（一）工时与休假

1. 工作时间

《中华人民共和国宪法》（以下简称《宪法》）第四十三条明确，"中华人民共和国劳动者有休息的权利。国家发展劳动者休息和休养的设施，规定职工的工作时间和休假制度"。根据《劳动法》《国务院关于职工工作时间的规定》等规定，劳动者每日工作 8 小时，每周工作 40 小时，每周至少休息一日是标准工时制度。企业因生产特点不能实行标准工时制度的，应根据《劳动部关于企业实行不定时工作制和综合计算工时工作制的审批办法》和地方有关审批规定对符合条件的岗位报劳动行政部门审批。

在标准工时制度下，用人单位由于生产和经营的需要，经与工会或者劳动者协商之后可以延长工作时间。一般每日不得超过一小时；特殊情况下延长工作时间每日不得超过 3 小时，每月不得超过 36 小时[②]。延长工作时间需要依法支付相应的加班工资[③]。对于实行不定时工作制和综合计算工时工作制等其他工作和休息办法的职工，企业应在保障职工身体健康并充分听取职工意见的基础上，采用集中工作、集中休息、轮休调休、弹性工作时间等适当方式，确保职工的休息休假权利和生产、工作任务的完成。

---

①②③　详见第八章第三节二十一、二十二、二十三。

2. 休息休假

劳动者依法享受法定休息日[1]及法定节假日。法定节假日包括全体公民放假的假日（新年、春节、清明节、劳动节、端午节、中秋节、国庆节）、部分公民放假的假日（妇女节、青年节、儿童节、建军节）、少数民族习惯的节日。全体公民放假的假日，如果适逢星期六、星期日，应当在工作日补假。部分公民放假的假日，如果适逢星期六、星期日不补假。[2]

除法定假日外，劳动者连续工作一年以上的，享受带薪年休假。年休假天数根据职工累计工作时间确定，但有特殊情形的不享受当年年休假[3]。国家法定休假日、休息日不计入年休假的假期。职工在年休假期间享受与正常工作期间相同的工资收入。年休假由用人单位根据生产、工作的具体情况，并考虑职工本人意愿，统筹安排职工年休假。年休假在1个年度内可以集中安排，也可以分段安排，一般不跨年度安排。因生产、工作特点确有必要跨年度安排职工年休假的，可以跨1个年度安排。对职工应休未休的年休假天数，单位应当按照该职工日工资收入的300%支付年休假工资报酬，其中包含用人单位支付职工正常工作期间的工资收入。[4]

针对劳动者可能遇到的不同特殊情形，国家和地方法律政策规定有婚假、丧假、产假、陪产假、探亲假、独生子女护理假、育儿假等特殊假期的，企业应按规定并结合自身情况执行和适用，企业同时可以自行设立福利假期。企业可结合用工所在地政策和企业实际情况在内部规章制度中明确相关假期的申请程序和待遇等，在法律政策框架内维护企业用工管理秩序、保障职工健康权益。

（二）薪酬与福利

员工薪酬和福利待遇管理关系到劳动者最基本和切身的利益，是开展人才激励、增强企业活力的重要手段。企业应当依照国家和地方有关法律

---

[1][2][3][4]　详见第八章第三节二十四、二十五、二十六、二十七。

法规及劳动合同约定依法支付工资。

1. 工资支付

工资是用人单位依据国家有关规定或劳动合同的约定，以货币形式直接支付给本单位劳动者的劳动报酬，包括计时工资、计件工资、奖金、津贴、补贴、加班工资以及特殊情况下支付的工资等。企业工资支付行为合规应注意以下几个方面：（1）工资应当以法定货币形式支付，不得以实物及有价证券替代；（2）工资每月至少支付一次，应在约定日期支付，不得无故拖欠；（3）除法定扣除情形外，不得克扣劳动者工资；（4）应依法支付延长工作时间的工资；（5）应依法支付相关地方政策规定的强制性津贴（如高温津贴、夜班津贴）；（6）支付给劳动者的工资不得低于当地最低工资标准；（7）应向劳动者提供工资清单，并保留工资支付记录至少两年。[①]

2. 福利待遇

广义的福利待遇是指劳动者因履职而从企业获得的除工资所得之外其他所得，以及使员工直接或间接受益的待遇所得，包括但不限于法定社会保险、住房公积金、企业年金、股权激励计划等，是企业满足员工工作生活需求、实施人才竞争战略的重要手段。狭义的福利待遇专指企业职工福利费的支出。根据《财政部关于企业加强职工福利费财务管理的通知》，企业职工福利费是指企业为职工提供的除职工工资、奖金、津贴、纳入工资总额管理的补贴、职工教育经费、社会保险费和补充养老保险费（年金）、补充医疗保险费及住房公积金以外的福利待遇支出，包括发放给职工或为职工支付的多种类型的现金补贴和非货币性集体福利。随着薪酬及人工成本管理体系的不断完善，企业应注意加强职工福利费的规范管理，一是严格按照《企业财务通则》第四十六条规定，应当由个人承担的有关

---

① 详见第八章第三节二十八。

支出不得作为职工福利费开支①；二是职工福利是企业对职工劳动补偿的辅助形式，企业应当参照历史一般水平合理控制职工福利费占职工总收入的比重；三是企业职工福利一般应以货币形式为主，对以本企业产品和服务作为职工福利的，企业要严格控制②。

（三）社会保险、住房公积金、企业年金

为劳动者缴纳社会保险和住房公积金是用人单位的法定义务。由于地方政策的复杂性，社会保险和住房公积金管理的合规性也需引起重视。

《中华人民共和国社会保险法》（以下简称《社会保险法》）第二条规定，国家建立基本养老保险、基本医疗保险、工伤保险、失业保险、生育保险等社会保险制度，保障公民在年老、疾病、工伤、失业、生育等情况下依法从国家和社会获得物质帮助的权利。企业一是应及时办理社会保险登记；二是应按时足额缴纳社会保险费；三是不得与劳动者约定不缴或少缴社保；四是不得以欺诈、伪造证明材料或者其他手段骗取社会保险待遇。随着社保征管体系改革方案的出台和推进，税务部门征管和稽核能力进一步加强。用人单位未依法为劳动者缴纳社会保险费不仅使得劳动者可以依据《劳动合同法》第三十八条第一款解除劳动合同获得经济补偿金，面临的行政处罚风险也将进一步加大。

住房公积金是单位及其在职职工缴存的长期住房储金，企业应依法按时、足额为建立劳动关系的劳动者缴存住房公积金，不得逾期缴存或少缴。③ 住房公积金缴费原则上以职工本人上一年度月平均工资为基数，新参加工作或新调入的职工以入职当月工资为基数，最高缴存基数上限为当地职工平均工资的 3 倍，约按单位 5% ~ 12%、个人 5% ~ 12% 的比例缴纳，请注意各地对缴纳比例规定有所差别。单位缴存住房公积金确有困难的，经民主和审核程序后可降低缴存比例或者缓缴，待效益好转后再提高

---

① ② ③　详见第八章第三节二十九、三十、三十一。

缴存比例或者补缴缓缴。

企业年金（也称补充养老保险费、年金），是指企业及其职工在依法参加基本养老保险的基础上，自愿建立的补充养老保险制度。建立企业年金的企业应注意根据人社部财政部《企业年金办法》规范企业年金管理，一是明确企业年金实施条件，企业和职工建立企业年金，应当依法参加基本养老保险并履行缴费义务，企业具有相应的经济负担能力；二是合理确定年金方案、规范运营管理，企业缴费每年不超过企业职工工资总额的8%，企业和职工个人缴费合计不超过本企业职工工资总额的12%，企业和职工建立企业年金，应当确定企业年金受托人，由企业代表委托人与受托人签订受托管理合同；三是严格执行民主程序和报告审批制度，建立企业年金，企业应当与职工一方通过集体协商确定，并制定企业年金方案，企业年金方案应当提交职工代表大会或者全体职工讨论通过，报送所在地县级以上人民政府人力资源社会保障行政部门。

（四）劳动安全卫生

根据《劳动法》第五十二条，用人单位必须建立、健全劳动安全卫生制度，严格执行国家劳动安全卫生规程和标准，对劳动者进行劳动安全卫生教育，防止劳动过程中的事故，减少职业危害。企业应注意遵守《中华人民共和国安全生产法》（以下简称《安全生产法》）的有关要求，把安全生产作为日常生产经营管理的重要内容，确保各项安全措施的落实；同时，应遵守《中华人民共和国职业病防治法》（以下简称《职业病防治法》）建立、健全职业病防治责任制，落实职业病防护管理措施。在劳动用工管理中，围绕劳动安全卫生，企业应履行的合规义务包括但不限于：一是必须为劳动者提供符合国家规定的劳动安全卫生条件和必要的劳动防护用品；二是为劳动者建立职业健康监护档案，对从事有职业危害作业的劳动者应当定期进行健康检查；三是订立劳动合同应载明有关保障劳动安全、防止职业危害的事项以及依法为从业人员办理工伤保险的事项；四是必须依法参加工伤保险；五是进行劳动安全卫生教育培训；六是不得安排未成年工从事接触职业病危害的作业，不得安排孕期、哺乳期的女职工从事对本人和胎儿、婴儿有危害的作业；七是依法保障工伤、职业病员工合法待遇。

（五）培训与服务期

根据《劳动法》第六十八条，用人单位应当建立职业培训制度，按照国家规定提取和使用职业培训经费，根据本单位实际，有计划地对劳动者进行职业培训。通常，企业有义务对新入职员工进行岗前培训。根据《劳动法》和《中华人民共和国职业教育法》（以下简称《职业教育法》）[1] 规定，从事技术工种的劳动者上岗前必须经过培训；从事特种作业的必须经过培训并取得特种作业资格。因此，用人单位应注意根据岗位情况有计划地实施岗前培训。同时应注意，岗前培训不同于专业技术培训，不得以此约定服务期及要求员工支付违约金。

用人单位为劳动者提供专项培训费用，对其进行专业技术培训的，可以与该劳动者订立协议，约定服务期。[2] 企业开展专业技术培训约定服务期应注意以下方面：一是适用对象限于劳动者和专业技术培训。二是服务期应由双方订立协议约定。三是服务期的期限，虽然法律并没有明确规定，但应具有明确性、应遵守公平合理原则；除非双方另有约定，服务期超过劳动合同期限的，法律规定劳动合同应当顺延至服务期满。[3] 四是违约金的数额不得超过用人单位提供的培训费用。用人单位要求劳动者支付的违约金不得超过服务期尚未履行部分所应分摊的培训费用。五是用人单位与劳动者约定服务期的，不影响按照正常的工资调整机制提高劳动者在服务期期间的劳动报酬。[4] 六是用人单位与劳动者约定了服务期，劳动者依照《劳动合同法》第三十八条的规定解除劳动合同的，不属于违反服务

---

[1][2][3][4]　详见第八章第三节三十二、三十三、三十四、三十五。

期的约定，用人单位不得要求劳动者支付违约金。[①]

（六）保密与竞业限制

企业应根据国家有关保密法律法规、党的保密工作方针政策建立保密管理体系并对涉密人员进行严格管理。企业与涉密人员签订的保密协议中，应当明确保密内容和范围、双方的权利与义务、协议期限、违约责任。对负有保密义务的人员，企业可以在劳动合同或者保密协议中与劳动者约定竞业限制条款。

根据《劳动合同法》《最高人民法院关于审理劳动争议案件适用法律问题的解释（一）》，企业与劳动者在劳动合同或保密协议中约定竞业限制条款应注意：一是竞业限制适用对象仅限于用人单位的高级管理人员、高级技术人员和其他负有保密义务的人员；二是竞业限制的范围、地域、期限不得违反法律、法规的规定（不得超过两年，到与本单位生产或者经营同类产品、从事同类业务的有竞争关系的其他用人单位，或者自己开业生产或者经营同类产品、从事同类业务）；三是合理约定竞业限制补偿金标准（未约定补偿金标准，劳动者履行了竞业限制义务的，按照劳动者在劳动合同解除或者终止前十二个月平均工资的30%按月支付，低于劳动合同履行地最低工资标准的，按照劳动合同履行地最低工资标准支付）；四是合理约定违反竞业限制违约金（应约定合理的违约金数额或计算方法，如未约定，只能要求赔偿造成的损失，用人单位将承担较大的举证责任）；五是依约支付竞业限制补偿金或及时解除竞业限制协议（因用人单位的原因导致三个月未支付经济补偿，劳动者有权解除竞业限制约定；在竞业限制期限内解除竞业限制协议时，需额外支付劳动者三个月的竞业限制经济补偿）。

[①] 详见第八章第三节三十六。

三、劳动合同变更、解除与终止

（一）岗位及薪酬调整

岗位调整属于劳动合同变更最常见也是最易产生争议的情形。首先，根据《劳动合同法》第三十五条，变更劳动合同应由用人单位与劳动者协商一致，应采用书面形式。其次，根据《劳动合同法》第四十条，在劳动者患病或者非因工负伤在规定的医疗期满后不能从事原工作/不能胜任工作的情形下，用人单位也可以合理地调整劳动者的工作岗位。最后，用人单位可以在劳动合同中依法约定或规章制度中规定合理的调岗的条件和程序。针对事先约定的单方调岗条款或制度是否有效的问题，用人单位通常需证明调岗属于合理范畴（考虑用人单位经营必要性、目的正当性，调整后的岗位为劳动者所能胜任、工资待遇等劳动条件无不利变更等）。用人单位与劳动者签订的劳动合同中明确约定工作岗位但未约定如何调岗的，在不符合《劳动合同法》第四十条所列情形时，用人单位自行调整劳动者工作岗位的属于违约行为，给劳动者造成损失的，用人单位应予以赔偿，参照原岗位工资标准补发差额，此外，用人单位还面临恢复劳动者原工作岗位的法律风险。

薪酬调整往往和岗位调整组合出现。实践中，企业对劳动者调岗调薪应统筹兼顾合法性和合理性并注意程序的规范性和公正性。

（二）劳动合同解除

1. 协商一致解除劳动合同

根据《劳动合同法》第三十六条，用人单位与劳动者协商一致，可以解除劳动合同。如果用人单位向劳动者提出解除劳动合同并与劳动者协商一致解除劳动合同，则必须依法支付经济补偿金；而劳动者提出解除的情形则不适用。企业和劳动者应当遵循平等自愿、协商一致的原则协商解除劳动合同，不得有欺诈或胁迫的情形亦不得违反法律法规排除用人单位法定义务。协商解除协议签署后，用人单位和劳动者应当自觉履行权利义务，非经法定程序不得随意反悔、撤销。

2. 劳动者单方解除劳动合同

根据法律规定，劳动者提前一定时间通知用人单位后，即可以与用人单位解除劳动合同。根据《劳动合同法》第三十七条，劳动者在试用期内需要提前三日、以书面或口头的方式，超过试用期需要提前三十日、必须以书面的形式通知用人单位解除劳动合同。上述情形下，用人单位无须支付经济补偿。

对于用人单位存在法定过错情形的，劳动者可以书面或口头告知用人单位，立即解除劳动合同：（1）未按照劳动合同约定提供劳动保护或者劳动条件的；（2）未及时足额支付劳动报酬的；（3）未依法为劳动者缴纳社会保险费的；（4）用人单位的规章制度违反法律、法规的规定，损害劳动者权益的；（5）因《劳动合同法》第二十六条第一款①规定的情形致使劳动合同无效的。此外，用人单位以暴力、威胁或者非法限制人身自由的手段强迫劳动者劳动，或者用人单位违章指挥、强令冒险作业危及劳动者人身安全，劳动者有权立即解除劳动合同，无须履行任何通知程序。② 上述情形下，用人单位应依法支付经济补偿。

3. 用人单位单方解除劳动合同

用人单位单方解除劳动合同的情形可分为过错性解除和非过错性解除两种。

过错性解除主要是依据《劳动合同法》第三十九条的规定。劳动者出现法定过错情形，用人单位可以解除劳动合同。包括：（1）在试用期间被证明不符合录用条件的；（2）严重违反用人单位的规章制度的；（3）严重失职，营私舞弊，给用人单位造成重大损害的；（4）劳动者同时与其他用

①② 详见第八章第三节三十七、三十八。

人单位建立劳动关系，对完成本单位的工作任务造成严重影响，或者经用人单位提出，拒不改正的；（5）以欺诈、胁迫的手段或乘人之危，使用人单位在违背真实意思的情况下订立或者变更劳动合同致使劳动合同无效的；（6）被依法追究刑事责任的。

因劳动者过错解除劳动合同的，用人单位无须支付经济补偿，但用人单位需要保留充分的证据证明属于劳动者过错情形、并且用人单位操作符合有关的程序要件（如事先将理由通知工会，研究工会意见并将处理结果书面通知工会）。如果操作不当（如录用条件约定不明确、规章制度效力存在瑕疵、违纪证据不足、违纪情形不构成严重、重大损害标准不明、混淆刑事责任与刑事拘留等），容易被认定为违法解除，进而导致需向劳动者支付赔偿金或继续履行劳动合同的后果①，陷入被动的局面。完善的劳动用工规章制度体系是用人单位规范管理的基础。企业应注意确保规章制度的内容合法合理，并且应依法履行民主公示程序，保留相关证据。

非过错性解除是指用人单位在非因劳动者过错而单方解除劳动合同的法定情形。根据《劳动合同法》第四十条、第四十一条，主要包括医疗期届满、不胜任工作、客观情况发生重大变化以及经济性裁员等。非过错性解除用人单位需要依法支付经济补偿，但应注意非过错性解除不适用于几类特殊人群，包括医疗期职工、孕期产期哺乳期女职工、在本单位连续工作满十五年且距法定退休年龄不足五年等。②

医疗期是劳动者患病或非因工负伤时，停止工作治病休息不得解除劳动合同的期间，并不是劳动者的治疗期间，其根据劳动者工龄和司龄来确定。在医疗期内非因法定事由不得与劳动者解除劳动合同。用人单位运用医疗期满法定情形解除劳动合同的，应注意不能在医疗期满后直接解除劳动合同，而应当在劳动者不能从事原工作以及用人单位另行安排的工作

---

①② 详见第八章第三节三十九、四十。

时，用人单位才能依据法律规定解除劳动合同。[①]

劳动者不能胜任工作，经过培训或者调整工作岗位，仍不能胜任工作的，用人单位可以解除劳动合同。[②] 据此，如果劳动者不能胜任工作，对员工进行培训或合理调岗（选择其一适用）是解除劳动合同的前置程序。只有在劳动者经过培训或调岗后仍不能胜任工作的，用人单位才能与劳动者解除劳动合同。实务操作中，用人单位应制定详细的、尽可能量化的绩效考核制度，明确绩效改进计划的考核指标，并合理安排员工培训或者调整工作岗位。用人单位对员工进行培训的，应当注意留存培训时间、地点、内容等相关证据。

劳动合同订立时所依据的客观情况发生重大变化，致使劳动合同无法履行的，用人单位在与劳动者协商未能就变更劳动合同内容达成协议的情况下，可与劳动者解除劳动合同。[③]"客观情况"是指发生不可抗力或出现致使劳动合同全部或部分条款无法履行的其他情况，如企业迁移、被兼并、企业资产转移等情况。目前在"客观情况发生重大变化"的认定上各地司法实践中存在自由裁量空间。

用人单位依照企业破产法规定进行重整，生产经营发生严重困难，企业转产、重大技术革新或者经营方式调整经变更劳动合同后仍需要裁减人员的，或者其他因劳动合同订立时所依据的客观经济情况发生重大变化致使劳动合同无法履行的，裁员人数在 20 人以上或者裁减不足 20 人但占企业职工总数 10% 以上的，用人单位在提前 30 日向工会或者全体职工说明情况，将提出的裁减人员方案向用人单位注册地劳动行政部门报备后，可以解除劳动合同。[④] 用人单位经济性裁员要求用人单位优先留用下列人员：与本单位订立较长期限的固定期限劳动合同的；与本单位订立无固定期限劳动合同的；家庭无其他就业人员，有需要扶养的老人或者未成年人的。

---

①②③④　详见第八章第三节四十一、四十二、四十三、四十四。

用人单位裁减人员后，在 6 个月内重新招用人员的，应当通知被裁减的人员，并在同等条件下优先招用被裁减的人员。① 企业应注意，裁减人员时应依据法律规定的程序进行，同时还应积极履行国家稳就业工作的相关政策②，不裁员或少裁员的企业可以享受失业保险稳岗返还政策。

（三）劳动合同终止

劳动合同终止的情形包括劳动合同期满、劳动者主体资格丧失和用人单位主体资格丧失等③。根据《劳动合同法》第四十六条，除用人单位维持或提高劳动合同约定条件续订劳动合同，劳动者不同意续订的情形外，如果劳动合同到期终止的，用人单位应当支付经济补偿。

针对劳动合同期满，用人单位应注意甄别是否存在法定延续事由（如职业病医学观察期、工伤职工停工留薪期、女职工孕期产期哺乳期、本单位连续工作满十五年且距法定退休年龄不足五年等）④；甄别是否存在签订无固定期限劳动合同的情形（如用人单位与劳动者连续订立两次固定期限劳动合同后期满，且劳动者无过错的，劳动者提出或者同意续订、订立无固定期限劳动合同，用人单位应当与劳动者订立无固定期限劳动合同，但各地在以此认定时仍存在不同的司法操作口径）⑤；并应根据地方口径提前履行通知劳动者程序。

劳动者主体资格丧失的情形包括劳动者开始依法享受基本养老保险待遇的，或者劳动者死亡、被人民法院宣告死亡或宣告失踪的。用人单位主体资格丧失的情形包括用人单位被依法宣告破产，营业期限届满，被吊销营业执照、责令关闭、撤销，决定提前解散的。

《中华人民共和国劳动合同法实施条例》（以下简称《劳动合同法实施条例》）第十三条明确，用人单位不得与劳动者约定法定终止情形外的其他劳动合同终止条件。

---

①②③④⑤　详见第八章第三节四十五、四十六、四十七、四十八、四十九。

（四）后合同义务

实务操作中，劳动合同解除或终止时，用人单位和劳动者往往还需要继续履行一部分法定义务，可以称之为"后合同义务"。

劳动者需要履行的主要义务是按照双方约定办理工作交接。用人单位应当向劳动者支付经济补偿的，可在劳动者办结工作交接时支付。[①] 如果劳动者未按照用人单位的要求办理工作交接且给用人单位的生产、经营和工作造成直接经济损失的，用人单位有权向劳动者主张损害赔偿责任，但需要注意的是，用人单位应当对直接经济损失承担举证责任。此外，离职后的保密义务和竞业限制义务也属于后合同义务的范畴。

用人单位需要履行的主要义务包括出具离职证明、按照约定支付经济补偿、在 15 日内为劳动者办理档案和社会保险关系转移手续等。此外，用人单位对已经解除或者终止的劳动合同的文本应至少保存 2 年备查。如果在劳动合同解除或终止后用人单位未及时履行上述义务的，用人单位将可能面临损害赔偿的法律责任以及劳动行政部门限期责令支付经济补偿的问题，如果逾期仍不支付的，还将面临加付赔偿金的法律风险。

用人单位还应注意在特殊情形下需要履行的其他特殊法定义务，例如裁减人员后 6 个月内招聘人员的，应当在同等条件下优先招用被裁减人员的义务等。

四、职工代表大会与工会

（一）职工大会与职工代表大会

职工代表大会（或称职工大会，以下简称职代会）是职工行使民主管理权力的机构，是企业民主管理的基本形式[②]。劳动者可通过职代会形式参与民主管理或者就保护劳动者合法权益与用人单位进行平等协商。[③] 依

---

①②③　详见第八章第三节五十、五十一、五十二。

照法律规定建立和完善企业职代会制度有利于推进企业民主管理工作规范化，促进企业持续健康发展。职工代表的总人数根据企业规模等实际情况而定，既要保证职工代表的覆盖面和代表性，又要保证职代会制度的可操作性。职工代表人数按照不少于全体职工人数的 5% 确定，最少不少于 30 人。职工代表人数超过 100 人的，超出的代表人数可以由企业与工会协商确定。职代会的代表由工人、技术人员、管理人员、企业领导人员和其他方面的职工组成。其中，企业中层以上管理人员和领导人员一般不得超过职工代表总人数的 20%。有女职工和劳务派遣职工的企业，职工代表中应当有适当比例的女职工和劳务派遣职工代表。依法终止或者解除劳动关系的职工代表，其代表资格自行终止。职代会每届任期为 3 年至 5 年，每年至少召开一次会议。职代会全体会议必须有 2/3 以上的职工代表出席[①]。职代会的职权包括审议建议权、审议通过权、监督评议权、民主选举权和法律法规赋予的其他权利。[②]

值得注意的是，依法建立和完善劳动规章制度，保障劳动者享有劳动权利、履行劳动义务是用人单位的法定责任。企业制定和完善企业劳动规章制度既要注意相关内容符合法律法规规定，又要注意制定程序是否符合有关规定。根据《劳动合同法》第四条，"用人单位在制定、修改或者决定有关劳动报酬、工作时间、休息休假、劳动安全卫生、保险福利、职工培训、劳动纪律以及劳动定额管理等直接涉及劳动者切身利益的规章制度或者重大事项时，应当经职工代表大会或者全体职工讨论，提出方案和意见，与工会或者职工代表平等协商确定。"

（二）工会组织

劳动者有权依法参加和组织工会。工会代表可维护劳动者的合法权益，依法独立自主地开展活动。[③] 成立工会组织对于企业维护劳动关系稳

---

①②③　详见第八章第三节五十三、五十四、五十五。

定，合法解决劳动管理各项事务发挥重要作用。企业应根据《中华人民共和国工会法》（以下简称《工会法》）、《中国工会章程》、《企业工会工作条例》、《企业工会主席产生办法（试行）》等法律法规的规定支持依法组建工会并及时拨缴工会经费，保护工会合法权利，包括但不限于：参与企业民主管理（企业研究经营管理和发展的重大问题应当听取工会意见；召开讨论有关工资、福利、劳动安全卫生、社会保险等涉及职工切身利益的会议必须有工会代表参加）；代表职工签订集体合同；对企业处分职工提出意见（企业单方解除劳动合同时应事先将理由通知工会）；对劳动条件和安全卫生等进行监督；调查侵犯职工合法权益的问题；维护职工合法权益（职工因工伤亡事故和其他严重危害职工健康问题的调查处理必须有工会参加）；参加企业劳动争议调解工作等。

企业工会接受同级党组织和上级工会双重领导，以同级党组织领导为主。企业工会与企业行政具有平等的法律地位，相互尊重、相互支持、平等合作，共谋企业发展。工会召开会议或者组织职工活动，需要占用生产时间的，应当事先征得企业的同意。工会非专职委员占用生产或工作时间参加会议或者从事工会工作，在法律规定的时间内（每月不超过3个工作日）工资照发，其他待遇不受影响。工会专职工作人员的工资、奖励、补贴由企业支付，社会保险和其他福利待遇等享受与本单位职工同等待遇。

五、特殊员工

（一）三期女职工

女职工孕期、产期、哺乳期合称"三期"。符合计划生育政策的三期女职工可依法享受本节规定的待遇和保护，而违反计划生育政策的三期女职工除可按规定享受产假外，不享受本节所述的各项生育福利待遇。

用人单位可根据女职工户籍所在地的相关规定确定三期女职工是否符合计划生育政策，如女职工居住地的计划生育政策与户籍所在地的规定不一致，则用人单位应分别与户籍所在地和居住地的相关部门确定适用标准。

1. 产前检查

怀孕女职工在劳动时间内进行产前检查，所需时间计入劳动时间，因此，用人单位应当按照正常工资标准向女职工发放产检期间的工资，而不能按病假、事假、旷工处理。用人单位可根据医疗机构和医生的建议给予产检假。

2. 产假

《女职工劳动保护特别规定》规定了产假和流产假的天数，部分地区（如上海、天津）还对产前假做了专门的规定。

《中华人民共和国人口与计划生育法》（以下简称《人口与计划生育法》）规定，符合法律、法规规定生育子女的夫妻，可以获得延长生育假的奖励或者其他福利待遇。生育假和护理假（或陪产假）的具体规定各地存在差异，应结合各地政策确定。

目前，全国各地女职工产假（含生育假）最少为 158 天，最长为 365 天（一年）；男方护理假（或陪产假）最少为 10 天，最长为 30 天。

3. 产假待遇

根据《女职工劳动保护特别规定》第八条的规定，女职工产假期间的生育津贴，对已经参加生育保险的，按照用人单位上年度职工月平均工资的标准由生育保险基金支付；对未参加生育保险的，按照女职工产假前的工资标准由用人单位支付。女职工生育或者流产的医疗费用，按照生育保险规定的项目和标准，对已经参加生育保险的，由生育保险基金支付；对未参加生育保险的，由用人单位支付。

奖励假的工资待遇是否由社保基金承担、生育津贴低于女职工本人工资的差额部分是否需由用人单位补足等问题，目前各地方规定不同，应按各地政策执行。

4. 哺乳期、哺乳假及哺乳时间

（1）哺乳期，是女职工怀孕生下婴儿，到婴儿满 1 周岁的这一期间。

（2）哺乳假，是女职工产假期满后抚育婴儿有困难的，经本人申请且所在单位批准后可以享受一定期限的假期。关于哺乳假，国家法律法规未做规定，能否享受以及如何享受，具体按照各地规定执行。

（3）哺乳时间，用人单位应当在每天的劳动时间内为哺乳期女职工安排 1 小时哺乳时间；女职工生育多胞胎的，每多哺乳 1 个婴儿每天增加 1 小时哺乳时间。哺乳时间如何使用，法律未规定，可由用人单位在规章制度中规定。

5. 劳动合同的解除和终止限制

用人单位不得因女职工怀孕、生育、哺乳予以辞退、与其解除劳动或者聘用合同。女职工在孕期、产期、哺乳期的，用人单位不得依照《劳动合同法》第四十条①、第四十一条②的规定解除劳动合同。劳动合同期满，女职工在孕期、产期、哺乳期的，劳动合同应当续延至相应的情形消失时终止。

6. 劳动保护

（1）工作内容保护。用人单位不得安排女职工在怀孕期间、哺乳未满一周岁的婴儿期间从事国家规定的第三级体力劳动强度的劳动和孕期、哺乳期禁忌从事的劳动③。

（2）劳动时间保护。对怀孕 7 个月以上、哺乳未满 1 周岁婴儿的女职工，用人单位不得延长劳动时间或者安排夜班劳动，并应当在劳动时间内安排一定的休息时间。

（3）岗位和薪酬保护。用人单位不得因女职工怀孕、生育、哺乳而降低其工资、调整工作岗位，用人单位与女职工协商变更的除外。

---

①②③　详见第八章第三节五十六、五十七、五十八。

（二）医疗期员工

1. 病假

病假是指劳动者因患病或非因工负伤，针对实际的病情，根据医生的建议停止工作进行治疗的期间。病假的长短根据劳动者的病情而定。目前法律对于病假的长短以及病假成立的条件，没有明确规定。对于劳动者而言，因病休病假系属于法定权利，无须经过用人单位的批准即可行使的权利，但劳动者应当向用人单位提供医院出具合法有效的诊断证明书以证明其疾病的真实性。

2. 医疗期

（1）医疗期是指企业职工因患病或非因工负伤停止工作治病休息不得解除劳动合同的时限。[①] 医疗期以劳动者休病假为前提。

（2）医疗期的期限及计算周期。用人单位根据劳动者实际参加工作年限和在本单位工作年限，给予3个月到24个月的医疗期。不同的医疗期限有不同的累计计算时间。一般情况下，医疗期从病休第一天开始计算，累计计算。医疗期包含连续病休期间的休息日、法定节假日。[②] 特别提醒的是，上海对医疗期的计算及计算周期做了特别规定[③]。

（3）医疗期的延长。劳动者法定医疗期满仍未痊愈的，可以在医疗期满前向用人单位提出延长医疗期的申请，用人单位可根据法律规定以及劳动者的具体情况决定是否许可延长医疗期，如不同意延长应书面告知劳动者。对某些患特殊疾病（如癌症、精神病、瘫痪等）的劳动者，在24个月内尚不能痊愈的，经用人单位和劳动主管部门批准，可以适当延长医疗期。[④] 患有特殊疾病的劳动者，用人单位是否无须考虑其工作年限而直接给予24个月医疗期，各地的操作口径不同，应结合各地规定确定。

---

①②③④　详见第八章第三节五十九、六十、六十一、六十二。

3. 病假工资

职工患病或非因工负伤治疗期间，在规定的医疗期间内由用人单位按有关规定支付其病假工资或疾病救济费，病假工资或疾病救济费可以低于当地最低工资标准支付，但不能低于最低工资标准的80%。目前只有部分省市对疾病救济费做出了专门规定，因此如涉及疾病救济费的，应结合当地政策确定。

一般可按照以下规则确定病假工资的标准：劳动合同有约定的，按约定；无约定的，可按照集体合同；劳动合同和集体合同均未约定的，可按照公司规章制度；用人单位与劳动者无任何约定的，可按照劳动者的本人工资或当地社会平均工资标准来确定。各省市另有规定的，从其规定。

4. 劳动合同解除和终止的限制

劳动者患病或者非因工负伤，在规定的医疗期内的，用人单位不得依照《劳动合同法》第四十条、第四十一条的规定解除劳动合同。劳动合同期满，劳动者患病或者非因工负伤，在规定的医疗期内的，劳动合同应当续延至相应的情形消失时终止。

5. 医疗终结或医疗期满后劳动关系的处理

（1）医疗终结后劳动关系的处理。根据《企业职工患病或非因工负伤医疗期规定》第六条，企业职工非因工致残和经医生或医疗机构认定患有难以治疗的疾病，在医疗期内医疗终结，不能从事原工作，也不能从事用人单位另行安排的工作的，应当由劳动鉴定委员会参照工伤与职业病致残程度鉴定标准进行劳动能力的鉴定。被鉴定为一至四级的，应当退出劳动岗位，终止劳动关系，办理退休、退职手续，享受退休、退职待遇；被鉴定为五至十级的，医疗期内不得解除劳动合同。

（2）医疗期满后劳动关系的处理。根据《企业职工患病或非因工负伤医疗期规定》第七条，企业职工非因工致残和经医生或医疗机构认定患有难以治疗的疾病，医疗期满，应当由劳动鉴定委员会参照工伤与职业病致残程度鉴定标准进行劳动能力的鉴定。被鉴定为一至四级的，应当退出劳动岗位，解除劳动关系，并办理退休、退职手续，享受退休、退职待遇。

劳动合同解除后企业是否需支付医疗补助费，各地的操作口径不同，具体需结合各地规定确定。

（三）工伤、职业病员工

根据《中华人民共和国工伤保险条例》《职业病防治法》规定，职工因工作遭受事故伤害或者患职业病进行治疗，享受工伤医疗待遇。

1. 工伤情形

职工有下列情形之一的，应当认定为工伤。

（1）在工作时间和工作场所内，因工作原因受到事故伤害的。

（2）工作时间前后在工作场所内，从事与工作有关的预备性或者收尾性工作受到事故伤害的。

（3）在工作时间和工作场所内，因履行工作职责受到暴力等意外伤害的。

（4）患职业病的。

（5）因工外出期间，由于工作原因受到伤害或者发生事故下落不明的。

（6）在上下班途中，受到非本人主要责任的交通事故或者城市轨道交通、客运轮渡、火车事故伤害的。

（7）法律、行政法规规定应当认定为工伤的其他情形。

职工有下列情形之一的，视同工伤。

（1）在工作时间和工作岗位，突发疾病死亡或者在 48 小时之内经抢救无效死亡的。

（2）在抢险救灾等维护国家利益、公共利益活动中受到伤害的。

（3）职工原在军队服役，因战、因公负伤致残，已取得革命伤残军人证，到用人单位后旧伤复发的。

职工有下列情形之一的，无论是否符合应认定或视同工伤的情形，均不认定为工伤或者视同工伤。

（1）故意犯罪的。

（2）醉酒或者吸毒的。

（3）自残或者自杀的。

2. 申请工伤认定

如职工发生事故伤害或者按照职业病防治法规定被诊断、鉴定为职业病，企业应当自事故伤害发生之日或者被诊断、鉴定为职业病之日起30日内，向统筹地区社会保险行政部门提出工伤认定申请。

如企业未按前款规定提出工伤认定申请的，工伤职工或者其近亲属、工会组织在事故伤害发生之日或者被诊断、鉴定为职业病之日起1年内，可以直接向用人单位所在地统筹地区社会保险行政部门提出工伤认定申请。

应予注意，因企业未在规定时限内提交工伤认定申请，在此期间发生符合规定的工伤待遇等有关费用由该企业负担。

3. 停工留薪期待遇

职工因工作遭受事故伤害或者患职业病需要暂停工作接受工伤医疗的，在停工留薪期内，原工资福利待遇不变，由所在单位按月支付。

停工留薪期一般不超过12个月。伤情严重或者情况特殊，经设区的市级劳动能力鉴定委员会确认，可以适当延长，但延长不得超过12个月。工伤职工评定伤残等级后，停发原待遇，按照本章的有关规定享受伤残待遇。工伤职工在停工留薪期满后仍需治疗的，继续享受工伤医疗待遇。生活不能自理的工伤职工在停工留薪期需要护理的，由所在单位负责。

4. 解除或终止劳动合同限制

如职工患因职业病或者因工负伤并被确认丧失或者部分丧失劳动能力的，企业不得依照《劳动合同法》第四十条、第四十一条的规定解除劳动合同；劳动合同期满的，劳动合同是否终止按照国家有关工伤保险的规定执行。

5. 工伤职工待遇

职工因工致残被鉴定为一级至四级伤残的，保留劳动关系，退出工作岗位，享受以下待遇。

（1）从工伤保险基金按伤残等级支付一次性伤残补助金，标准为：一级伤残为27个月的本人工资，二级伤残为25个月的本人工资，三级伤残为23个月的本人工资，四级伤残为21个月的本人工资。

（2）从工伤保险基金按月支付伤残津贴，标准为：一级伤残为本人工资的90％，二级伤残为本人工资的85％，三级伤残为本人工资的80％，四级伤残为本人工资的75％。伤残津贴实际金额低于当地最低工资标准的，由工伤保险基金补足差额。

（3）工伤职工达到退休年龄并办理退休手续后，停发伤残津贴，按照国家有关规定享受基本养老保险待遇。基本养老保险待遇低于伤残津贴的，由工伤保险基金补足差额。

职工因工致残被鉴定为五级、六级伤残的，享受以下待遇。

（1）从工伤保险基金按伤残等级支付一次性伤残补助金，标准为：五级伤残为18个月的本人工资，六级伤残为16个月的本人工资。

（2）保留与用人单位的劳动关系，由用人单位安排适当工作。难以安排工作的，由用人单位按月发给伤残津贴，标准为：五级伤残为本人工资的70％，六级伤残为本人工资的60％，并由用人单位按照规定为其缴纳应缴纳的各项社会保险费。伤残津贴实际金额低于当地最低工资标准的，由用人单位补足差额。

经工伤职工本人提出，该职工可以与用人单位解除或者终止劳动关系，由工伤保险基金支付一次性工伤医疗补助金，由用人单位支付一次性伤残就业补助金。一次性工伤医疗补助金和一次性伤残就业补助金的具体标准由省、自治区、直辖市人民政府规定。

职工因工致残被鉴定为七级至十级伤残的，享受以下待遇。

（1）从工伤保险基金按伤残等级支付一次性伤残补助金，标准为：七级伤残为 13 个月的本人工资，八级伤残为 11 个月的本人工资，九级伤残为 9 个月的本人工资，十级伤残为 7 个月的本人工资。

（2）劳动、聘用合同期满终止，或者职工本人提出解除劳动、聘用合同的，由工伤保险基金支付一次性工伤医疗补助金，由用人单位支付一次性伤残就业补助金。一次性工伤医疗补助金和一次性伤残就业补助金的具体标准由省、自治区、直辖市人民政府规定。

职工因工死亡，其近亲属按照下列规定从工伤保险基金领取丧葬补助金、供养亲属抚恤金和一次性工亡补助金。

（1）丧葬补助金为 6 个月的统筹地区上年度职工月平均工资。

（2）供养亲属抚恤金按照职工本人工资的一定比例发给由因工死亡职工生前提供主要生活来源、无劳动能力的亲属。标准为：配偶每月 40%，其他亲属每人每月 30%，孤寡老人或者孤儿每人每月在上述标准的基础上增加 10%。核定的各供养亲属的抚恤金之和不应高于因工死亡职工生前的工资。供养亲属的具体范围由国务院社会保险行政部门规定。

（3）一次性工亡补助金标准为上一年度全国城镇居民人均可支配收入的 20 倍。

6. 特殊用工情形下的工伤职工待遇处理

（1）企业发生分立、合并、转让的，承继单位应当承担原企业的工伤保险责任；原企业已经参加工伤保险的，承继单位应当到当地经办机构办理工伤保险变更登记。

（2）企业实行承包经营的，工伤保险责任由职工劳动关系所在单位承担。

（3）职工被借调期间受到工伤事故伤害的，由原企业承担工伤保险责任，但原企业与借调单位可以约定补偿办法。

（4）企业破产的，在破产清算时依法拨付应当由单位支付的工伤保险待遇费用。

（四）外国人

外国人在中国就业，指没有取得定居权的不具有中国国籍的外国人在中国境内依法从事社会劳动并获取劳动报酬的行为。

1. 申办就业证件

外国人在中国就业，应符合规定的就业条件，用人单位需要向有关主管部门进行申报办理相关就业核准手续，在经核准后，在中国就业的外国人应持 Z 字签证入境，入境后取得《中华人民共和国外国人就业证》（以下简称《外国人就业证》）和外国人居留证件，方可在中国境内就业。任何单位和个人不得聘用未取得工作许可和工作类居留证件的外国人。

另外，外国人在中国就业的用人单位必须与其就业证所注明的单位相一致。故企业无法通过劳务派遣、业务外包等方式招用外籍员工。

2. 劳动合同期限

《外国人在中国就业管理规定》第十七条规定，用人单位与被聘用的外国人应依法订立劳动合同。劳动合同的期限最长不得超过 5 年。劳动合同期限届满即行终止，按规定履行审批手续后可以续订。

3. 法律适用

外国人在华就业，适用中国法律。用人单位支付所聘用外国人的工资不得低于当地最低工资标准；在中国就业的外国人的工作时间、休息休假、劳动安全卫生以及社会保险按国家有关规定执行。

4. 社会保险

用人单位招用外国人的，应当自办理就业证件之日起 30 日内为其办理社会保险登记，依法为外籍员工缴纳社会保险。

聘用来自与我国签订有社会保险双边互免协议国家的员工，单位可按照社保双边互免协议为其缴纳社会保险。

5. 就业证的变更、延期及年检

外国人在就业期间变更用人单位、变更职务、护照号码、国籍、居住地点等，用人单位及外国人应当在规定时间内办理就业及居留证件的变更手续。就业证期限届满继续聘雇，用人单位应及时为其办理就业证延期手续。同时用人单位还应按规定为外国人办理就业证年检、注销等相关手续。

六、劳动争议案件处理

（一）劳动争议案件诉前阶段

劳动争议案件是指劳动关系的双方当事人之间，因劳动权利和义务发生纠纷而引发的诉讼案件。《中华人民共和国劳动争议调解仲裁法》第二条规定："中华人民共和国境内的用人单位与劳动者发生的下列劳动争议，适用本法：（一）因确认劳动关系发生的争议；（二）因订立、履行、变更、解除和终止劳动合同发生的争议；（三）因除名、辞退和辞职、离职发生的争议；（四）因工作时间、休息休假、社会保险、福利、培训以及劳动保护发生的争议；（五）因劳动报酬、工伤医疗费、经济补偿或者赔偿金等发生的争议；（六）法律、法规规定的其他劳动争议"。

我国劳动争议处理制度在程序操作上主要有三个步骤，可以简单归纳为"自愿调解，一裁两审"：第一步：在自愿协商的前提下，在企业内部进行调解；企业自身设有劳动争议调解委员会的，可向该调解委员会申请调解。第二步：调解未成的，可以向劳动争议仲裁委员会提起仲裁，进入劳动争议仲裁程序，这个程序是法定的前置必经程序。第三步：当事人对仲裁裁决不服的，可以向人民法院提起诉讼（一审），对于一审结果不服的当事人可以依法向一审法院所属的二审法院提起上诉（二审）。

劳动争议案件的诉前阶段非常重要，即员工申请仲裁之前，企业通过及时沟通介入解决，从而化解风险。一般可以通过工会或者内部的劳动争议调解委员会来处理，倾听员工诉求，梳理事实依据，及时解决矛盾。

（二）劳动争议案件仲裁阶段

劳动仲裁是劳动争议案件的法定前置程序，一旦发生劳动争议，双方可以向劳动合同履行地或用人单位所在地的劳动争议仲裁委员会申请仲裁。

用人单位收到仲裁申请书及相关材料后，应仔细研究分析申请人的相关诉请，及时通过公司的有关部门了解申请人在申请书中陈述的事实是否和实际情况相符，或向专业机构就案件的情况征询处理方案。结合案件事实、掌握证据及相关劳动法规，综合客观分析案件，制定仲裁策略。若发现案件事实不利于己方或仲裁成本过高，为避免诉累，可及时采用调解或和解方式解决争议，结合实际情况确定切实可行的调解方案，争取与员工达成一致。

劳动争议案件中有一种特殊的纠纷类型即社会保险纠纷。该类纠纷可能涉及社保行政部门，与一般劳动争议案件的处理方式上存在不同，需格外注意。实践中可能涉及的社会保险纠纷有以下两类。

（1）用人单位办理了社保手续，但因用人单位欠缴、漏缴、拒缴社会保险费或者因缴费年限、缴费基数等发生的争议。该类社会保险纠纷是征收与缴纳之间的纠纷，不是单一的劳动者与用人单位之间的社保争议。司法实践中，多数劳动人事争议仲裁委员会、人民法院不予受理，但也有部分地区予以受理该类纠纷。即使受理，补缴社会保险费具体事宜仍需前往有关社保部门具体办理。该类争议的解决，通常由社保缴费办理部门、执法部门予以处理。

（2）社会保险损失赔偿纠纷。指保险事故发生后，劳动者依照法律、法规的规定，要求用人单位赔偿因其不缴、少缴或迟缴社会保险费的行为所带来的社会保险待遇损失纠纷。此类社会保险纠纷是在劳动合同履行期间内产生，属于劳动争议案件。

用人单位对于劳动争议案件的仲裁裁决需注意一裁终局的情形，即关于追索劳动报酬、工伤医疗费、经济补偿或者赔偿金，不超过当地月最低工资标准 12 个月金额的争议以及因执行国家的劳动标准在工作时间、休息休假、社会保险等方面发生的争议。此类仲裁裁决为终局裁决，裁决书自作出之日起发生法律效力。用人单位不服裁决的只能向劳动争议仲裁委员会所在地的中级人民法院申请撤销裁决。

对一裁终局所涉规定以外的其他劳动争议案件的仲裁裁决不服的，当事人可以自收到仲裁裁决书之日起 15 日内向人民法院提起诉讼；期满不起诉的，裁决书发生法律效力。

（三）劳动争议案件诉讼阶段

1. 一审

劳动争议一审案件由用人单位所在地或劳动合同实际履行地的基层法院进行管辖。如果用人单位与员工分别向劳动合同履行地和用人单位所在地的基层人民法院起诉，由先受理的法院进行管辖。由于案件中实际履行地可能在外地，所以如果对仲裁裁决不服，用人单位应尽早在本地立案以降低诉讼成本。

鉴于在劳动争议仲裁阶段，已经进行过事实调查和证据质证。故在收到裁决书后，如果对于裁决中所述事实和法律依据不认可，应积极准备起诉，在起诉书中列明请求事项及事实依据，着重针对裁决书中事实认定不实部分来完善证据链。如果员工起诉，用人单位应着重针对诉讼阶段原告的诉讼请求进行分析，对于所涉的案件事实进行充分的调查，在原有劳动争议仲裁的基础上进一步完善证据材料。

劳动争议案件中为了平衡劳动者和用人单位之间的利益，用人单位往往需承担更多的举证责任，所以用人单位需重视证据的保存和举证。证据主要包括当事人陈述、书证、物证、视听资料、证人证言、电子数据、鉴定意见、勘验笔录八种。在诉讼过程中，也需关注己方和对方提交证据的真实性、关联性和合法性（合称"三性"），围绕证据三性进行举证质证。

用人单位不服人民法院第一审判决的，有权在判决书送达之日起15日内向上一级人民法院提起上诉。

2. 二审

二审程序是第二审人民法院根据上诉人的上诉，就第一审人民法院尚未发生法律效力的判决或裁定认定的事实和适用法律进行审理。二审主要是针对一审案件的纠错程序，用人单位须在庭前就一审判决书中的事实认定错误或法律适用错误部分做好充足准备。

二审案件可以进行调解，调解书送达后，原审人民法院的判决不发生法律效力。二审判决是终审判决，一经作出立即生效。

如果认为二审判决有误，当事人可以在判决或裁定生效以后6个月内向上一级人民法院提出再审申请。再审程序只是纠正生效裁判错误的法定程序，不是案件审理的必经程序，也不是诉讼的独立审级。实践中，由于再审审理的对象是确定的生效判决，因而启动再审程序的情况非常少见。

（四）劳动争议案件执行阶段

对于发生法律效力的调解书、裁决书和判决书，当事人应当在规定期限内履行。一方拒绝履行的，对方当事人可以向人民法院申请执行。

第三节　劳务派遣、业务外包与灵活用工

一、劳务派遣

（一）劳务派遣法律关系

劳务派遣是指劳务派遣单位（即用人单位）根据用工单位需要，将劳

动者派遣到用工单位工作。用人单位将本单位劳动者派往境外工作或者派往家庭、自然人处提供劳动的，不是劳务派遣。

劳务派遣单位、用工单位和被派遣劳动者三方之间形成三种法律关系：一是劳务派遣单位与被派遣劳动者之间的劳动合同关系；二是劳务派遣单位与用工单位之间的劳务派遣合同关系，也即民事关系；三是被派遣劳动者与用工单位之间的用工管理关系。

（二）劳务派遣机构经营资质

经营劳务派遣业务应当依法取得劳务派遣经营许可证。用人单位不得设立劳务派遣单位向本单位或者所属单位派遣劳动者，用人单位或者其所属单位也不得出资或者合伙设立劳务派遣单位向本单位或者所属单位派遣劳动者。

（三）用工单位的义务

由于用工管理在用工单位，因此用工单位应根据《劳动合同法》第六十二条的规定履行相应的义务，例如，支付加班费、绩效奖金等福利待遇，提供岗位必须的培训等。用工单位不得将被派遣劳动者再派遣到其他用人单位。

（四）用工岗位和用工比例

1. 用工岗位

劳务派遣用工只能在临时性、辅助性或者替代性（合称"三性"）的工作岗位上实施。用工单位决定使用被派遣劳动者的辅助性岗位，应当经职工代表大会或者全体职工讨论，提出方案和意见，与工会或者职工代表平等协商确定，并在用工单位内公示（即民主程序）。

劳务派遣单位不得以非全日制用工形式招用被派遣劳动者。

2. 用工比例

用工单位应当严格控制劳务派遣用工数量，使用的被派遣劳动者数量不得超过其用工总量的10%。用工总量是指用工单位订立劳动合同人数与使用的被派遣劳动者人数之和。

3. 不受用工岗位和用工比例的限制

外国企业常驻代表机构和外国金融机构驻华代表机构等使用被派遣劳动者的，以及船员用人单位以劳务派遣形式使用国际远洋海员的，不受三性和用工比例的限制。

（五）劳动合同期限

劳务派遣单位应当依法与被派遣劳动者订立 2 年以上的固定期限书面劳动合同。劳务派遣是否适用无固定期限劳动合同①的相关规定，各地的执行口径不一致，具体以各地规定为准。

（六）同工同酬

被派遣劳动者享有与用工单位的劳动者同工同酬的权利。用工单位应当按照同工同酬原则，对被派遣劳动者与本单位同类岗位的劳动者实行相同的劳动报酬分配办法。用工单位无同类岗位劳动者的，参照用工单位所在地相同或者相近岗位劳动者的劳动报酬确定。

（七）劳务派遣员工的退回

1. 退回及退回后的处理（见表 5 - 1）

表 5 - 1　　　　　　　　　　可退回的情形及退回后的处理

可退回的情形	退回后的处理
劳务派遣员工有《劳动合同法》第三十九条和第四十条第一项、第二项规定的行为	劳务派遣单位可据此与劳动者解除劳动合同
用工单位有《劳动合同法》第四十条第三项、第四十一条规定情形的	（1）重新派遣。重新派遣时维持或者提高劳动合同约定条件，被派遣劳动者不同意，劳务派遣单位可以解除劳动合同。 （2）待岗。被派遣劳动者退回后在无工作期间，劳务派遣单位应当按照不低于所在地人民政府规定的最低工资标准，向其按月支付报酬
用工单位被依法宣告破产、吊销营业执照、责令关闭、撤销、决定提前解散或者经营期限届满不再继续经营的	
劳务派遣协议期满终止的	

———————

① 详见第八章第三节六十三。

2. 退回限制

被派遣劳动者有《劳动合同法》第四十二条规定情形的，在派遣期限届满前，用工单位不得依据《劳动合同法》第四十条第三项、第四十一条规定的情形将被派遣劳动者退回劳务派遣单位；派遣期限届满的，应当延续至相应情形消失时方可退回。具体情形如下。

（1）劳动者从事接触职业病危害作业的劳动者未进行离岗前职业健康检查，或者疑似职业病病人在诊断或者医学观察期间的。

（2）劳动者在本单位患职业病或者因工负伤并被确认丧失或者部分丧失劳动能力的。

（3）劳动者患病或者非因工负伤，在规定的医疗期内的。

（4）女职工在孕期、产期、哺乳期的。

（5）劳动者在本单位连续工作满 15 年，且距法定退休年龄不足 5 年的。

（6）法律、行政法规规定的其他情形。

（八）工伤处理

被派遣劳动者在用工单位因工作遭受事故伤害的，劳务派遣单位应当依法申请工伤认定，用工单位应当协助工伤认定的调查核实工作。劳务派遣单位承担工伤保险责任，但可以与用工单位约定补偿办法。被派遣劳动者在申请进行职业病诊断、鉴定时，用工单位应当负责处理职业病诊断、鉴定事宜，并如实提供职业病诊断、鉴定所需的劳动者职业史和职业危害接触史、工作场所职业病危害因素检测结果等资料，劳务派遣单位应当提供被派遣劳动者职业病诊断、鉴定所需的其他材料。

（九）跨地区派遣

劳务派遣单位跨地区派遣劳动者的，劳务派遣单位应当在用工单位所在地为被派遣劳动者参加社会保险，按照用工单位所在地的规定缴纳社会保险费。被派遣劳动者享有的劳动报酬、劳动条件和社会保险待遇，按照用工单位所在地的标准执行。

劳务派遣单位在用工单位所在地设立分支机构的，由分支机构为被派遣劳动者办理参保手续，缴纳社会保险费。劳务派遣单位未在用工单位所在地设立分支机构的，由用工单位代劳务派遣单位为被派遣劳动者办理参保手续，缴纳社会保险费。

（十）劳务派遣单位与用工单位的连带责任

劳务派遣单位、用工单位违反有关劳务派遣规定的，由劳动行政部门责令限期改正；逾期不改正的，以每人 5 千元以上 1 万元以下的标准处以罚款，对劳务派遣单位，吊销其劳务派遣业务经营许可证。用工单位给被派遣劳动者造成损害的，劳务派遣单位与用工单位承担连带赔偿责任。

二、业务外包

业务外包是指企业为了获得比单纯利用内部资源更多的竞争优势，将其业务的一部分交由外部合作企业完成，从而达到降低成本、提高效率、分散经营风险、充分发挥自身核心竞争力和增强企业对环境的迅速应变能力的一种经营管理模式。

业务外包的实质为承包、承揽，即发包方把业务的一部分或者全部发包给外部专门机构（承包方），由承包方完成相应的业务工作；承揽人按照定作人的要求完成工作交付工作成果。

业务外包（尤其是服务外包）与劳务派遣在一定程度上具有相似性，因此《劳务派遣暂行规定》第二十七条规定，用人单位以承揽、外包等名义，按劳务派遣用工形式使用劳动者的，按照劳务派遣处理。即"假外包，真派遣"。

业务外包与劳务派遣具有如下区别。

（1）业务外包与劳务派遣的客体不同。外包的客体是"事"，派遣的客体是"人"。

（2）行使管理权的主体不同。业务外包中，由承包方对劳动者行使管理权；而劳务派遣中，则是由用工单位对劳动者行使管理权。

（3）侵权责任承担主体不同。劳动者因执行工作任务致他人损害的，业务外包由承包方承担，劳务派遣由用工单位承担。

三、灵活用工

随着互联网经济的迅猛发展，各种新产业、新业态、新模式不断出现，灵活用工也被越来越多的企业所采用。较传统的企业用工模式而言，灵活用工给了企业与劳动者更多选择，可以更好地满足企业和劳动者灵活多样的用工需求和就业需求。然而，灵活用工到目前为止并没有明确的法律定义。本章节所述的灵活用工包括实习生、见习生、非全日制用工及共享用工等。

（一）实习生

实习通常是指在校学生，根据学校教学目标和计划，由学校组织学生到各类企事业单位中开展的与其所学专业相关的实践性教学活动或者是在校学生自行利用课余时间到企事业单位进行工作实践的情形。

1. 实习的法律关系

实习生为在校学生，实习是其教学环节之一，非劳动法意义上的劳动者，目前司法实践中的主流意见是不建立劳动关系，建立劳务关系。

2. 实习协议的签订

企业招用实习生应当依法与实习人员、学校签订相关实习协议，明确相关权利义务。同时，依据相关规定，企业不得安排未满 16 周岁的学生进行顶岗实习；安排未满 18 周岁的实习生进行跟岗、顶岗实习的，应当取得学生监护人的知情同意书。

3. 实习报酬

企业与顶岗实习生应就实习报酬进行约定，实习报酬应当不低于相关规定的最低标准，并应按照实习协议约定以货币形式及时、足额支付给学生。

4. 实习管理与安全职责

企业作为实习单位，应当做好学生权益保障工作，严禁安排学生从事相关法律法规禁止的生产活动，遵守国家关于工作时间和休息休假的规定；健全安全生产规章制度和操作规程，配备必要的安全保障器材和劳动防护用品，加强对实习学生的安全生产教育培训和管理，保障学生实习期间的人身安全和健康。

5. 意外伤害事故的处理

企业可为实习生购买人生意外伤害保险或其他商业保险，并在实习协议中明确实习生遭受意外伤害事故时，实习单位、学校、实习生的责任承担模式，同时加强实习安全教育与提示，将该等情况发生的可能性降到最低。

（二）见习生

见习是帮助尚未就业的青年提升就业能力，尽快实现就业的就业扶持措施，是在政府的组织和帮助下，尚未就业的青年申请前往经政府审批确定的见习基地特定岗位进行适应性训练的一项就业准备活动。

1. 见习的法律关系

在见习期内，见习人员与企业（即见习基地）之间不建立劳动关系。

2. 见习单位

企业要开展见习工作的，应当按照各地政府相关文件的要求向政府机构提出申请，经当地政府相关机构审核批准后成为见习基地，再开展见习工作。如果企业未被认定为见习基地就招用"见习人员"，那么与见习人员建立的就不是见习关系。因此，在见习制度中，企业必须被核准为见习基地才能适格。

3. 见习人员

目前各地的见习制度中对于适用人员范围的规定各不相同，但均规定了见习人员必须满足特定条件才能参加见习。

4. 见习补贴

见习期间，政府会用财政资金向见习基地企业及见习人员分别发放见习补贴。

5. 人身保障

见习基地企业无须为见习人员缴纳基本社会保险，政府一般会为每位见习人员购买商业保险。见习人员在见习过程中因完成见习工作遭受人身伤害的，见习单位不承担工伤保险相关的责任，会由政府购买的商业保险承担理赔责任。

6. 见习管理

从各地的见习制度来看，是由政府相关机构专项负责见习工作，并有权对见习全流程实施监督管理。企业在成为见习基地后，应按当地政府规定的流程与要求招聘见习人员、签订见习协议，有序开展见习活动，并应建立健全见习管理制度，加强见习人员的生产安全管理，维护见习人员的合法权益。

（三）非全日制用工

非全日制用工是指以小时计酬为主，劳动者在同一用人单位一般平均每日工作时间不超过 4 小时，每周工作时间累计不超过 24 小时的用工形式。

非全日制用工对签订书面劳动合同无强制性规定，双方当事人可以订立口头协议，劳动者可以与一个或者一个以上用人单位订立劳动合同，但是，后订立的劳动合同不得影响先订立的劳动合同的履行。非全日制用工双方当事人不得约定试用期，任何一方都可以随时通知对方终止用工。终止用工，用人单位不向劳动者支付经济补偿。

此外，非全日制用工小时计酬标准不得低于用人单位所在地人民政府规定的最低小时工资标准，劳动报酬结算支付周期最长不得超过 15 日。

用人单位应当依法为非全日制用工的劳动者缴纳工伤保险，以分散用工风险。

（四）超过退休年龄人员用工

根据《劳动合同法》及《劳动合同法实施条例》规定，劳动者达到法定退休年龄或者开始依法享受基本养老保险待遇的，劳动合同终止。

关于企业职工的退休年龄，男 60 周岁，女干部 55 周岁，女工人 50 周岁。

司法实践中，对于达到退休年龄，已办理退休手续并开始依法享受基本养老保险待遇的人员，无论是本单位职工还是其他单位职工，一般认为与企业不再建立劳动关系，企业招用上述人员用工的，一般按劳务关系对待。但是，对于已达到退休年龄，尚未办理退休手续或者对于从未缴纳过基本养老保险费的"农民工"与企业形成用工关系后，是按劳动关系还是按劳务关系看待，在司法实践中存在一定争议，各地裁判尺度亦存在差异。企业在招用上述人员时，应注意避免合规风险。

（五）共享用工

共享用工是在共享经济流行的大背景下出现的一种用工模式，并无明确的法律定义。通常，广义的共享用工是指员工通过共享平台实现与用工需求方自愿有效匹配的工作方式，此种方式也被称为"众包"，其劳动关系如何认定尚无定论；狭义的共享用工指基于客观因素影响（如新冠疫情期间的停工停产等），用人单位对其员工进行的劳动再安排，其目的是为了缓解原用人单位的用工压力，满足实际用工方的用工需求。但原用人单位不得以营利为目的借出员工。通过共享用工，原用人单位将现在不能工作的员工派到借用单位工作。借用期满后，被借用人员继续回原用人单位工作。此种用工模式下，需要关注以下几个方面。

（1）劳动关系：共享用工不改变原用人单位和劳动者之间的劳动关系，原用人单位应保障劳动者的工资报酬、社会保险等权益，并督促借用单位提供必要的劳动保护,合理安排劳动者工作时间和工作任务,保障劳动者身心健康。

(2)工伤责任承担:《工伤保险条例》第四十三条第三款规定,职工被借调期间受到工伤事故伤害的,由原用人单位承担工伤保险责任,但原用人单位与借调单位可以约定补偿办法。

(3)共享用工协议的签订:如采取共享用工模式的,原用人单位(出借单位)、借用单位以及劳动者三方可通过签订民事协议明确各自的权利与义务。在共享用工协议中,原用人单位、借用单位以及劳动者可对借调期限、劳动者工伤的承担模式、劳动者医疗期、三期待遇的承担、违纪处理、商业秘密保护等内容作出细致的约定,以明确各自的权责归属、降低可能产生的法律风险,也为日后如果发生争议情况下的责任分担提供明确的处理依据与支持。

集团化企业中,上级公司向下属子公司委派管理人员或集团内部各成员单位间借调员工的,可参照上述方式操作。

第四节 海 外 用 工

在企业境外经营合规管理中,劳动用工领域是至关重要的一个方面;但是相对其他投资经营风险,劳动用工合规管理风险往往容易被忽略。《企业境外经营合规管理指引》为中国企业提升境外经营合规管理水平提供了指引,其中提到了"劳工权利保护",但企业海外用工过程中面临的风险与挑战远不限于此,包括用工模式选择、法律适用、出入境管理、税务以及劳动用工涉及的劳动安全保护、工时休假管理、个人信息保护、社保与工伤等方方面面。

一、外派员工

（一）外派员工的主要形式

为加强中国总部对境外企业的管理，在每家设立海外公司或开展境外项目的中国企业中，几乎都存在由中国总部向境外公司外派员工的现象。目前，企业员工外派主要有三种情形。

第一种是对外投资。境内企业根据《企业境外投资管理办法》等法律规定开展境外投资，将已签订劳动合同的自有员工外派至其境外投资项目，并为外派员工办理符合派驻地法律规定的工作手续。该种模式下，境内企业与外派员工签订劳动合同，双方之间存在中国法律项下的劳动关系；员工被派出后，其主要劳动关系发生在东道国，公司于当地发放薪资、缴纳社会保险的情况下，存在双重劳动关系。如员工长期在东道国工作却未与东道国企业签订劳动合同，未办理合规的工作签证等用工手续，则存在构成东道国非法用工的风险。

第二种是对外工程承包。根据《对外承包工程管理条例》，具有对外承包工程资质的境内企业与员工签订劳动合同，购买境外人身意外险，办理出境手续，将员工外派至境外承揽的工程项目。对外承包工程企业在招用外派人员的时候，可以自行招用，也可以通过中介机构招用，但是只能通过取得国务院商务主管部门许可并合法经营的从事对外承包工程外派人员的中介机构进行招用[①]。对外工程承包模式下，外派劳务人员从事的大多为低端劳动力工作，工资待遇相对较低，工伤风险较高，除了劳动关系本身应当缴纳的社会保险，还要求境内企业缴纳人身意外保险。需要注意的是，承包工程所在国的劳动用工法律法规也适用于外派的中国员工，企业应当保证外派员工在最低工资、工作时间、休息休假、劳动安全卫生等

---

① 详见第八章第三节六十四。

方面符合该国的最低标准。

第三种是对外劳务合作。根据《对外劳务合作管理条例》，境外分支机构作为外国雇主，与具有对外劳务合作资质的境内企业签订合作协议，由对外劳务合作企业与劳务人员签署服务合同或劳动合同，购买境外人身意外险，并办理出境手续。对外劳务合作模式下存在对外劳务合作企业、国外雇主与劳务人员三方的法律关系。对外劳务合作企业与国外雇主必须签订书面劳务合作合同，否则对外劳务合作企业不得组织劳务人员赴国外工作。用工项目所在国家或者地区法律规定企业或者机构使用外籍劳务人员需经批准的，对外劳务合作企业只能与经批准的企业或者机构订立劳务合作合同。对外劳务合作企业与劳务人员订立服务合同或者劳动合同时，应当将劳务合作合同中与劳务人员权益保障相关的事项以及劳务人员要求了解的其他情况如实告知劳务人员，并向劳务人员明确提示包括人身安全风险在内的赴国外工作的风险，不得向劳务人员隐瞒有关信息或者提供虚假信息。对外劳务合作企业应当负责协助劳务人员与国外雇主订立确定劳动关系的合同，并保证合同中有关劳务人员权益保障的条款与劳务合作合同相应条款的内容一致。

（二）外派员工的社保缴纳问题

在企业开展对外投资、海外工程承包的过程中，妥善解决外派员工的社保缴纳问题是保障劳动者权利，解决其后顾之忧的重要问题。企业需要了解员工外派国家的社保缴费模式、相关法律规定以及中国与东道国之间是否存在双边协定。在强制要求缴纳社保的国家，如公司未依法依规为外派员工缴纳社保，可能面临补缴及承担利息，缴纳罚款以及赔偿损失的风险。

截至 2023 年 6 月，我国已与 12 个国家签署了双边社保协定，包括德国、韩国、丹麦、芬兰、加拿大、瑞士、荷兰、法国、西班牙、卢森堡、日本、塞尔维亚。如果员工外派的目的地为以上国家，则企业可以依据外派员工在国内开具的参保证明免缴协定豁免的部分社保。

二、海外属地化用工

属地化用工是指跨国企业的海外子企业或项目部按照所在国家（地区）相关法律法规，根据实际需要直接雇佣或使用当地人力资源。随着中国企业走出去步伐的加快，中国企业在境外雇佣外方员工的数量大幅增加，但由于企业长期在国内经营，对其他国家国情认识不足，对国外法律制度、执法口径、社会文化背景等缺乏了解，往往会导致劳动用工关系冲突和风险的出现，从外部环境来说，主要包括以下四个方面的风险。

（一）劳动力成本差异引发的风险

由于社会经济发展状况的不均衡，不同国家地区的劳动力成本存在较大差异。存在部分国家和地区用人成本明显高于或低于国内平均水平。如何进行薪酬体系的整合是国内企业跨国并购时需要考虑的重要问题。

（二）劳动用工政策差异引发的风险

国内企业选择对外投资就意味着要接受东道国劳动政策法规的规制。随着国际化不断深入，外国政府对国外企业和承包商的监管越来越强，制裁手段也越来越严厉，了解当地法律法规对劳动者薪酬、福利、劳动保护、健康安全保护方面的规定对于投资项目的稳定经营有着重要影响。劳动用工政策差异引发的主要风险点包括劳务配额制度、劳工权利制度等。

劳务配额政策是引发境外劳动用工风险的重要因素，各个国家和地区为保护本国或本地区公民就业，会根据当地实际和项目投资规模给予境外企业一定的劳务配额，对外来人员的签证和居留进行严格限制。劳工权利是指法律规定的劳动者所享有的与劳动有关的政治权利、经济权利和社会权利，包括劳动保护、最低工资、工作时间、劳工福利、社会保险等。

（三）工会组织差异引发的风险

工会制度在各国劳动用工法律关系中发挥着重要的作用，对履行雇主责任义务、保护劳工权利、实现员工有效管理和劳资争议调解均有特殊意义。企业应在从前期调研到项目落地执行的各个环节中重视境外工会的作用，将工会管理纳入劳动用工合规管理体系内，有效发挥工会组织的积极作用，提升企业集体协商与谈判能力，建立跨文化沟通和境外职工权益保护的有效平台。

（四）政治制度和人文环境差异引发的风险

国内企业海外投资，代表着中国企业的国际形象，必然要受到国际政治文化背景的影响。由于在政治体制、经济体制、文化观念等方面存在差异，企业海外用工管理应制定更加严格和全面的制度规范，坚持可持续发展理念、履行企业社会责任等内容均应纳入员工日常管理的行为规范。此外，文化观念和宗教观念的差异也可能引发矛盾乃至冲突事件，应注意加强事前预防。

对于属地员工的管理，一是应当充分考虑当地政治经济状况和人文环境，在沟通和尊重的基础上，包容互信，建立跨文化的沟通体系和多样化、人性化的管理制度；二是要正确认识工会的作用，学会与工会正面、良性的沟通，履行跨国企业的社会责任；三是应当在尊重本地员工文化、传统、习惯的基础上充分发挥其主观能动性，建立科学有效的激励机制，提供符合市场环境的薪酬福利待遇，为外籍员工提供培训和发展的机会。

三、海外用工风险防控建设

（一）开展必要的尽职调查

国内企业没有合理应对海外劳动用工合规风险导致利益受损，其中首要原因是对东道国的劳资状况、劳动法律政策及人文环境缺乏了解。因此，企业在实施海外用工之前，应开展必要的尽职调查，识别东道国劳动用工政策、劳动就业环境、劳动用工文化、工会制度等相关风险，制定预防与应对措施。通过尽职调查，充分预估可能发生的风险，制定科学有效的防范措施能够有效减少风险的发生。

（二）合理确定海外用工模式

企业应根据海外生产经营的实际需要合理确定海外用工模式，进而依照相关法律法规对员工进行规范管理。应注意避免未办理东道国合法用工手续的非法用工，也应注意避免法律关系不清晰、用工关系混同等情况出现。值得注意的是，在对外劳务合作用工中，与对外劳务合作企业签订合作协议的主体应是国外雇主，与东道国劳动者签订雇佣协议的主体应是国外雇主。

（三）严格遵守东道国法律法规

劳动用工政策具有极强的地域属性，不同国家和地区之间的法律规定可能存在巨大差异。部分境外企业管理人员基于其在国内的管理习惯，很可能在"无意中"违反了东道国法律法规。企业在海外用工过程中应严格遵守东道国法律法规，提示特别关注，海外员工是否取得东道国就业许可、境外企业雇用中方员工的比例是否超过当地法律规定的限制、境外企业是否执行了当地工会、职工权益保护等方面的法律规定等。

（四）建立长效工作机制

劳动用工合规管理，尤其是海外劳动用工合规管理是一个动态而复杂的过程，需要建立长期的风险识别和防范机制。第一，企业的人力资源、法务合规等部门需要时刻关注东道国劳动相关政策法规，并以此为依据调整企业劳动用工政策，建立尊重差异、信守承诺、平等互利共赢的企业劳动用工机制；第二，企业应当建立防范预警机制、制定风险处理预案，一旦发现异常情况，应当及时分析研究上报，采取必要的手段消除隐患；第三，建立通畅的沟通协商渠道，及时处理员工投诉，加强内部谈判协商能力建设，一旦发生争议，企业能够及时与员工进行沟通调解，积极防范和化解劳动争议纠纷。

第六章　世界银行制裁应对合规管理指南

第一节　世界银行制裁制度

一、世界银行制裁制度概述

（一）概念

世界银行由国际复兴开发银行、国际开发协会、国际金融公司、多边投资担保机构和国际投资争端解决中心五个成员机构组成。世界银行向发展中国家提供长期贷款和技术协助来帮助这些国家实现它们的反贫穷政策。世界银行的贷款被广泛运用在各个领域中，从对医疗和教育系统的改革到诸如堤坝、公路和国家公园等环境和基础设施的建设。除财政帮助外，世界银行还在所有的经济发展方面提供顾问和技术协助。

世界银行的制裁制度是指世界银行对参与世界银行资助项目、从事符合定义形式的欺诈、腐败、串通、胁迫或妨碍行为（通称"欺诈和腐败"）的个人和实体进行制裁的安排。世界银行于 1996 年颁布了《国际复兴开发银行贷款和国际开发协会信贷采购指导方针》（以下简称《采购指导方针》）和《世界银行借款人选择和聘请咨询顾问指导方针》（以下简称

《咨询顾问指导方针》），为世界银行制裁在货物、工程或非咨询服务的采购、咨询顾问的选择或任何相关合同的执行中被查实有欺诈或腐败行为的公司和个人提供了依据。1998年，世界银行成立由高级职员组成的制裁委员会，对涉及案件进行处理；1999年，世界银行实施了第一次制裁，并宣布将不给任何涉嫌贪污受贿的国际公司以投标资格，禁止其参与由该行资助的所有工程项目，当年即有9家企业被永久禁止参与世界银行资助的工程项目；2001年，世界银行成立廉政局（Department of Institutional Integrity，INT）负责调查有关世界银行工作人员和贷款项目的欺诈和腐败举报；2006年，世界银行对其制裁制度进行了一系列的改革，制定了预防和打击世界银行资助项目中腐败行为的《关于预防和打击国际复兴开发银行贷款和国际开发协会信贷和赠款资助项目中的欺诈和腐败行为的指导方针》（以下简称《反腐败指导方针》），明确规定了借款人和其他贷款资金接受者应采取哪些行动来预防欺诈和腐败的发生，以及发生后如何善后处理，旨在协助保证世界银行在世界各地资助的项目在所有方面均统一遵守最高的道德操守标准，以保证贷款资金被用于促进发展和减少贫困这一特定用途。

（二）适用范围

世界银行的制裁体系是一种行政补救措施，而不是刑事处罚，旨在保护由世界银行托管的资金，同时在决定被控方是否会受到制裁以及将实施何种制裁之前，被控方享有相应的抗辩权利。根据世界银行的《制裁程序》[①] 规定，其制裁体系不仅适用于与国际复兴开发银行（IBRD）、国际开发协会（IDA）相关的案件，还适用于国际金融公司（IFC）、多边投资担保机构（MIGA）、世界银行担保项目（包括部分风险担保和部分信用担保），以及世界银行碳融资项目（Carbon Finance Operations）相关的案件。

---

① 全称为 Bank Procedure：Sanctions Proceedings and Settlements in Bank Financed Projects。

二、"应制裁行为"的定义与判定原则

（一）"应制裁行为"的定义

根据《反腐败指导方针》，"应制裁行为"（sanctionable practices）包括腐败、欺诈、串通、胁迫和妨碍行为，具体定义如下。

腐败行为是指直接或间接地提供、给予、接受或要求任何有价值物品，以不正当地影响另一方的行为。

欺诈行为是指通过任何作为或疏忽，包括虚假陈述，故意或罔顾后果地误导或试图误导一方，从而获得经济或其他好处，或避免承担某种责任。结合行业实践，欺诈行为的表现方式往往包括：为了满足招标要求，提交虚假的文件以伪造以往的资质（合同价值、完成日期）、财务周转情况等；提交虚假的投标保函、履约保函或制造商授权等；不披露代理和佣金、分包商等；不披露利益冲突等。

胁迫行为是指直接或间接地削弱或损害，或威胁削弱或损害任何一方或其财产，从而对其行为产生不当影响。

串通行为是指双方或多方之间的共谋，旨在实现不当目的，包括对第三方的行为产生不当影响。

妨碍行为是指故意破坏、伪造、改变或隐瞒调查所需的证据材料或向调查官提供虚假材料，实质妨碍世界银行对被指控的腐败、欺诈、胁迫或串通行为进行调查，和/或威胁、骚扰或胁迫任何一方使其不得透露与调查相关的所知信息或组织继续调查，或对世界银行行使其审计、检查或获取信息的合同权构成实质性妨碍。

（二）"应制裁行为"的证据标准

国际通行的刑事司法调查普遍遵循无罪推定（presumption of inno-cence），即任何人在未经证实和判决有罪之前，应视其无罪。在无罪推定中，检控方承担着举证责任，并且承担因证据不足而指控失败的风险。对

比来看，世界银行遵循"更多可能性"（more likely than not）的证据标准，只要"更可能"，世界银行就可以判定证据足够。

《反腐败指导方针》并未规定违规行为必须已完成或达到其目的才构成应制裁行为。例如，提出向另一方支付腐败款项即构成腐败行为，无论对方是否接受或贿赂是否达到了目的，均可加以制裁。

三、世界银行的制裁措施

（一）五类制裁措施

世界银行《制裁程序》规定了制裁在世界银行资助项目中从事应制裁行为的公司和个人可采取的措施；明确了相关流程，以确保世界银行管理使用的资金用于指定用途。结合《反腐败指导方针》的规定，世界银行可对从事腐败和欺诈行为的贷款资金接受者处以下多种制裁。

谴责信（letter of reprimand），即向被制裁方发出正式的斥责信[①]。

取消资格（debarment），即永远或在规定的期限内取消被制裁方参与世界银行项目的资格。

有条件恢复资格（debarment with conditional release），即被制裁方直至满足规定的条件才能够恢复投标资格，此为世界银行默认或最常用的制裁方式。

有条件的不取消资格（conditional non-debarment），即被制裁方被告知，除非其遵守特定的条件，即采取特定措施以保证欺诈和腐败行为不会再次发生（例如实施合规计划）和/或赔偿因其行为所导致的损害（如退款），否则将被制裁。

返还得利（restitution），即向政府或欺诈和腐败的受害者退还所有不

---

① 根据世界银行 2022 制裁年报数据，在 2018～2022 财年期间，世界银行制裁委员会做出的共计 55 份制裁决定中，仅有 5.5% 采用的谴责信这种制裁方式。

正当所得。

（二）制裁的后果

制裁会导致被取消资格的公司和个人不得参与由世界银行贷款或资助的项目或获取项目下的合同，取消资格的范围会涵盖其"附属公司"，即由被取消资格的公司或个人直接或间接控制的任何法律实体。任何制裁的实施将适用于制裁对象的承继者和转让者。世界银行还将在网站上公布制裁对象的身份及相关制裁措施。[①]

需要说明的是，世界银行一般不制裁会员国政府或政府官员。如果某政府内发生欺诈或腐败，世界银行会与该政府一道处理此问题；如果无法找到解决办法，世界银行可依照其与该国的法律协议采取行动。世界银行可暂停拨付贷款和/或注销未拨付贷款款项，并可要求提前偿还贷款。世界银行可在以下情况下采取行动。

一是世界银行认定发生了与贷款资金有关的欺诈或腐败行为，而借款人未采取及时和适当的行动。

二是借款人（如借款人不是会员国）在其他项目中受到了制裁。

三是借款人或其他贷款资金接受者未遵守其在《反腐败指导方针》项下的义务。

（三）交叉制裁（cross-debarment）

2006年2月，非洲开发银行、亚洲开发银行、美洲开发银行、欧洲投资银行、欧洲复兴开发银行、国际货币基金组织及世界银行的负责人宣布成立打击腐败的国际金融机构（IFIs）联合工作小组。各银行的领导人同意有必要统一各自对腐败的定义，提高各自调查规则和程序的一致性，加强信息交换以及确保一个机构采取合规及执法行动时得到所有其他机构的支持。2010年7月1日，非洲开发银行、亚洲开发银行、欧洲复兴开发银

[①] 被制裁名单请参见世界银行网站。

行、泛美银行集团与世界银行集团 5 家多边开发银行达成《共同实施取消资格决定协议》，只要公司或个人一旦被公开取消资格，且制裁期间超过 12 个月，该公司或个人就会同时被其他几家多边开发银行（MDBs）联合制裁，失去其资助项目合同的投标资格。

根据世界银行 2022 制裁年报数据①，2022 财年，世界银行承认了 72 项来自其他多边开发银行的交叉制裁，30 项世界银行的制裁裁决获得其他多边银行的承认。

四、影响世界银行制裁结果的因素

根据《世界银行集团制裁指南》（以下简称《制裁指南》），对于所有不当行为的制裁基准（base sanction）为三年期的有条件恢复资格（3 year debarment with conditional release），在这个基准上，世界银行会根据不当行为的性质，综合考虑其加重和/或减轻情节，在三年期有条件恢复资格的基础上进行增减，以确定最终的审理结果。具体包括加重和减轻因素。

（一）加重因素（aggravating factors）

1. 不当行为的严重程度（severity）

不当行为本身的严重程度会导致制裁增加 1~5 年。这类行为包括：（1）重复的行为模式，即不当行为反复出现；（2）从事禁止行为的手段老练、复杂，比如精心策划某项不当行为，运用多种手段使不当行为隐藏掩盖极深，参与人数或组织机构众多，持续时间很长，或涉及多个司法管辖区域等；（3）在不当行为中起核心作用，比如是组织者、策划方或牵头方；（4）被调查方与政府官员或世界银行工作人员合谋从事不当行为等。

---

① 世界银行制裁年报由世界银行集团制裁系统办公室编制，内容包括廉政局（INT）、资格暂停与取消办公室（OSD）、制裁委员会及其秘书处等。2022 制裁年报涵盖 2021 年 7 月 1 日至 2022 年 6 月 30 日。

2. 不当行为造成的危害程度（harm caused）

不当行为造成的危害程度会导致制裁增加 1 ~ 5 年。这类行为包括：（1）对社会公共安全与健康造成损害，包括可预见的身体伤害或死亡，以及使公共健康或安全处于危险之中；（2）对项目的危害程度高，比如履约能力低下，商品或服务的质量或数量不符合合同条款要求，以及工期延误等。

3. 是否干扰世界银行调查（interference）

干扰世界银行的调查会导致制裁增加 1 ~ 3 年。这类行为包括：（1）在调查过程中从事干扰行为，具体包括蓄意销毁、篡改、隐瞒或改变证据材料，为了对调查造成实质性的阻碍对调查人员提供虚假陈述，威胁、骚扰或恐吓协助调查的其他人员等；（2）胁迫或给证人付费，比如被调查方威胁对证人的财产、工作、名誉产生伤害或已经造成伤害，以及被调查方为了阻止证人与世界银行合作，作为交换对其进行支付等。

4. 是否受过处罚

曾被裁定存在不当行为，已被施加取消资格的制裁或其他处罚，会导致世界银行将制裁期限增加 10 年。被处罚的历史不仅限于世界银行制裁，受过其他多边开发银行的制裁也包括在内。

（二）减轻因素（mitigating factors）

1. 起次要作用

在不当行为的行使中扮演次要角色，减轻惩罚的幅度可以达到 25%。这类行为包括：行为人起次要作用或参与不深，公司高层决策机构无人参与、纵容或故意无视不当行为的发生。

2. 自愿采取纠正措施

主动采取措施修正不当行为，减轻惩罚的幅度最高可达 50%。这类行为包括：（1）暂停不当行为；（2）对涉事人员采取内部行动：公司经理层采取一切适当的手段来处理不当行为，包括对相关员工、代理或代表行为采取适当的惩戒和/或补救措施；（3）有效的合规计划：建立、加强以及实施公司廉政合规计划（后文还将阐释），实施的时间、范围以及成果质量都非常重要；（4）赔偿或经济补偿：被调查方自愿弥补合同执行中的任何缺陷，或退还因不当行为获取的利益。

需要说明的是，自愿采取纠正措施四种行为的时间点对判定减轻处罚的幅度非常重要，因为表明了行为人悔意的真诚度、意图悔改的决心，以及为了降低不当行为的损害结果所专门采取的补救措施力度。

3. 配合调查

配合世界银行廉政局调查，减轻惩罚的幅度最高可达33%。这类行为包括：（1）支持与合作：根据廉政局的陈述确定被调查方是否对调查行为提供了实质性的帮助与支持，包括自愿披露行为，提供信息与证言的真实性、完整性与可靠性，提供支持的性质与程度，以及协助的及时性等；（2）开展内部调查并分享给廉政局：被调查方对不当行为采取自行的、行之有效的内部调查，并将调查结果及其相关事实证据与廉政局分享，并且鼓励被调查方扩大内部调查行为的范围并将结果与廉政局分享；（3）承认过错或承担责任：在调查阶段尽早承认违规事实或承担全部责任，比调查进行很久再承认减轻幅度会更大；（4）自我限制措施：在调查结束之前自愿主动放弃参与世界银行融资项目也会被认为是一种配合行为。

第二节　世界银行制裁程序

根据世界银行《制裁程序》规定，世界银行的制裁体系是一种通过两级程序打击欺诈与腐败的行政程序。针对《反腐败指导方针》中规定的腐败、欺诈、串通、胁迫和妨碍等"应制裁行为"，世界银行制裁的基本程序可概括为调查程序、制裁审理程序和制裁解除程序。

一、调查程序

（一）世界银行廉政局（INT）

世界银行廉政局创建于 2001 年，是一个独立运行的专门调查机构（副行长级），负责调查世界银行集团资助项目中针对欺诈、腐败、串通、胁迫和妨碍等不当行为的指控（外部调查）以及世界银行内部员工行为不端的指控（内部调查）。廉政局由调查员、律师、法务会计师、风险管理专家、经济学家、数据分析师以及信息系统专家等组成。外部调查程序包括：投诉受理、案件调查、撰写最终调查报告、递交指控和证据陈述书等。

为提高案件调查的针对性和效率，INT 建立了案件调查优先级制度。针对权限以内的投诉，INT 会综合考虑案件对世界银行声誉影响、涉案金额、举报的可信度以及证据的充分性等因素确定优先级。INT 只对优先级较高的案件进行调查，主要目的是将有限的调查力量集中到证据较为充分的案件中。

根据世界银行 2022 制裁年报数据，廉政局当年共收到 3380 份投诉，对 330 个外部投诉进行了初步调查，认为证据充分并开展正式调查的案件为 48 个，针对 31 例提交最终调查报告（FIRs）。

（二）廉政局的调查权与审计权

1. 调查权与审计权

世界银行将调查与审计条款包含在世界银行贷款融资项目的招标文件与合同中，要求投标人、供应商和承包商及其分包商、代理、人员、顾问、服务提供商或供应商允许世界银行检查所有档案、财务记录和其他文件；世界银行要求所有与投标和合同履行有关的文件，都需交由世界银行指定的审计师审计。

这即是为什么通过国际金融机构贷款的项目中，承包商与业主签订合同的特殊条款中都会有关于"出资人有权利对执行合同/项目相关的（会计）文件进行审计"规定的原因。如被调查方对廉政局行使审计或获取信息的合同权利构成实质阻碍，其行为属于上文中提到的"应制裁行为"中的"妨碍"。

2. 调查与审计的重点

廉政局在审计时会特别关注以下内容：是否多个合同刚好低于采购门槛，项目中是否使用代理或第三方咨询机构，第三方咨询公司是否与外国官员有关或有密切的联系，代理费或商品价格是否过高，报价最低的投标人没有中标，某一个投标人多次或无正当理由地中标单一来源合同，一项合同无正当理由地改变条款或金额，一项合同多次变更订单，以及产品或服务质量低劣，或未能一次性交付等。

3. 质询信（show cause letters）

当廉政局遵循"更可能"证据标准找到足够的证据之后，即会发正式信函给被调查方，详细说明对可能遭受制裁行为的指控和支持指控的证据，提供被调查方机会以解释为什么其不应该受到制裁，同时也可能提供被调查方通过协商谈判或正式制裁程序来解决案件的选项。该协商谈判即是后文将详述的"和解"。

被调查方收到质询信以后，可提交书面"回复"（response），在回复中，被调查方可驳斥指控或承认指控，如果承认指控，被调查方会被减轻可能的制裁；被调查方也可以表示有意愿与廉政局进行协商谈判。如果被调查方不回应质询信，不会影响廉政局的调查以及后续的审理程序，但是会丧失解释、驳斥或者协商谈判的机会；廉政局也会对其指控做消极解释。

（三）廉政局重点审查的文件类型

一是文件类，具体包括：与投标、合同及谈判有关的文件及会议纪要，往来信函（纸质和电子版，公司和非公司电子邮件），与代理商、合资公司合作伙伴、顾问、分包商、供货商、供应商、服务提供商，任何第三方的法律文件、协议（最终版及草稿），组织架构图，简历和联络信息，内部和外部审计报告，以及管理层信件等。

二是财务记录类，具体包括：发票、证明文件，包括收据、工时统计表、银行对账单，会计总账、分类账、财务报告、预算、损益表，行政费用、人事经费、管理费用，费用报告与支持文件，所有存款、取款、付款的现金账簿，以及营销、促销和业务发展支付款项等。

（四）被提前资格暂停

廉政局可能在调查阶段，即还未经世界银行的制裁审理程序，就申请暂停被调查方参与世界银行资助项目的投标资格，这种情况被称为提前资格暂停（early temporary suspension）。廉政局申请提前资格暂停的前提条件是：调查虽未结束，廉政局相信已有充足的证据表明被调查方至少存在一项应制裁行为，且调查成功结案的可能性很高，以及其在一年内能够向暂停主管提交"指控声明及证据"。满足以上条件的情况下，廉政局向暂停主管提交"资格暂停请求"。如果暂停主管确定证据充足，足以证明被调查方至少存在一项应制裁行为；或被指控后可能处以 2 年以上制裁，暂停主管可能发布"资格暂停通知"，即在"制裁审理通知"作出之前就对被调查方提前实施资格暂停。

根据世界银行 2022 制裁年报数据，暂停主管在 2018～2022 财年共计对 155 个被调查方（包括公司及个人）进行了提前资格暂停。

二、制裁审理程序

（一）第一级制裁审理程序——暂停主管

世界银行于 2007 年建立起两级制裁审理机构和程序，第一级即是世界银行资格暂停与取消主管（Chief Suspension and Debarment Officer，SDO），SDO 是世界银行资格暂停与取消办公室（Office of Suspension and Debarment，OSD）负责人，负责独立评估 INT 移交的案件，并对被调查方无异议的案件施加制裁。

INT 认为证据充分的案件，将向 SDO 提交"指控声明及证据"（statement of accusations and evidence，SAE），申请 SDO 对指控的不当行为进行审理。如果 SDO 认为证据充足，将向被调查方发出"制裁审理通知"（notice of sanctions proceedings，NoSP），通知中包括指控、证据、SDO 拟采取的制裁措施、被调查方"说明"（explanation）的权利、SAE、世界银行的制裁规则等内容。SDO 还可能建议对被调查方的分支机构实施制裁，在这种情况下，该分支机构也将收到一份"制裁审理通知"。

通知发出后，被调查方及其分支机构将暂停获得世界银行资助项目合同的资格，等待制裁审理的最终结果。公司或个人可选择不对指控或建议的制裁措施提出异议，90 天后暂停主管所建议的制裁措施生效。如制裁期超过 12 个月，还将触发其他多边开发银行的交叉制裁。据世界银行官方统计，自 2007 年成立以来，平均 67% 的案件在暂停主管一级得到解决①。

根据世界银行 2022 制裁年报数据，廉政局当年向 OSD 提交了 18 例指控以及 12 例和解案件，8 个案件因证据不足被 SDO 退回进行补充修订；SDO 全年对 14 个案件发出制裁审理通知，对 20 个被调查方（包括 14 家公司以及 6 个人）进行了提前资格暂停（TS）。

（二）第二级制裁审理程序——制裁委员会

在制裁审理过程中，如果被调查方对 SDO 发出的"制裁程序通知"有异议，可以书面"回应书"（response）的形式向制裁委员会（sanction board）上诉。世界银行制裁委员会是一个独立的行政法庭，由七名外部法官组成②，由世界银行行长提名，并由世界银行执行董事会任命。制裁委

---

① 资料来源：《世界银行 2022 制裁年报》，第 34 页。

② 制裁委员会 2016 年进行改革，7 名成员全部来自世界银行外部，IBRD 和 IDA 的执行董事负责任命其中 3 名、IFC 与 MIGA 的执行董事各自任命 2 名。2016 年以前，制裁委员会由 3 名世界银行工作人员和 4 名外部成员组成。

员会负责世界银行第二级制裁审理程序，对上诉案件进行事实重审。针对被调查方提交的回应书，INT 也可以向制裁委员会提交"答辩"（reply）。

制裁委员会审议"通知"中提出的指控和建议，并听取相关公司或个人的任何答辩，重新审核案件的所有证据；被调查方和 INT 均可申请召开听证会，制裁委员会也可自行决定举行听证会。听证程序结束，制裁委员会确定是否存在应制裁的行为，如果证据充分，制裁委员会裁定被调查方存在一项或多项应制裁行为，将对被调查方实施制裁，并在适当情况下对其分支机构实施制裁。制裁委员会的"决定"（decision）是终局且即刻生效的，"决定"的全文会在世界银行官网公布①，无论是廉政局还是被调查方，都不能对制裁委员会的"决定"再进行申诉。如果制裁委员会认为证据不足，则制裁程序终止。

根据世界银行 2022 制裁年报数据，制裁委员会当年公开发布了 4 份制裁决定；2018～2022 财年，上诉至制裁委员会审理的案件共有 39 起，其中 2% 的案件被认定不构成不当行为，另有 54% 的案件被处以低于 SDO 建议的制裁措施（包括谴责等较轻的制裁措施）；有 36% 的案件被处以高于 SDO 建议的制裁措施。

三、和解程序（settlement agreement）

（一）和解的程序介绍

根据世界银行规则，即使制裁程序已经开始，在 SDO/制裁委员会发布最终决定之前，被调查方都可以和廉政局进行谈判以达成和解。和解协议由被调查方与廉政局签署，被调查方必须是自愿（voluntarily）签署该协议，且协议签署前需通过世界银行总法律顾问的审核，并最终得到 SDO 的批准。和解谈判可在调查或审理阶段任何时候启动，只要双方达成合意。

———————————

① 世界银行从 2012 年开始在网站公开发布"决定"全文，具体请参见世界银行网站。

如果进行和解谈判，被调查方需答应廉政局提出的条件以减轻制裁，一般为有条件的不取消资格，或相对短时间、牵涉面较窄（如不波及母公司）的有条件恢复资格制裁。

不同阶段与廉政局展开和解谈判，被调查方自身的谈判筹码不同，廉政局给出的和解条件也会不一样。判断是否开展和解谈判及接受什么样的条件，要根据被调查方自身的情况来做判断，比如被调查方与廉政局继续对抗的筹码是否充足、其自身是否有不当行为，以及能否找到充足的法律依据、国际惯例或行业规范做证据支撑等。

（二）达成和解的条件

如果选择和解，被调查方需答应廉政局以下条件，作为和解的前提：一是要承认廉政局的指控。愿意承认过错，这是最重要的和解前提。二是同意接受制裁，且同意该制裁适用于附属公司和附属机构。三是向世界银行全面披露不当行为。针对公司过去在世界银行资助项目中的欺诈或腐败等不当行为展开全面的内部调查，并向世界银行披露调查结果。四是配合廉政局的调查。根据双方的和解谈判，廉政局一般会选择公司过去参与的3个世界银行资助项目进行调查，或者让公司进行自查，公司需全面配合廉政局的调查。五是采取纠正和补救措施，防止不当行为的再次发生。六是按照世界银行规则严格实施内部合规计划，由世界银行核准的合规专员（monitor）对此进行监督。七是自愿停止参与世界银行资助项目的投标。八是可能会充当告密者，向世界银行揭发自查过程中发现的其他公司或个人的不合规行为等。

作为交换条件，被调查方可能不会被世界银行列入"黑名单"，也可能不会受到其他多边开发银行的联合制裁。双方会就和解签订保密协议，在和解协议执行过程中，协议签署方必须严格遵守约定进行自查自纠，未来项目投标或执行过程中不能再出现违规行为，否则和解协议被终止，公司按照协议约定或《制裁程序》中规定的方式被重新处以有条件恢复资格制裁或更严厉的永久制裁等惩罚。

根据世界银行 2022 制裁年报数据，当年世界银行共计审核了 15 份和解协议（12 份提交给 SDO，3 份提交给 IFC 项下的 EO）；基于和解协议，世界银行对 18 个主体进行了制裁。2018～2022 财年，世界银行基于和解协议共计对 120 个主体进行了制裁，其中 61.5% 都是采取的有条件恢复资格制裁。

四、制裁解除程序

（一）诚信合规办公室（ICO）

2010 年，为促进诚信合规计划的实施，弘扬诚信原则，抑制不当行为，世界银行在廉政局下设诚信合规办公室（ICO）。诚信合规办公室的主要职责是监督被制裁方的诚信合规整改措施执行情况，独立确定他们是否满足制裁解除的条件。在五类制裁措施中，如果企业或个人被世界银行处以有条件恢复资格或有条件的不取消资格这两类制裁，则需要经过诚信合规办公室评定满足相关条件，方可解除制裁。

鉴于《制裁指南》把制裁基准设定为"三年期的有条件恢复资格"，越来越多的企业或个人需经诚信合规办公室评定，方可解除制裁，进而重新获得参与世界银行出资项目的机会。

根据世界银行 2022 制裁年报数据，当年诚信合规办公室评定 22 个被制裁方满足解除制裁的条件。2012～2022 年，诚信合规办公室总计评定了 159 个被制裁方满足解除制裁的条件。

（二）《世界银行集团廉政合规指南概要》（以下简称《概要》）

诚信合规办公室需要基于适用的世界银行制裁文件中阐明的条件，根据被制裁方的情况，确定被制裁方是否满足解除制裁的条件。适用的世界银行制裁文件可以是暂停资格主管的制裁决定，可以是制裁委员会的制裁决定，也可以是和解协议。

根据个案情况，解除制裁的条件可能包括：

（1）在规定的时间内，有效建立并实施符合《世界银行集团廉政合规指南》① 标准的诚信合规计划。

（2）参与完成诚信合规培训。

（3）有效实施投标合规管控。

（4）在世界银行调查其他涉嫌违反《反腐败指导方针》的行为时，给予一切合理配合，提供相关信息。

（5）针对个案违规的具体情况，就具体工作项展开内部调查，向世界银行汇报。

（6）其他根据个案情况而提出的有针对性的补救措施。

其中，被制裁方有效建立并实施符合《世界银行廉政合规指南》标准的诚信合规计划是最常见的解除制裁的条件。

《世界银行集团廉政合规指南概要》（以下简称《概要》）共十一条，罗列了国际公认的反欺诈与腐败的良好实践的标准、原则和组成部分，包括禁止不当行为、责任、计划的启动/风险评估和审查、内部政策、关于业务伙伴的政策、内部控制、培训和传播、激励措施、报告、对不当行为的补救、共同行动。被世界银行制裁的企业或个人应熟知《概要》内容。本指南对《概要》的分析，详见本章第四节。

（三）ICO 评定规则

诚信合规办公室评定被制裁方是否满足制裁解除条件的程序和规则简要归纳如下。

（1）一旦世界银行作出正式的制裁决定，如果涉及有条件恢复资格或

---

① 世界银行在其官网上公开发布了《世界银行集团廉政合规指南概要》。但是通过互联网检索，可检索到美国 Wallenstein Law Group 在网站上发布了《世界银行集团廉政合规指南》，共计 16 页，较世界银行发布的《世界银行集团廉政合规指南概要》篇幅稍长，但就核心内容——合规体系建设的要素而言，基本相同，建议企业参照执行世界银行官方发布的《世界银行集团廉政合规指南概要》。

有条件的不取消资格这两类制裁，相关机构会抄送一份决定至诚信合规办公室。诚信合规办公室将立即向被制裁方发送初步通知。该通知需要阐明：有条件解除制裁的流程；要求被制裁方提供具体的企业信息，以及现有合规计划的资料；邀请被制裁方积极与诚信合规办公室合作，以解除制裁。

（2）根据个案情况，诚信合规办公室决定是否需要外部专家介入，以及确定外部专家的工作范围。

（3）在制裁期内，诚信合规办公室监督、审查被制裁方的合规整改情况。诚信合规办公室不仅对被制裁方的合规计划做书面审查，更重要的是会考察其实际执行情况。在评定时，诚信合规办公室主要考察被制裁方的合规计划实施是否符合《概要》标准，同时还会考虑被制裁方先前的不当行为和相关特定情况（例如企业规模、公司架构和风险状况）。此外，诚信合规办公室还会审查被制裁方以及外部专家提供的报告，并就报告提出改进建议。

（4）要解除世界银行的制裁，被制裁方必须向诚信合规办公室提交申请。诚信合规办公室根据申请中陈述的论据和证据进行核实，尽快决定制裁是否应当解除，并将其决定和依据通知被制裁方。

（5）如果诚信合规办公室决定制裁不应当解除，被制裁方不服该决定的，可向世界银行制裁委员会就该决定提起上诉。

第三节　企业合规风险防范

一、强化合规风控意识

（一）严格遵守国家颁布的相关规定

1. 党中央、国务院关于企业合规管理的政策

强化企业合规管理是深入贯彻落实全面依法治国战略的必然要求。近

年来，党中央、国务院高度重视企业合规管理。2014年，党的十八届四中全会审议通过的纲领性文件《中共中央关于全面推进依法治国若干重大问题的决定》强调，坚持法治国家、法治政府、法治社会一体建设。2017年5月23日，中央综合深化改革领导小组第三十五次会议审议通过了《关于规范企业海外业务行为的若干意见》，提出要加强海外业务合规体系建设，逐步形成权责明确、整合、规范、有序的风险控制监管体系，从而更好地服务对外开放大局。2018年，为进一步深入推进全面依法治国，加强全面依法治国工作的顶层设计和统筹协调，中央全面依法治国委员会成立，习近平总书记在中央全面依法治国委员会第二次会议上指出，"要强化企业合规意识，走出去的企业在合规方面不授人以柄才能行稳致远"。[①] 2021年，中共十三届全国人大四次会议表决通过的《关于国民经济和社会发展第十四个五年规划和二〇三五年远景目标纲要》在"形成强大国内市场构建新发展格局"中也明确指出"引导企业加强合规管理"。此外，《法治中国建设规划（2020－2025年)》《法治社会建设实施纲要（2020－2025年)》等文件均明确要求企业树立合规意识，守法诚信、合法经营。

2. 中央有关部门积极推动企业合规管理

助推企业强化合规管理实现可持续发展，已成为中央有关部门的普遍共识和有力实践。在党中央的决策部署下，各有关部门积极行动：中央纪委国家监委定期组织"一带一路"参与企业合规经营培训，中央依法治国办把强法治、促合规纳入全面依法治国大局统筹推进，最高人民检察院牵头建立涉案企业合规第三方监督评估机制，司法部将合规管理作为"八五"普法重要内容，2018年国家发展改革委等七部委联合印发《企业境外经营合规管理指引》，商务部、外交部、市场监管总局等也专门印发指导文件，推动企业合规。2022年10月1日起实施的《中央企业合规管理

---

① 杜焕芳. 着力提升涉外法治体系和能力现代化水平［J］. 中国社会科学报，2022（2506）.

办法》，以国资委令的形式印发，通过部门规章对中央企业进一步深化合规管理提出明确要求。

3. 中国政府近年来积极推动了多个合规管理相关领域的立法和执法

《中华人民共和国数据安全法》《中华人民共和国个人信息保护法》《中华人民共和国出口管制法》《中华人民共和国反垄断法》《中华人民共和国消费者权益保护法》《中华人民共和国安全生产法》《中华人民共和国环境保护法》《中华人民共和国广告法》《中华人民共和国反不正当竞争法》等一系列新颁布或新修订的政府监管立法，明确规定企业的合规管理义务，提高了违规的处罚标准。而相关监管部门加大执法力度，查处了一批如"高通反垄断案""葛兰素史克商业贿赂案"等罚金数额巨大、社会广泛关注的案件。

此外，国际标准化组织发布的《合规管理体系指南》经国家标准委转化变成国家标准《合规管理体系指南》（GB/T 35770－2017），于2018年7月1日起实施。该标准为我国各类企业建立并运行合规管理体系，识别、分析和评价合规风险，进而改进合规管理流程，应对和管控合规风险提供指导和建议。

（二）熟悉并遵守世界银行规则

世界银行规则是一整套既包含实体性规则又包含程序性规则的规则体系。实体性规则包括世界银行的《世界银行集团廉政合规指南概要》《反腐败指导方针》《采购指导方针》《咨询顾问指导方针》，明确定义了可被制裁的行为以及世界银行项目参与主体所应履行的义务；而程序性规则包括世界银行《制裁程序》《制裁委员会规则》，以及世界银行《制裁指南》，列明了案件的制裁过程、制裁机构的考量因素以及拟被制裁对象提出异议的权利等。

上述指南及规则并非真正意义上的法律，而仅仅是世界银行内部制定的合规与制裁指引。但其作为世界银行制裁的指导性文件，贯穿于评价行为性质、开展调查、作出制裁、评估企业合规体系等全过程，称其为世界银行内部的"法律"也不为过。熟悉并遵守这些指南和规则，是应对世界银行合规挑战的第一步。

另外，在成文法没有提供明确答案的情况下，世界银行制裁制度承认一般原则是法律渊源。一般法律原则的适用需考虑某些因素，包括：第一，仔细考虑任何法律理论"输入"的政策影响以及对世界银行集团整体法律框架可能产生的影响。第二，重视法律确定性，考虑到欺诈和腐败的定义已纳入法律协议，并与其他多边开发银行协调一致。第三，基本公平要求任何法律理论都要从对定义的原意和范围的合理理解中产生，这一点可从定义本身的文本或其立法历史中得到证明。与其他司法或准司法程序一样，如果没有法律来源对法律问题提供答案，评估和暂停专员（EO）或制裁委员会可在例外情况下，根据其对基本公平要求的真诚判断决定事项。

需要说明的是，不少企业误以为仅需要在开展境外业务时关注多边开发银行的合规监管要求，从而忽视了多边开发银行对中国境内项目的管辖权。事实上，只要项目上使用了多边开发银行的资金，不论该项目位于中国境内还是境外，多边开发银行都能行使管辖权。这是因为制裁制度的基本法律基础是其章程中规定的保护银行融资使用的"信义义务"。根据其采购规则或指南，多边开发银行会要求其资金支持项目的业主在招标文件和所有项目合同中设置相关条款，以保障其可以对该项目中的投标人、供应商、承包商及其分包商、代理、顾问、服务提供商行使审计权，以检查项目所涉及的所有账户、提交的投标文件和履行合同有关的记录和其他文件。

二、健全合规管理体系

（一）企业应建立"大合规"管理体系

合规是企业"走出去"行稳致远的前提，合规管理能力是企业国际竞争力的重要方面。尤其是使用世界银行资金的企业，应以发改委等七部委联合印发的《企业境外经营合规管理指引》和国家标准 GB/T 35770 - 2017《合规管理体系指南》为指导，对标《概要》，整合国内、国外和国际法律法规的合规性要求，综合考虑自身规模、地理位置、行业领域、所在国家、与业务伙伴和政府官员的关联度等因素，根据个体风险评估状况，灵活采取合规形式、具体措施，并投入相应资源，建立符合企业实际情况的"大合规"管理体系。

（二）建立符合《世界银行集团廉政合规指南概要》要求的合规体系的意义

《概要》大量吸收了《2009 年经合组织关于进一步打击外国公职人员在国际商业交易中的贿赂行为的建议》、《国际商会反腐败、打击敲诈和贿赂委员会：国际商会行为准则和建议》、美国《针对机构实体联邦量刑指南》等内容，总结了被许多机构和组织认为是良好治理和反欺诈与腐败的良好实践的标准、原则，并随着国际合规标准的发展而不断更新，据此建立合规管理体系更容易获得国际范围的认可。

《概要》第四条规定，企业在境外开展业务时，应密切关注多边银行的要求，建立完善的国际制裁合规风险管理体系。企业建立符合《概要》的合规体系不仅是争取解除制裁的审核依据，也是企业防控世界银行合规制裁风险的重要措施。企业合规体系建设具体内容详见本章第四节。

三、培育企业合规文化

（一）加强世界银行采购政策合规培训

从世界银行制裁行为占比可以看出，占比最大的不当行为是欺诈，根据世界银行披露的近五年的执法数据，被指控欺诈的案件占总案件数量的 70%～87%，占绝对多数。其次是腐败，被指控腐败的案件占总案件数量的 19%～30%。① 在投标阶段未按招标文件如实合理披露咨询顾问、工程业绩、诉讼仲裁、关键人员等信息，是招致世界银行以欺诈为由实施制裁的主要原因。建议参与世界银行项目的企业建立自己的法律诉讼仲裁案件库、工程业绩材料库，加强对企业有关责任部门尤其是投标人员等关键岗位关于世界银行采购政策等方面的合规培训。

（二）培育企业合规文化

一个组织的合规文化就是该组织在合规工作中长期传承、沉淀的行为规范、思维方式和价值观念。中国企业在走出去的同时，时刻将"诚实守诺"作为国际经营理念之首，大力推行诚信经营和依法合规经营的理念和行为准则，管理层率先垂范，通过合规核心价值观的树立，合规制度和体系的建立，持续开展多种形式的合规教育，合规风险评估及应对机制的建立等一系列合规管理手段，将诚实信用的合规文化渗透到工作的方方面面，并内化为每一个企业员工的内心道德标准和行为准则，以此指导自身行为与企业目标达成一致，完成个人价值和企业价值的同步实现。

第四节　世界银行制裁的应对策略

世界银行制裁程序通常包括调查、制裁、合规改进、解除制裁几个阶段。实践中，企业因处置不当而被加重制裁或未能如期解除制裁的案例并不少见，主要原因是企业缺乏对世界银行制裁规则的了解，面对调查和制裁时往往缺乏足够的专业研判和应对能力。为此，企业掌握应对调查和解除制裁两方面工作的基本原则和关键做法显得尤为重要。应对调查，企业应重点做好专业团队组建和内部调查两项工作，对世界银行的问询和审查

---

① 根据世界银行 2022 年制裁年报，Percentage of cases & settlements reviewed by OSD by type of sanctionable practice。

给予积极回应和配合，同时也要充分行使正当权利，根据实际情况通过申诉程序或和解方式处置。企业一旦被制裁，解除制裁就成为企业应对工作的中心任务。通常，被制裁企业须按照制裁决定或和解协议的要求采取合规改进措施并经独立合规监督官审查通过后才能解除制裁，其中企业建立和实施符合世界银行廉政合规准则的合规体系是解除制裁的主要条件。为此，本书在这一部分重点介绍企业合规体系建设的原则、核心要素和管理机制，并就选聘合规监督官及相关配合工作要点进行提示。

一、积极组建专业团队

（一）组织保障

1. 第一时间向企业管理层和上级单位汇报

通常，世界银行会在以下几种情形下向企业发出书面通知：一是世界银行将对其行使审计权或开展调查；二是世界银行收到涉及企业违规的举报案件，要求企业开展内部调查并反馈调查结果；三是世界银行对涉及企业违规的案件已经开展调查或基于既有调查对企业施以提前资格暂停措施，并要求企业配合进一步调查。①

针对世界银行的书面通知，企业应予以高度重视，及时作出反应。相关部门或人员应第一时间将世界银行通知内容向公司管理层汇报，便于企业迅速整合资源、组建团队、统筹研判和及时决策。如果涉事企业系集团公司下属单位，还应第一时间向集团公司汇报，以便寻求更高层面的专业支持和决策指导。

2. 组建案件应对工作组

企业应对世界银行调查的首要工作是组建案件应对工作组，负责专项

---

① 世界银行通常以 Show Cause Letter 的形式通知涉事企业，要求企业在规定的时间内对相关涉嫌违规行为进行解释。

应对工作。为确保工作组有效开展工作，企业应赋予工作组充分的资源支持，包括人员、资金、信息获取和资料查阅等；同时，工作组应保持工作独立性。

工作组负责人应由公司主要领导或其任命的高层领导担任，日常事务工作由企业合规部门或法律、风控部门负责人具体统筹，并及时向工作组负责人和公司主要领导汇报。

工作组人员可以由合规、法务、财务、审计等专业人员组成，但与案件直接相关或有利益冲突的人员不得作为工作组成员。

3. 工作组工作要点和工作机制

（1）工作组应围绕以下要点开展工作。

①研判企业在世界银行制裁程序中所处的阶段，筹划企业可采取行动的选项，并按步推进。

②辨析世界银行发起调查或行使审计权的原因，通过内部调查查清事实，并探寻企业可能存在的抗辩理由。

③考虑可能采取的补救措施，争取减轻制裁的条件。

（2）工作组应建立定期的沟通、汇报机制，确保信息对称，例如每天召开工作会，每周发布案件进展的简报等。

4. 建立与世界银行的联络沟通机制

企业可以指定一名联络人负责与世界银行的日常联络和沟通，该人员负责接收和跟进来自世界银行的信息或指令，确保企业及时获取来自世界银行的信息，并平稳地向世界银行发送信息。联络人应具备流利的英语口语表达和写作能力，并在企业内担任一定层级以上的职务，如合规、法律或风控部门的负责人。

（二）建立高效合规团队

合规团队包括企业内部合规团队和外部律师团队。作为企业应对世界银行调查和解除制裁过程的核心工作单元，合规团队的专业素质和工作能力对有效应对世界银行制裁至关重要。

1. 内部合规团队

通常，内部合规团队由企业合规、法律或风控部门人员组成。团队成员应具备以下能力和素质。

（1）优先具有法律或财务专业背景的人员，积极考虑企业所在行业的专业背景的人员。

（2）有一定年限的工作经验，熟悉企业业务和经营情况。

（3）具备流利的英语口语表达和写作能力。

（4）具备较强的工作责任心，能够较好地进行团队合作。

2. 外部合规团队

外部合规团队由具备相关实践经验的律师组成。当企业认为有必要引入外部合规团队时，应从团队负责人实践经验、团队成员构成、费用等维度对备选团队进行综合考察，甄选真正有应对多边开发银行制裁实践经验的律师和团队。

3. 内外部合规团队的配合

在内外部合规团队协作中，应秉持"内部为主，外部为辅"的工作原则，即企业内部合规团队在应对过程中起主导作用，对案件进行独立分析和判断，在综合外部律师意见的基础上提出处置建议；外部合规团队则侧重在程序关键节点给予专业意见和支持。如果内部合规团队暂时欠缺实践经验和独立分析的能力，也应当至少向外部合规团队提出清晰、具体的需求，并全程参与处置过程。

二、采取应急措施

（一）开展内部调查

1. 内部调查的目的和重要性

一旦企业或个人获知世界银行对其行使审计权或对其开展调查，企业应当立即就有关问题开展内部调查。通过内部调查，企业能充分厘清事实情况，在此基础上判断是否涉及可制裁行为，分析企业管理程序是否存在缺陷及可能采取的补救措施等。

企业迅速开展内部调查的重要性体现在两个方面：一是通过内部调查查清事实，企业才能有效回应世界银行的关切和配合相关工作。二是通过内部调查发现企业潜在的违规行为，便于及时采取主动纠正措施，可在一定程度上为减轻可能遭受的处罚准备条件。

2. 成立调查组

调查组的构成原则与案件应对工作组类似，适宜由分管法律、合规、审计等业务的负责人统筹，一般由 3～5 名成员组成，如案件特别复杂，可适当增加人数。如果涉事企业已成立合规部门，那么调查组应包括 1～2 名合规人员，其他应为法律、审计、财务等专业人员或其他便利案件调查的人员。与涉嫌违规事件有关的人员（含主管领导）不能作为调查组成员。

如果内部调查工作需外部律师协助，企业调查组亦应参与整个调查过程。

3. 制定调查方案

启动调查前，调查组应编制《调查实施方案》，载明调查内容、方法、步骤、需要查找和审查的有关文件和证据清单、访谈人员清单等。调查组应按照《调查实施方案》按时、逐步推进调查。

4. 实施调查，形成调查报告

（1）收集和审查文件。

调查组在确定需要收集和审查的文件清单后，应第一时间向涉事人员发送《文件保留通知》要求其保留手中与事项相关的全部记录、文档和文件，包括但不限于纸质文件、电子邮件和其他电子数据。

调查组还应向涉事人员发送《文件提交通知》，要求涉事人员在规定的时限内收集并提交文件清单中载明的文件。

在收集到相关文件资料后，调查组应对文件资料进行全面审查，特别需要关注世界银行已指出/认定的相关情况是否真实、完整。

（2）开展人员访谈。

除文件审查以外，企业还应对涉事人员开展访谈，以期最大程度探究事件发生背后的相关细节，用以佐证文件审查的结论，如涉事人员作出相关行为的考虑、是否有相关汇报和决策的机制等。

（3）撰写调查报告。

调查组在查明相关事实，并对涉事人员完成访谈后，应撰写详细的调查报告。调查报告应包含以下要素。

①介绍调查事项的背景，点明调查内容。

②简述调查方法、步骤和过程。

③通过审查证据资料和开展访谈，对相关事实的认定。

④依据企业制度和世界银行制裁制度，对相关事实是否构成违规行为的分析。

⑤如果认定违规行为成立，企业应采取的补救措施、改进企业管理的方案、对涉事人员的处罚等。

5. 调查报告的审核和执行

企业管理层或合规委员会应对调查报告进行审核，并出具书面审核意见。针对调查报告中提出的补救措施、改进企业管理的方案、对涉事人员的处罚等建议，企业应认真落实。

6. 向世界银行提交调查报告

如果企业开展了证据充分、分析客观的内部调查，且预估向世界银行提交调查报告有利于企业下一步向世界银行做澄清或沟通，内部调查报告可经企业审议批准后，尽快向世界银行提交。

（二）积极配合世界银行调查与审计

1. 坚决避免构成妨碍调查

如果世界银行计划对企业或个人行使审计权或已开展调查，相关企业或个人应尽一切努力合理配合世界银行的审计或调查，尤其应避免出现本文第一章第四部分所述的干扰世界银行调查的行为。干扰行为不但会成为加重制裁的因素，其本身还构成独立的妨碍行为，可能升格制裁措施。

2. 配合提交文件和访谈

世界银行在对企业或个人行使审计权或开展调查的过程中，通常会要求企业或个人配合提供文件资料或接受访谈。在配合提交文件方面，企业或个人应认真研究文件清单，积极寻求外部合规团队的专业意见，确保所提供文件真实、准确、适当。在配合访谈方面，企业或个人可尝试向世界银行索要访谈问题清单，拟受访人员事先要充分梳理和熟悉所掌握文件和信息，确保访谈过程中提供的信息真实、准确、适当。

3. 注意配合世界银行的时限要求

企业在配合世界银行的调查与审计时，应严格遵守世界银行提出的时限要求。如果确实存在困难，可提前与世界银行沟通，请求合理延长相关时限。

三、充分行使正当权利

（一）利用世界银行规则有关程序，维护自身合法权益

1. 积极配合调查工作

企业在接到世界银行调查、审计或临时暂停资格的通知后，应尽快研究世界银行制裁有关程序，明确当时所处流程中企业的行动可选项，积极配合世界银行的要求。如前文所述，如果企业配合世界银行调查，并且获得了世界银行的认可，可在一定程度上降低世界银行制裁的幅度。企业应注意，如果世界银行指出的问题确实暴露出企业存在违规行为或存在内部

管理缺陷，企业也应当积极、及时地予以反馈，避免消极不回复的情况，否则很难被世界银行认可为配合了调查，从而获得制裁的减轻。

2. 主动澄清世界银行认定的事实不准确、不完整的事项

如果企业经过内部调查，发现世界银行已指出/认定的事实不准确、不完整，企业应尽快与银行沟通，做好澄清，并提交相关证据文件。

3. 根据个案情况适当行使申诉的权利

在实践中，面临世界银行可能的制裁，很多企业会犹豫是选择走申诉程序还是进行和解，这应当根据个案情况来具体判断。如果企业经过审慎研判，对世界银行对于案件事实和是否构成应制裁行为、制裁种类、制裁程度等问题的认定存在异议，并有较大把握能够改变预期制裁，则企业有权利按照世界银行制裁规则，进行申诉。

（二）和解并采取补救措施

如果企业总体上认可世界银行对于案件事实和是否构成应制裁行为、制裁种类、制裁程度等问题的认定，应重点考虑与世界银行达成和解，提升事件处理的效率。选择与世界银行和解需关注以下要点。

1. 和解的前提是承认过错

和解的本质是廉政局以降格制裁为条件，换取被调查企业或个人的认错答辩，因此和解的前提是被调查企业或个人承认过错。

2. 积极争取利好条件

在实操层面，企业仍可通过和解争取一些有利条件，例如将合规监督官审查企业合规整改改为企业自行向世界银行汇报；在制裁期内设置提前解除制裁的条款等。

3. 秉持坦诚、专业的态度

在与世界银行谈和解的过程中，企业应秉持坦诚、专业的态度，通过清晰的表达，有理有据地争取对企业的利好条件，注意不要和世界银行针锋相对以及避免在细节上锱铢必较。

四、建立符合世界银行廉政合规准则的合规体系

如本章第二节"制裁解除程序"所述，世界银行基准制裁是有条件恢复资格，恢复资格最重要的前置条件是受制裁企业有效建立并实施符合《世界银行集团廉政合规指南》标准的诚信合规计划。同时，还应注意，制裁不是在制裁期满后就自动解除的。有企业错误地认为，一旦制裁期届满，世界银行就会自动将其从制裁名单中移除。事实上，若被制裁企业未如期开展合规改进工作或在制裁期满未及时提出解除制裁申请，将面临制裁期延长或被加重制裁的结果。实现解除制裁目标正确的工作程序是：企业实施合规改进，经合规监督官审查通过后以书面形式向世界银行诚信合规办公室提交解除制裁申请。世界银行评定达标，方视为解除制裁。相关实践要点如下，供企业参考。

（一）合规团队的组建

前文在介绍内部合规团队时，已就合规团队组建情况进行阐述。

（二）合规监督官

如果企业被世界银行处以有条件恢复资格或有条件的不取消资格这两类制裁，则需要经过诚信合规办公室评定满足相关条件，方可解除制裁。最常见的解除制裁的条件是被制裁方有效建立并实施符合《概要》标准的诚信合规计划。

在实践中，鉴于被制裁企业数量众多，相关评估工作繁重且复杂，要求诚信合规办公室从微观层面逐一跟进被制裁企业合规整改的细节是不现实的，因此世界银行在作出制裁决定或与企业进行和解时，通常会要求或约定企业聘请一家独立的第三方合规监督官，负责监控、评估企业的合规整改情况。诚信合规办公室在审阅被制裁企业以及合规监督官提交的报告的基础上，对被制裁企业的合规整改情况进行验证，从而独立作出是否解除制裁的决定。

1. 合规监督官的选聘

合规监督官由被制裁企业和世界银行共同选定。一般的做法是，企业选择两到三家备选律所，可以从自身角度考虑主推其中一家，请求世界银行批准。世界银行同意后，合规监督官方可开展工作。合规监督官的费用全部由被制裁企业承担。

前文所述对外部合规团队的选择原则同样适用于合规监督官。企业应注意详细了解监督官候选人以往的业绩经验，以甄别出真正具备实力和实践经验的专业团队。

2. 合规监督官工作的开展

（1）工作准则和方法。

合规监督官开展工作的依据是《概要》和制裁决定或和解协议。合规监督官工作的重点是考察企业的合规计划是否具备《概要》中载明的要素，以及合规管理措施现实的执行情况。

通常，合规监督官会要求审阅企业实施合规改进的证据文件，例如合规组织机构、合规制度、合规管控措施及具体涉及的文件（投标合规审查表、礼品招待审批表、捐赠审批表等）、合规审计报告、合规调查报告、合规培训证明文件、合规年度报告、合规建设委员会会议纪要、合规风险评估报告、合规举报台账等，对企业高管和员工开展访谈，以及开展适量实践测试（做合规举报的演练，测试企业对于合规举报的应对情况）。

（2）制定工作方案，注意审查范围要合理。

企业在选聘合规监督官时，应着重审阅其工作方案。在实际合作的过程中，企业应向合规监督官充分展示企业所做的合规改进，但同时要严格遵守制裁决定或和解协议的整改范围，按照规定提供信息和资料。

（3）保持与世界银行的沟通。

企业在配合合规监督官合规监管过程中，要建立同合规监督官和世界银行的沟通联络机制，确保有关各方信息对称。

（三）合规计划的建立和实施

1. 合规组织机构

企业应建立合规业务的最高领导机构——合规委员会，合规委员会应由公司多名高层领导组成，一般由企业主要负责人担任合规委员会主任。企业还应设置一名首席合规官，主管合规事务，该人员适宜由企业负责法律事务的领导担任。

企业应当根据业务规模设立专业合规部门（如合规部或合规办公室）。对于中等及以上规模的企业来说，合规团队一般不宜少于三人。合规部门可作为独立部门存在，也可以与法务部、风控部或审计部合署办公。合规部门应向首席合规官以及合规委员会直接进行工作汇报。

除合规领导机构以及合规部门以外，企业还应结合自身组织机构的情况，在相关业务管理部门中设置次一级的合规部门，例如，对于从事国际业务的公司，可在海外各地分支机构层面或项目层面设置合规部门或合规人员。如不具备相关条件的，可先考虑设置合规联络人，以确保微观层面的合规事务得到处理。次一级的合规部门成员或合规联络人可以由企业员工兼职担任，但需注意遵循独立性原则——即合规人员不得从事市场经营工作。

2. 合规制度体系

在筹划建立企业合规制度体系前，建议企业首先开展合规风险评估，结合企业自身规模、业务领域、经营地点及其他特定情况，梳理业务和经营活动中容易发生腐败、欺诈或其他不当行为的环节，以风险为导向，有针对性地制定企业合规制度。企业合规制度体系可以随着企业合规经营经验的累积，不断完善，动态扩展其范围。通常来说，企业合规制度体系包括如下三个方面。

（1）政策类制度，至少包括两个：一是道德准则，又称员工行为规范；二是反腐败政策。此类制度系宣言性规范，从宏观层面整体概括企业对于员工行为的诚信要求，以及表达企业对于反腐败、反商业贿赂的零容忍态度。

（2）实施细则类制度，基于企业自身业务经营所涉风险情况，可针对与业务伙伴的合作、投标经营、合同管理、采购、礼品招待、捐赠和高风险人员聘用等业务经营活动设置合规管控措施，用来防止、发现和调查企业业务经营中的不当行为。

（3）配套管理类制度，覆盖合规评估、合规审计、内部调查、合规举报、违规处罚、合规考核等合规管理措施。

3. 合规管理机制

除了建立健全合规组织机构和合规制度体系，有效的合规体系还需要强有力的管理机制保障。结合《概要》提出的良好合规管理做法，企业在合规实践中应重点做好如下方面的工作。

（1）领导重视，全员参与。

《概要》第二条第一款要求企业高层领导对合规计划给予积极和强有力的支持。如果企业领导层在企业年度工作会、生产经营重要场合甚至日常工作会议中，时常要求员工坚持合规经营的原则，能在很大程度上对员工遵守合规起到正向促进作用。实践中，在高层领导的重视和推动下，中层管理者在日常工作中带头遵守合规制度，认真执行合规管控措施，能够充分调动全员参与合规的积极性，切实提高合规管控的效果。

（2）每隔1~2年开展合规风险评估。

企业应每隔1~2年定期开展合规风险评估。合规风险评估的目的是通过系统的视角审视公司合规管控措施的充分性和有效性，例如，企业增设了一条业务线，针对该业务线重点合规风险，及现有合规管控措施是否能覆盖全部风险管控需求；某分支机构业务量明显增多，是否需要配置更充足的合规资源等。通过风险评估，找到不足之处后，企业应采取合理措施填补管控的漏洞，优化合规体系。

（3）每年开展至少2~3次合规审计。

开展定期的合规审计是监控企业合规体系是否有效运转的重要手段。

企业应每年开展 2～3 次合规审计。审计可以针对某一业务领域，例如，投标、礼品招待、捐赠等，也可以针对某一子公司或分支机构。合规审计可以是书面审计，也可以是现场审计。审计的主题和方式可灵活多样。

（4）建立并维护合规举报渠道。

《概要》第九条第三款要求企业建立并维护合规举报渠道，确保对举报人的身份和举报情况进行保密。举报渠道可以设置热线、邮箱等。合规举报渠道在建立初期可能会被鲜少使用，但是随着企业持续宣传举报渠道以及员工对于合规经营理念的逐渐认可，举报渠道将会成为发现企业内部违规行为的有效渠道。

（5）对涉嫌违规的行为开展内部调查，并采取惩戒措施。

对企业违规行为开展内部调查和实施惩戒是维护企业合规管理有效性的重要保障措施。对经查实的违规行为，企业应对涉事人员采取适当的惩戒措施，以加强警示预防作用，包括但不限于责令检查、通报批评、降低岗级、撤职甚至解除劳动合同。

（6）持续开展有针对性的培训。

合规培训是让合规制度落地的重要一环，持续、系统的合规培训能够显著促进员工对合规制度的理解和工作能力的提升。企业应制定合规培训计划，根据参培对象的背景（业务人员还是合规人员，新入职员工还是老员工，公司高管还是普通员工），紧密结合其工作职责，有针对性地设计培训的主题和内容，帮助员工解决在工作中面临的问题并化解风险，尽可能增加员工参与培训的积极性和获得感。

（7）加强外部沟通联络。

企业应积极地与外部机构开展合规研讨，向合规管理先进的企业学习，也可以在多边开发银行、相关行业协会组织的活动中与其他企业就合规话题展开讨论，对标彼此的合规做法，总结经验，共同提升合规管理能力。

第七章 商业秘密保护合规管理指南

第一节 商业秘密保护概述

商业秘密是企业长期生产经营实践中积累的知识和经验，是企业的重要资产和核心竞争力。当前，商业秘密侵权案件频发，保护形势严峻。如何保护商业秘密，使企业在市场竞争中获得竞争优势显得尤为重要。

2010 年 3 月 25 日，国务院国资委印发《中央企业商业秘密保护暂行规定》（以下简称《规定》），要求中央企业应当结合企业实际，依据本规定制定本企业商业秘密保护实施办法或者工作细则。2018 年 11 月 2 日，国务院国资委印发《中央企业合规管理指引（试行）》（以下简称《指引》），2022 年 8 月 23 日，国务院国资委第 42 号发布《中央企业合规管理办法》（以下简称《办法》），以推动企业全面加强合规管理，加快提升依法合规经营管理水平，着力打造法治央企，保障企业持续健康发展。

本指南依据相关法律以及《规定》、《指引》和《办法》，围绕商业秘密保护的重点环节，从商业秘密保护和侵权风险防范两个方面进行合规审查，为企业完善商业秘密保护体系提供参考。

一、定义

依据《中华人民共和国反不正当竞争法》（2018 版）第九条对商业秘密的定义，本指南中商业秘密是指不为公众所知悉、具有商业价值并经权利人采取相应保密措施的技术信息和经营信息。

该定义与《与贸易有关的知识产权协定》（Agreement on Trade – Related Aspects of Intellectual Property Rights，TRIPS）以及美国、日本、欧洲等国家和地区的法律法规中的定义基本一致。

二、保护范围

商业秘密保护范围包括符合商业秘密构成要件的技术信息和经营信息。

经营信息包括战略规划、管理方法、商业模式、改制上市、并购重组、产权交易、财务信息、投融资决策、产购销策略、资源储备、客户信息、招投标事项等。具体的，战略规划包括企业经营环境（客户）战略分析，竞争、品牌、技术开发、人才开发、资源开发等战略的实施与控制；财务信息包括企业财务状况、获利能力、偿债能力、现金流量、投资报酬、增长能力等；招投标事项包括总体实施方案、项目综合分析、招投标采购方案、招标文件等；产购销策略包括产品策略、价格策略、渠道策略和促销策略；客户信息包括客户列表、联系方式、交易习惯、交易需求、价格承受能力等。

技术信息包括设计、软件、产品配方、制作方法、技术诀窍、关键设备、工程样机等。具体的，软件包括源代码所表征的公开的技术和不公开的工程化实现技术，工程化实现技术表现为熟练技巧、工程经验、隐性技术、测试分析等；产品配方包括化学合成成分及各种成分的含量；制作工艺包括生成工具和设备，对各种原料、材料、半成品进行加工或处理的步骤、方法和技术；技术诀窍包括生产有实用价值的、先进的、未经公开、未申请专利的技术知识和独特技巧。

三、构成要件

商业秘密构成要件包括秘密性、价值性和保密性。

（一）秘密性

秘密性是指不为公众所知悉，这是商业秘密的核心特征。不为公众所知悉应当理解为权利人主观上不愿为公众所知，客观上没有采取任何公开措施，具体从以下三个方面来把握：一是商业秘密的秘密性是相对的。这里的相对仅指不为权利人以外的其他人以违反诚信原则的方式而知悉。若权利人将自己的商业秘密告知参加使用这种秘密的人或认为能够保守此秘密的人等，这些情况都不影响商业秘密的秘密性。二是商业秘密要具有一定的新颖性，不能把公共领域内的信息当作企业自身的商业秘密。三是商业秘密是不能从公开渠道直接获取的。商业秘密不能向社会公开，不能向不特定的人员透漏。向特定的负有保密义务的人员公开不属于向社会公开。

（二）价值性

价值性是指商业秘密能通过现在或将来的使用给权利人带来经济价值和竞争价值，既包括现实价值也包括潜在价值。不论是现实的可直接使用的商业秘密，还是正在研究、试制、开发中而具有潜在的、可预期的价值的信息，不论是对生产、销售、研究、开发等生产经营活动直接有用的信息，还是在生产经营中有利于节省费用、提高经营效率的信息，只要对权利人改进技术构思或者经营思路具有价值，对竞争对手十分重要，其本身蕴涵着潜在的经济利益，可以带来竞争优势，都属于商业秘密。

（三）保密性

保密性是商业秘密得以存在的保证。法律意义上的商业秘密，除了要求具备秘密性和价值性两个客观特征外，权利人主观上还必须具有保密意图，即权利人对其所产生的符合商业秘密客观特征的信息，必须采取能够明确显示其主观保密意图的保密措施，才能成为法律认可的、受法律保护的商业秘密。

四、侵权认定

（一）商业秘密侵权定义

商业秘密侵权是指他人未经权利人（合法持有人）的许可，以非法手段获取、披露、使用或者允许他人使用权利人商业秘密的行为。

（二）商业秘密侵权认定原则

我国经过长期司法实践，同时吸收国外先进经验，形成了"接触＋相同或实质性相似－合理来源"的商业秘密侵权认定原则。

接触，一般指接触的可能，只要被告有接触的可能性即推定为信息来源于权利人（原告），而接触的内容为权利人诉请保护的秘密。

相同或实质性相似，即同一性，是指被告所使用的信息与权利人（原告）的商业秘密具有一致性或者相同性。

合理来源包括自行开发、反向工程所得、受让或许可以及不知他人非法获取或披露而使用等，这些构成被控侵权人的法定抗辩理由。

（三）商业秘密侵权认定途径

商业秘密侵权认定途径有行政认定和司法认定两种。

依据商业秘密侵权认定原则，当权利人能证明被申请人所使用的信息与自己的商业秘密具有一致性或者相同性，同时能证明被申请人有获取其商业秘密的条件，而被申请人不能提供或者拒不提供其所使用的信息是合法获得或者使用的证据，行政或司法机关可以根据证据认定被申请人有侵犯商业秘密行为。

（四）商业秘密侵权常见类型

1. 以不正当手段获取商业秘密

不正当手段包括盗窃、贿赂、欺诈、胁迫等。盗窃是以非法占有为目的窃取他人商业秘密；贿赂是指通过给予有关单位或个人金钱或其他利益而获得商业秘密的行为；欺诈是故意使有关人员发生错误认识而透露其掌握的商业秘密的行为；胁迫是指用威胁或要挟的方法强迫有关人员透露其掌握的商业秘密。还有其他不正当手段，如诱导他人泄密或用电子及其他方法进行侦探以获取他人的商业秘密。凡是以获取商业秘密为目的，违反商业道德、公序良俗的行为都属于不正当手段。

2. 披露、使用或许可他人使用以不正当手段获取的商业秘密

披露是指以不正当手段获取商业秘密后将商业秘密向他人传播、扩散。使用包括直接使用和间接使用，直接使用是指不正当获取人将商业秘密运用于自己的生产经营，间接使用是指将以不正当手段获取的商业秘密用于科研活动，表面上不用于生产，实际可以减少科研经费、人力等投入。许可他人使用以不正当手段获取的商业秘密是指侵权人以有偿或无偿的方式将其通过不正当手段获取的商业秘密提供给第三人使用，比较典型的是侵权人冒充商业秘密所有人与他人签订许可合同，并收取使用费。

3. 获取商业秘密途径正当但违反保密义务披露、使用、许可他人使用

通过正当手段或途径获取商业秘密，但未尽保密义务，违反保密要求，将商业秘密披露给他人、自行使用或者允许他人使用。这些行为包括：违反法定保密义务，披露、使用、许可他人使用其所掌握的商业秘密的行为；职工违反合同约定或者违反权利人的保密要求，披露、使用、许可他人使用其所掌握的商业秘密的行为；第三人基于恶意或重大过失的获取、使用或披露行为。

五、侵权救济

商业秘密不遵从公示公信原则。商业秘密可以采取多种保密措施进行保护。商业秘密保护成本较高，一旦泄露被他人利用就会给权利人造成损失，在立法中给予商业秘密所有者诉权以及获得救济的权利对于维护合法商业利益尤为重要。

《中华人民共和国反不正当竞争法》（以下简称《反不正当竞争法》）对侵犯商业秘密行为的法律救济规定了两种途径，即行政救济和司法救济。

行政救济的方式主要是行政监督检查部门责令侵权人停止侵权行为，处十万元以上五十万元以下的罚款；情节严重的，处五十万元以上三百万元以下的罚款。

司法救济的方式主要是损害赔偿。赔偿的计算方法依据权利人因侵权行为而遭受的损失或者侵权人因实施侵权行为所获得的利润。权利人因被侵权所受到的实际损失、侵权人因侵权所获得的利益难以确定的，由人民法院根据侵权行为的情节判决给予权利人三百万元以下的赔偿。如果构成侵犯商业秘密罪，则应负刑事责任。

第二节　主要国家和地区商业秘密保护法律体系

在充分市场竞争环境中，企业商业秘密保护极其重要。世界各国特别是发达国家普遍立法，对商业秘密进行保护。

一、我国商业秘密保护法律体系

我国尚未出台专门的商业秘密保护法，相关的法律依据分布在多个法律法规中。

《反不正当竞争法》是我国商业秘密保护中最重要的一部法律。2017年修订的《反不正当竞争法》重新界定了商业秘密的构成要件，与 TRIPS 和多数国家的相关条款实现基本接轨。同时，也明确了侵犯商业秘密禁止性规范、获取手段和获取对象，规定了侵害商业秘密应承担的赔偿额度最高达到"三百万元"（见表 7 - 1）。

表 7 - 1　　　　　《反不正当竞争法》2017 年修订涉及条款及说明

1993 年颁布的《反不正当竞争法》	2017 年修订的《反不正当竞争法》	修订说明
第十条，删除"利诱"	第九条，增加"贿赂、欺诈"	细化获取手段
第十条，删除"第三人明知或者应知前款所列违法行为，"	第九条，增加"第三人明知或者应知商业秘密权利人的员工、前员工或者其他单位、个人实施前款所列违法行为，仍"	明确获取对象
第十条，删除"能为权利人带来经济利益、具有实用性"	第九条，增加"具有商业价值"	减少构成要件
无	第十五条，增加"监督检查部门及其工作人员对调查过程中知悉的商业秘密负有保密义务。"	监督检查人员保密义务
无	第十七条，增加"经营者违反本法第六条、第九条规定，权利人因被侵权所受到的实际损失、侵权人因侵权所获得的利益难以确定的，由人民法院根据侵权行为的情节判决给予权利人三百万元以下的赔偿。"	增设侵害赔偿
第二十五条，删除"可以根据情节处以一万元以上二十万元以下的罚款。"	第二十一条，"处十万元以上五十万元以下的罚款；情节严重的，处五十万元以上三百万元以下的罚款。"	提高罚款额度

《关于加强国有企业商业秘密保护工作的通知》中要求，"正确理解商

业秘密的定义，合理认定商业秘密的范围"。国务院国资委印发了《中央企业商业秘密保护暂行规定》，界定了商业秘密保护范围、密级、保密期限、知悉范围、机构与职责、保护措施和奖励与惩罚。

此外，《中华人民共和国民法典》对技术转让中关于技术秘密转让作出规定；《中华人民共和国公司法》《中华人民共和国外商投资法》均对非专利技术出资（包括商业秘密中的技术秘密）作出规定；《中华人民共和国律师法》《中华人民共和国进出口商品检验法》《中华人民共和国促进科技成果转化法》等均针对在相关活动中知悉的商业秘密应负保密义务作出规定；《中华人民共和国劳动法》等对公司高级管理人员和劳动合同当事人应保守企业商业秘密有关事项作出规定；《中华人民共和国刑法》也规定侵犯商业秘密罪以及应承担的刑事责任。

二、商业秘密保护国际条约

中国加入了与商业秘密相关的国际多边条约主要是《保护工业产权巴黎公约》（以下简称《巴黎公约》）和世界贸易组织（WTO）的《与贸易有关的知识产权协定》（TRIPS）。

《巴黎公约》中并未明确提及商业秘密，但第10条之2中关于"不正当竞争"的规定，通常被认为是适用于商业秘密保护的条款。

TRIPS统一了商业秘密保护的国际基准，首次规定各成员方须通过立法履行保护商业秘密的义务。TRIPS中将商业秘密表述为"未披露过的信息"（undisclosed information），我国制定的《反不正当竞争法》第九条正是履行这一义务的体现。

三、美国商业秘密保护法律体系

美国是较早提出商业秘密保护的国家之一，相关法律体系完备，保护水平也高。

1979 年施行《统一商业秘密法》（Uniform Trade Secrets Act，UTSA）。哥伦比亚特区及 47 个州均采用了 UTSA 及其修改版本，作为商业秘密保护的法律依据，联邦上诉法院和少数未采纳 UTSA 的州仍适用《侵权行为法第一次重述》（The First Restatement of Torts）的规定。

2016 年，《商业秘密保护法》（Defend Trade Secrets Act，DTSA）正式生效，商业秘密和其他知识产权一样获得美国联邦立法的保护。DTSA 的出台克服了 UTSA 在应对跨州及跨国公司的商业秘密保护问题上的局限，同时对《经济间谍法》（Economic Espionage Act，EEA）中将侵犯商业秘密列为联邦刑事犯罪进行统一规制，对没有赋予商业秘密所有者单独向联邦法院起诉的情况进行调整，为起诉侵害商业秘密案件、获取民事救济提供统一的联邦法律依据。

美国商业秘密保护相关法律立法时间及相关说明如表 7 - 2 所示。

表 7 - 2　　　　　美国商业秘密保护相关法律立法时间及相关说明

法律	立法时间	相关说明
侵权行为法重述	1939 年	美国法律学会。第 757～759 条，它是美国法律学会在判例法的基础上整理归纳出的重要法律原则，对商业秘密有关问题作了专章规定。1978 年修订第二版时，有关商业秘密的规范随"不正当竞争及交易规范"全部删除
统一商业秘密法	1979 年	美国统一州法委员会。该成文法仅为示范法，只有为各州所采用，才具有法律效力。对侵犯商业秘密的法律救济作出了较为明确的规定，且统一了商业秘密及其侵权的定义，统一了商业秘密侵权的诉讼时效，明确了侵权的法律救济
反不正当竞争法第三次重述	1995 年	美国法律学会。在其以"商业价值的侵占"为标题的第 4 章中专设第二部分，规定了商业秘密问题；其中对第 39～45 条，对商业秘密的概念、保护规则、侵权和法律救济作出了详尽的论述
经济间谍法	1996 年	美国国会。首次将侵犯商业秘密的行为归列为联邦刑事犯罪，无法给予商业秘密所有者所需的各种民事救济，还对商业秘密的保护客体进行了范围更大的界定

法律	立法时间	相关说明
商业秘密 保护法	2016 年	美国国会。使商业秘密获得美国联邦立法的正式保护，分别对商业秘密 窃取案件的联邦管辖权、案件执行、境外案件报告、国会相关共识以及 行为规范、责任豁免等进行详细规定

DTSA 对商业秘密窃取案件的联邦管辖权、案件执行、境外案件报告、国会相关共识以及行为规范、责任豁免等进行详细规定。

DTSA 新创设的单方扣押程序规定，在"特定情况下"可采取单方民事扣押的行动，规定在侵害商业秘密的民事诉讼中，原告有权单方申请对被告涉及商业秘密的财物或信息进行民事扣押，使得商业秘密所有者在诉讼程序获得进展及丧失商业秘密之前能够预先牵制对方。

此外，DTSA 还要求针对发生在美国境外的盗用美国公司商业秘密的案件进行追踪与报告。司法部长应向参议院与众议院的司法委员会提交报告，并在司法部门的网站上进行公布，通过其认同的途径进行传播，同时对于报告应当包含的内容也进行了详细规定。

当前现行州法中关于商业秘密的保护体系不会被取代，DTSA 后续实施情况如何，也值得持续观察。

四、其他国家地区商业秘密保护法律体系

（一）欧盟

欧盟的商业秘密保护法律一方面基于判例逐步明确关于商业秘密认定裁量的标准规则，另一方面结合判例所反馈的司法实践需要，制定相应的成文法。欧盟成员方对商业秘密的保护主要通过各成员方的国内法实现。

2016 年 6 月 8 日，欧洲议会和欧盟委员会通过了欧盟《商业秘密保护指令》（以下简称《指令》）。欧盟成员方须在 2018 年 6 月 9 日之前将《指

令》转化到其国内法，现已届期。

《指令》通过之前欧盟商业秘密保护的成文法主要是 1989 年 4 月 1 日生效的《商业秘密集体豁免条例》，但该条例中"白色清单"（规定了商业秘密许可权利）、"黑色清单"（规定了不能获得豁免的限制条款）的规定都过于狭窄；该条例还将商业秘密对地域限制许可条款的豁免期限规定为 10 年，不利于商业秘密的长远保护。

《指令》的出台为统一救济措施与程序奠定了法律基础，同时明确了有关商业秘密非法获取、使用或披露的法律，改变各成员方关于商业秘密在术语、保护制度上不统一的状况。以德国与法国为例，1896 年，德国在《反不正当法》首次把侵犯商业秘密列举为不正当竞争行为；2004 年《反不正当竞争法》对商业秘密侵权行为进行了完善。法国从民事和刑事两方面进行商业秘密保护，其中，《法国刑法典》《法国知识产权法典》《法国劳动法》，以及《法国民法典》中均涉及商业秘密保护。

欧洲议会法律事务委员会强调商业秘密在获得保护的同时，应当尊重言论和信息自由，其中涉及新闻自由、劳工迁徙等方面。一是保障新闻自由和多元化；二是有关规则不能影响公共部门披露与商业有关的信息；三是保障劳工迁徙的权利，有关规则不能影响劳工在先前就业的正常程序中诚实获得的信息、知识、经验和技巧，不能对劳工在就业合同规定之外寻找工作造成限制。

（二）日本

日本尚未出台专门的商业秘密保护法，商业秘密保护的相关规定分布在不同法律法规中。

2015 年，日本对《不正当竞争防止法》进行了重要修订，此次修订涉及民事救济程序、刑事处罚范围和商业秘密侵权认定等条款。

在民事救济程序方面，将诉讼时效延长至 20 年，并设计了一套可推翻的"推定使用"机制，该机制仅适用于涉及生产过程的技术秘密，即推定被告使用了原告关于制造方法的商业秘密，为了推翻这些推定，被告需要承担证明自己没有使用商业秘密制造产品的举证责任，这种举证责任转移至被告的制度在发达国家中是独一无二的。

在刑事处罚范围方面，增加"日本境外非法获取商业秘密的行为"，去除要求商业秘密必须由日本企业或个人所控制这一前提条件，将窃取商业秘密未遂行为、侵犯商业秘密涉及的第三人也纳入刑事处罚范围。

日本商业秘密侵权认定原则中特别规定"推定使用"原则，并不去机械性地比较原被告技术的"秘密点"是否相同或近似，而是强调原被告产品有无共通性，是否属于竞争产品。

2015 年，日本还修改了《企业秘密管理指南》，对商业秘密构成要件中的"秘密管理性"进行变更，规定员工若可识别信息作为一个商业秘密，则信息即构成商业秘密，以此放宽信息作为企业秘密的条件。

（三）"一带一路"部分沿线国家

俄罗斯 2004 年正式颁发《俄罗斯联邦商业秘密法》，对商业秘密的确认、获得方法、保护、人员等均进行了规定。2008 年《俄罗斯联邦民法典》正式生效，对技术秘密独占权的内容、权利归属、有效期、许可转让、民事责任等均作了规定。

以色列《商事侵权法》及《药剂条例》中对于未披露信息（商业秘密）进行立法保护。商业秘密的保护期没有限制，只要商业秘密保持其秘密性，对于测试数据保护期最高为 5 年。

印度《合同法》规定："对交易进行限制的任何协议都是无效的"。印度商业秘密保护的法律还有《版权法》《外观设计法》《信息技术法》。印度商业秘密保护的立法分散，相关法律规定过于笼统，不利于实际操作。

第三节 商业秘密保护合规管理：制度建设

制度是商业秘密保护的基础，是商业秘密保护工作的指导性规程。企业应注重制度建设，制定商业秘密管理保护细则、商业秘密台账制度、奖惩制度等。

一、基本制度

依据《中华人民共和国保守国家秘密法》和《中央企业商业秘密保护暂行规定》，确保商业秘密保护合规管理，结合企业实际经营要求，制定符合企业行业特点的商业秘密管理保护细则，作为企业商业秘密保护的基本制度。

二、台账制度

制定商业秘密清单以及涉密载体、涉密场所等的台账制度，准确掌握商业秘密基本信息，确保商业秘密载体的保存、流转、交互、销毁等整个生命周期有据可查，并对商业秘密场所的设备和接触人员进行完整的全流程记录；另外，完整、准确记录商业秘密及其获取途径，获取途径可为反向工程、自我研发、合同、承诺、声明等。

三、培训制度

针对企业实际情况制定培训制度，对商业秘密相关人员进行国家有关法律法规、商业秘密保护案例、企业保密规章制度、商业秘密保护注意事项、竞争对手防范等内容的宣传教育，提高相关人员特别是对外合作相关人员的商业秘密保护意识和风险防范意识。

四、奖惩制度

在商业秘密保护和风险防范工作中，对成绩显著或作出突出贡献的部门和个人，应当给予表彰和奖励。发生商业秘密泄密事件，由本企业保密委员会负责组织有关部门认定责任，相关部门依法依规进行处理。泄露、非法使用商业秘密或者违法国家法律法规的员工，情节较重或者给企业造成较大损失的，应当依法追究相关法律责任，涉嫌犯罪的，依法移送司法机关处理。

第四节　商业秘密保护合规管理：组织保障

机构和人员是商业秘密保护的组织保障。企业商业秘密保护工作应按照"统一领导、分级管理"的原则，实行企业法定代表人负责制，成立保密委员会，设立保密办公室，配备专职的商业秘密管理人员。

一、保密委员会

保密委员会由总经理办、办公室、管理部、生产部、技术部、供应部、营销部、财务部等主要部门领导组成。其主要职责为以下几个方面。

（1）贯彻执行党和国家有关保密工作的指导思想、方针、政策、法律、法规和决定；贯彻执行上级保密委员会的有关保密工作指示、部署。

（2）制定保密工作发展规划和年度保密工作计划，并认真组织实施。

（3）研究决定单位保密工作的重大问题和审查审批保密管理有关事项。

（4）组织开展保密宣传教育，加强涉密人员管理的领导。

（5）制定保密技术（含人防、物防、技防）发展规划并指导、组织实施。

（6）开展保密监督检查工作，协助查处本单位发生的重大泄密事件。

（7）负责防止侵犯他人商业秘密和疑似侵犯他人商业秘密的处置和协调。

（8）向企业和上级保密委员会报告工作，并提出加强和改进保密工作的意见、建议。

二、保密办公室

保密办公室是商业秘密的归口管理机构，日常工作由公司办公室负责。其主要职责包括以下几方面。

（1）向保密委员提出工作建议，部属、落实保密委员会决策。

（2）负责制定、完善公司商业秘密保护及商业秘密侵权防范管理制度。

（3）建立和完善商业秘密保护、侵权防范管理体系。

（4）根据保密资格标准，组织协调企业保密检查及审查工作；监督、指导定密工作。

（5）涉密人员审查、管理；组织企业保密教育与培训。

（6）监督指导重要涉密活动的保密管理工作。

（7）组织确定和调整保密要害部门、部位。

（8）配合开展泄密案件调查，对已发生的泄密案件及时向上级主管部门和同级保密部门报告情况，及时查处泄密案件当事人，及时采取补救措施。

三、商业秘密管理人员

按照"业务谁主管、保密谁负责"配备商业秘密保护管理人员。其主要职责包括以下几个方面。

（1）集中保管涉及商业秘密的资料、物品等。

（2）负责信息系统、信息设备和存储设备的安全保密管理工作。

（3）负责公司涉密设备和涉密载体管理（包括申报、维修、报废等），台账清晰、过程受控。

（4）对于清退或销毁商业秘密资料和物品时，需经审批并按照有关程序，在专人监督下进行，并形成历史记录，永久保存。

（5）做好涉密人员月度自查、保密培训及保密检查准备工作。

（6）了解和掌握业务工作中的保密范围，把保密工作纳入业务管理工作，经常进行督促和检查。

（7）自觉接受保密监督，模范遵守保密法律、法规。

第五节　商业秘密保护合规管理：涉密人员管理

涉密人员合规管理是商业秘密保护的重要环节之一，需要根据企业内外部情况采取对应的合规管理措施，包括企业内部人员，可能知悉企业商业秘密的外部人员，尤其是涉外人员。

一、内部人员

针对内部涉密人员，编制涉密人员管理规范，明确涉密人员岗前、在岗、离岗及离职期间的保密要求；对在岗人员进行培训，不披露员工掌握的他人商业秘密；在岗人员公开宣传的资料或设备应经保密委员会和保密工作小组审核；使内部涉密人员能够利用管理规范及时了解并有效执行企业内部的保密机制，具体管理措施还包括以下几点。

（1）内部涉密人员根据涉密程度和密级不同进行分类。

（2）组织人事部门要对拟任（聘）到涉密岗位工作的人员进行保密

审查，填写《涉密人员保密审查表》。

（3）新入职人员的人事合同中应有保密条款的规定。

（4）内部涉密人员上岗前必须经过保密教育培训，并经考核合格。

（5）内部涉密人员上岗和离岗前要签订《商业秘密保密协议》及《竞业限制协议》，明确涉密人员应当承担的保密责任和义务。

（6）内部涉密人员因私出国（境），要填写《涉密人员因私出国（境）审批表》，由保密工作领导小组提出意见，按照干部（人事）管理权限报组织人事部门审批，涉密人员出国（境），应对其进行行前保密教育，签订《出国（境）保密承诺书》。

（7）内部涉密人员离岗离职实行脱密期管理，签订《离岗离职保密承诺书》，脱密期内的涉密人员，不得到境外（驻华）机构、组织及外商独资企业提供劳务、咨询或者其他服务，未经批准不得出国（境）。

（8）聘用外籍人员和海外归国人员从事涉及商业秘密工作的，应当报经单位保密委员会批准。

（9）内部涉密人员调离涉密岗位，应当在离岗前及时向所在单位移交、归还商业秘密载体，并签订调岗保密承诺书。

（10）内部涉密人员公开宣传的资料或设备应经企业保密委员会和各部门保密工作小组审核。

二、外部人员

针对供应商、客户、被许可人、制造商、顾问等相关外部人员，做好登记管理工作，必要时签订保密承诺书，写明保密条款；确保外部人员能够知晓并关注企业商业秘密的保密。

应告知外部人员所获取信息的专有性和机密性，要求保证不泄露履行合同时掌握的企业商业秘密，否则将承担违约和赔偿，甚至刑事责任。要做好参观交流等活动的登记管理，限制参观区域、路线和内容。

三、涉外人员

涉外人员主要包括企业开展产品或技术进出口以及涉外技术交流合作、产品展览和人才引进等过程中涉及商业秘密保护的相关人员。

针对产品或技术进出口业务开展，应统一产品规格、材料、流程、技术等介绍材料口径，限制宣传范围和程度，确保与产品和技术相关的商业秘密不被泄露。

针对涉外技术交流合作的相关人员，审慎对待交流人员将原单位或合作企业（特别是合作方为竞争对手）的商业秘密带入本企业；合理安排双方人员的交流场所和频次，记录交流内容和达成结果并保存相关证据，防止合作企业或其他单位利用双方不当交流方式而恶意提起侵权诉讼。

针对涉外产品展览的相关人员，应审查展出的产品及其介绍材料，对展览中涉及的竞争对手、保密措施等进行培训，并重点保护产品秘密点。

针对人才引进中的相关人员，对聘用的外籍或曾就职于外企的技术人员，应调查其背景，充分考虑因聘用人员提供的技术可能被外国政府或企业起诉侵犯商业秘密的风险。

第六节　商业秘密保护合规管理：涉密信息管理

涉密信息的合规管理主要包括基本管理、涉密载体、涉密场所以及商务合同中涉及的商业秘密事宜，特别是涉美业务中如何防范侵犯他人商业秘密。

一、基本管理

要建立商业秘密分级制度，根据商业秘密的数量、重要程度、保护要求、管理水平等实际状况划分商业秘密的密级和知悉范围,明确各等级商业秘密保密期限以及商业秘密标志,将不同重要程度的商业秘密按照不同的保护模式进行保护;对商业秘密的产生、认定、使用和解密等环节进行动态管理,商业秘密变更密级、保密期限、知悉范围、在保密期限内解密或自行解密进行及时更新。

要对商业秘密的解密进行分层管理,商业秘密的降密、解密和销毁,需根据该项商业秘密的保密期限或依据已经变化的情况,经所在单位初审后报保密委员会审定批准,方可进行降密、解密或销毁。

对于事关国民经济国防安全的商业秘密需要变更为国家秘密的,依法定程序将其确定为国家秘密。

二、涉密载体

商业秘密载体应及时如数登记并长期保存;商业秘密载体应存放在密码文件柜内,指定专人管理,定期进行检查,做到账物相符。

严格规范商业秘密载体,对在以文字、数据、符号、图形、声音等方式记载商业秘密的纸质文件、磁质文件等上作出明显的商业秘密标志。对商业秘密载体的制作、收发、传递、使用、保存、销毁等过程实施控制,确保商业秘密载体安全。商业秘密及其载体应在规定区域内保存和流转,重要商业秘密应经保密办公室审核批准。

加强与商业秘密相关的计算机信息系统、通信及办公自动化等信息设施、设备的保密管理,保障商业秘密信息安全。涉密设备的选择、采购、安装、运行、使用、维修、报废、销毁应当充分考虑国家的安全和保密需要,按照操作规程和国家保密部门的有关规定制定相关流程。

三、涉密场所

涉密场所指企业内部专门处理涉密事项、存储商业秘密以及涉密载体的区域。规范涉密场所的确定、变更及标识，根据区域实际情况及保密要求，落实保密管理制度和防范措施，将保密责任落实到人，增强工作人员保密意识，确保企业商业秘密安全。

涉密场所设立门禁，明确进入人员范围，严格禁止无关人员进入，其他部门员工和外来人员因工作需要进入涉密场所，需经涉密场所负责人批准，并做好登记工作。未经批准禁止携带有录音、录像、拍照、信息存储等功能的设备进入涉密场所。涉密区域的关键位置还应设置图像采集设施。

四、对外合作

在开展对外合作签订合同时，要明确双方权利、义务以及技术成果归属。在合作过程产生新的信息也要明确权属关系和保密义务。

在商务合作中商业秘密合法来源的证据要总结归档。在重点工程、重大项目建设中与外部单位进行技术合作或统一经营管理时，应通过合同、申明、承诺等方式明确技术信息和管理经验的归属以及使用方式。

对于相关证据出处的信息要保存归档，尤其是涉嫌侵权的文档、资料。在参考、引用其他公司相关数据或资料时，应尽可能明确其来源。对于公开信息，使用时要清楚标注出处；对于非公开信息，如企业间业务合作和技术交流，需要通过合同、申明、承诺等方式保存确保其来源合法。

五、涉美业务

在开展涉美业务时，要对美国同行企业以及竞争对手的商业秘密保护情况进行充分的了解，要加强对美国商业秘密保护法律开展研究。

要针对同行、伙伴、竞争对手及其子公司的商业秘密保护情况进行调研，形成调查报告。

要及时盘点企业自己的产品、技术和服务等信息及其来源等商业秘密相关信息，预防出现侵犯他人商业秘密的风险。

在与美国公司直接开展涉及商业秘密的业务咨询、谈判、技术评审、成果鉴定、合作开发、技术转让、合资入股时，要关注美国公司的业务范围、合作伙伴以及与企业的业务往来等可能涉及商业秘密的信息。

在与其他公司开展业务合作过程中，如果该公司与美国公司有业务往来，在签订保密协议中要明确其与美国公司的相关业务往来应该获得企业的许可或授权。企业要了解、记录该美国公司的业务范围、合作伙伴、相关业务往来等可能涉及商业秘密的信息。

要加强对美国"337"调查典型案例的研究，掌握"337"调查的规律和应对方式，做好风险防范。

另外，DTSA规定司法部应针对美国境外侵害美国商业秘密的案件情况，经与知识产权执法部门等机构磋商后定期向参、众两议院提交报告并向社会公布，可见DTSA不仅局限于境内商业秘密的保护，还试图使美国的商业秘密能够获得全球范围内的保护。同时，当境外盗用美国商业秘密涉及进口货物时，只要可能损害美国相关产业利益，即使该行为发生在外国，美国联邦贸易委员会（ITC）也可行使管辖权。所以，有货物出口贸易的企业需更加谨慎。

第七节　商业秘密保护合规审查

一、审查依据及要求

依据我国及其他国家地区的商业秘密保护法律法规，对企业商业秘密保护进行合规审查。

商业秘密的合规审查围绕保护和侵权风险防范两个方面，主要针对涉密人员、涉密载体、涉密场所、保密措施等内容，对技术转让、许可、产品进出口等环节的合同签订、信息来源、接触途径等环节进行审查。

合规审查可以根据业务开展和交易具体情况决定审查进度和周期。

二、审查内容

商业秘密保护合规审查的内容主要聚焦保护和侵权风险防范，既要确保企业自身的商业秘密能获得充分保护，避免损失，又要防止企业侵犯他人的商业秘密，防范风险。保护方面审查内容主要包括：涉密人员管理审查、涉密信息管理审查、失泄密应对措施审查等；风险防范审查内容主要包括：人员引进审查、商务合同审查、侵犯他人商业秘密应对措施审查等。

（一）商业秘密泄密风险合规审查

1. 涉密人员管理审查

调查数据显示，商业秘密泄密案件中的80%由内部人员引发，60%由人员流动引起，因此，人员管理是商业秘密保护的第一道防线，属于重点审查内容。

（1）审查范围。

审查的人员范围包括内部人员和外部人员。内部人员包括：新入职人员、在职人员、调岗人员、离职人员。外部人员包括：被许可人、供应商、客户、制造商、销售代理商，以及向公司提供产品或服务的建筑师、工程师、顾问、承包人、分保人，以及人才引进和技术合作中的涉外人员等。

（2）审查重点。

岗前、在岗、离岗及离职期间的涉密人员的合同、协议、声明、承诺等文件中设置保密条款内容是否全面、责任是否明确；人才引进和技术合作中商业秘密信息保存记录情况；开展涉外业务和技术合作时，还需重点审查涉外涉密人员的管理情况。

2. 涉密信息管理审查

采取保密措施是商业秘密的构成要件，需要重点审查。

（1）审查范围。

企业保密措施主要包括采用与企业实际经营状况相适应的技术手段、经济手段和契约手段对涉密信息进行管理的方式方法。其中，涉密信息管理主要包括密级管理、涉密载体、涉密场所。

（2）审查重点。

商业秘密密级制度建立情况；是否明确保密期限和标志等；是否对商业秘密的产生、认定、使用和解密等环节进行动态分层管理；商业秘密载体指定专人管理情况；与商业秘密相关的计算机信息系统、通信及办公自动化等信息设施、设备是否具有商业秘密标志；涉密场所是否设立门禁，并登记人员往来等。

3. 失泄密应对措施审查

（1）审查内容。

商业秘密失泄密应对措施审查的内容主要包括：失泄密事件的确认、失泄密原因查找、失泄密补救措施、失泄密风险再识别和制度再改进等。

（2）审查重点。

是否具有规范的失泄密应对措施流程；是否具有专职人员或专业的中介机构对失泄密原因进行调查；是否可以根据不同的失泄密风险等级确定应急处置等。

（二）商业秘密侵权风险防范合规审查

1. 人员引进管理审查

（1）审查范围。

与泄密风险审查中的涉密人员管理审查不同，侵犯他人商业秘密风险防范合规审查主要针对人员引进尤其是从境外人才引进的管理，以及业务合作中我方人员、合作方人员的行为规范的管理。

（2）审查重点。

在引进外部尤其是外籍、外企的技术人员时，签署协议文件中是否明确不侵犯他人商业秘密；如果侵权，责任如何承担等；在开展业务合作过程中我方人员是否遵守商业秘密保护规定和约定；是否存在因个人原因导致侵犯他人商业秘密牵连企业；是否存在因合作方人员原因侵犯他人商业秘密牵连企业。

2. 商务合同审查

（1）审查范围。

涉及企业的咨询、谈判、技术评审、成果鉴定、合作开发、技术转让、技术入股等商务活动签订的合同都纳入审查范围。不仅审查正常履行的合同，还要覆盖中止、终止或解除的合同。

（2）审查重点。

商业秘密或知识产权条款设置情况：商业秘密权属、保密义务、泄密责任是否明确；保密内容、范围和期限是否合理；涉密人员要求是否恰当；保密措施是否可行等。

3. 侵犯他人商业秘密应对措施审查

（1）审查范围。

主要针对企业在遭遇他人以侵犯商业秘密为由提起的纠纷或诉讼时，如何采用合理、及时、专业的抗辩方法、应对措施等。

（2）审查重点。

是否对商业秘密构成条件进行确认；是否对商业秘密侵权构成条件进行确认；侵权责任的判断及应对策略是否合理；是否有专业人员或专业机构参与等。

三、审查结果

在审查结束后给出审查意见和结论，通常结论有以下两种情况。

（1）商业秘密保护和体系建设符合合规要求，可继续完善体系优化机制，执行好商业秘密保护各项制度。

（2）商业秘密保护和体系建设不符合合规要求，同时指出保护体系需要强化的重点环节和完善的具体举措。

特别注意的是：审查过程中如遇特殊交易，则在审查结论中应在具体情况的基础上，增加后续合规审查安排的表述。

第八节　商业秘密保护合规管理：应急措施

企业应建立失泄密和侵犯他人商业秘密的应急处理预案和保障措施，一旦遭遇失泄密和侵犯他人商业秘密的风险，能及时采取有效措施予以应对。

一、失泄密应急措施

企业商业秘密失泄密应急处置措施包括失泄密事件的确认、查找失泄密原因、确定失泄密风险等级、采取补救措施和失泄密风险再识别及制度再改进等步骤。

（一）失泄密事件确认

企业应建立一套确认失泄密事件的评价机制，确认在商业保密保护过程中发生下列情形之一的，应视为发生失泄密事件。

（1）商业秘密相关信息被不负有保密义务的人员、企业获悉。

（2）使用某项专有技术生产的产品在市场上出现。

（3）商业秘密相关信息出现在公众领域的网络媒体、刊物上。

（4）某个可能涉及商业秘密的行为或事件给企业已经造成了经营、管理、经济、声誉等不良影响。

（5）初步判断可能出现失泄密事件的其他情形。

（二）失泄密原因查找

对于可能发生的失泄密事件，企业应及时组织法律部门、审计监察部门及相关业务部门着手调查失泄密原因，以及调查手段的覆盖面。

调查可采用顺向调查、逆向调查和侧向调查方式开展，或同时采用多种方式调查。顺向调查从保密单位入手，从保密信息的知悉范围、保密工作方式、保密流程管理等发现商业秘密的流向，对可能出现失泄密的环节重点组织调查认证，查找失泄密原因。逆向调查从商业秘密出现的知悉人员、平台、机构入手，追溯涉密信息的来源，查找失泄密原因。侧向调查是从监督机构、相关中介机构了解相关保密信息来源，查找失泄密原因。

（三）失泄密风险等级

企业应根据风险事件对企业的经营发展影响划分失泄密风险等级，可分为一般风险事项和重大风险事件等级。

一般风险事件指企业发生某项商业秘密失泄密事件，可能受到较轻的处罚、制裁或遭受数额较小的资产损失或影响较小的声誉损失的风险事项。对于一般风险事件，不直接影响企业整体利益，并且相关部门能够在其职权范围内进行有效防范的，保密委员会日常办事机构应当向特定部门提出处置方案，并指导、监督处置方案的落实。相关部门有义务向保密委员会日常办事机构汇报合规风险处置方案的执行情况。

重大风险事件是指企业发生某项商业秘密失泄密事件，可能受到严厉处罚或制裁或遭受重大经济损失或重大声誉损失的风险事项。对于重大风险事件，保密办公室应制作书面的风险分析意见，立即采取补救措施。

（四）失泄密补救措施

企业发现失泄密事件，应及时采取补救措施，并保证补救措施的范围和力度。

对于出现的企业员工泄露或者非法使用商业秘密，情节较重或者造成较大损失的，应当依法追究相关法律责任。涉嫌犯罪的，依法向公安或检察机关报案。对于出现第三方侵权事件，要及时组织收集相关证据，如果企业内部采取的补救措施效果有限，可借助外部专业律师事务所或知识产权代理机构等部门的力量，推进谈判、报案、诉讼等方式的维权和补救的进程，依法主张权利，要求停止侵权，消除影响，赔偿损失。

（五）失泄密风险再识别和制度再改进

企业应建立商业秘密保护后评估制度，根据商业秘密风险识别情况和风险事件处置结果，进入商业秘密保护合规风险再识别和合规制度再制定的持续改进阶段，保障商业秘密合规管理体系全环节的稳健运行。

二、侵犯他人商业秘密应急措施

企业侵犯他人商业秘密的应急处置措施包括侵犯他人商业秘密的确认、查找侵权原因、设置抗辩途径、遏制企业损失和构建后评估制度等步骤。

（一）侵犯他人商业秘密的确认

企业遭遇他人商业秘密侵权诉讼时，应立即启动侵犯他人商业秘密的确认机制。

判断企业所使用的信息有没有侵犯他人商业秘密需要两个步骤，一是确认他人所称商业秘密是否构成法律意义上的商业秘密；二是在他人所称商业秘密确认构成法律意义上的商业秘密的前提下，判断企业所使用的信息是否与他人所称商业秘密等同或相同。

确认他人所称商业秘密是否构成法律意义上的商业秘密包括确认他人

所称商业秘密是什么、判断他人所称商业秘密是否符合商业秘密的三要件，企业应从秘密性和保密性入手提出抗辩理由，即证明原告所称商业秘密并不具有秘密性和保密性。

当判断他人所称商业秘密的确构成法律意义上的商业秘密，企业下一步需判断所使用的信息是否与他人所称商业秘密相同或等同。企业组织内部技术专家或借助外部知识产权事务所等，对涉嫌侵权的商业秘密的相同或等同性进行评估，初步判断所使用的信息是否相同或等同于他人所称商业秘密，以预估侵犯他人商业秘密的风险。

（二）查找侵权原因

企业应建立侵权原因追溯机制，对于可能发生的侵犯他人商业秘密事件，企业保密委员会是否及时组织法律部门、审计监察部门及相关业务部门着手开始调查，查找侵权原因。调查可以采用逆向调查，从企业涉侵权信息的知悉人员、平台、机构入手，追溯涉侵权信息的来源，查找涉嫌侵权的原因，为侵权抗辩寻找证据，有利于企业侵权风险再识别和制度再改进。重点调查涉侵权信息是否来源于员工跳槽携带原单位信息及员工记忆信息、企业合作和技术交流从外部单位流入信息、外部单位非法获得本企业信息作为外部单位的商业信息而恶意诉讼等可能情况。

（三）抗辩途径设置

企业应当根据商业秘密的获取途径、接触、相同或实质性相似等原则对商业秘密进行侵权抗辩，必要时通过司法鉴定或其他专门人员从商业秘密的秘密性、同一性辅助认定事实，重点关注：一是侵害商业秘密纠纷案件司法实践中"秘密性"具体表现为"秘密点"的寻找与确定，明晰商业秘密权利人起诉前自身商业秘密的"秘密点"所在是胜诉的基本保证；二是被告实施的技术信息与原告是否相同，两者不具有同一性，同样不构成侵害商业秘密。

企业在技术合作中，应采取必要手段切断或减少与合作方"接触"的可能和证据，具有紧急组织企业内部技术专家或借助外部律师事务所、知识产权代理机构、技术鉴定组织等专业机构，对涉嫌侵权的商业秘密的相同或等同性进行评估的能力。保存合作项目和转让技术的合同、许可、协议等技术合理来源的证据，其中合理来源包括自行开发、反向工程所得、受让或许可以及不知他人非法获取或披露而使用等。

（四）遏制企业损失

企业对于可能发生的侵犯他人商业秘密事件，应采取积极措施遏制由此事件带来的损失，遏制损失的措施可以从以下方面拓展：一是通过协商的方式解决侵犯商业秘密纠纷。由于商业秘密的特殊性，采取行政、刑事、民事诉讼等法律途径解决纠纷并不是优先方案，司法立案前应当优先考虑是否可以通过协商解决的方案解决纠纷；二是诉讼案件中抗辩分析原告案由，处理诉讼时效与管辖、证据收集和确定赔偿金额等问题。

（五）构建后评估制度

企业应建立侵犯他人商业秘密风险后评估制度，根据侵权风险识别情况和风险事件处置结果，进入商业秘密保护合规风险再识别和合规制度再制定的持续改进阶段，保障商业秘密合规管理体系全环节的稳健运行。

第八章　法律法规及相关制度文件

第一节　PPP 业务合规管理指南：法律法规及相关制度文件

一、《关于规范政府和社会资本合作（PPP）综合信息平台项目库管理的通知》

第二条　严格新项目入库标准

各级财政部门应认真落实相关法律法规及政策要求，对新申请纳入项目管理库的项目进行严格把关，优先支持存量项目，审慎开展政府付费类项目，确保入库项目质量。存在下列情形之一的项目，不得入库：

（一）不适宜采用 PPP 模式实施。包括不属于公共服务领域，政府不负提供义务的，如商业地产开发、招商引资项目等；因涉及国家安全或重大公共利益等，不适宜由社会资本承担的；仅涉及工程建设，无运营内容的；其他不适宜采用 PPP 模式实施的情形。

（二）前期准备工作不到位。包括新建、改扩建项目未按规定履行相关立项审批手续的；涉及国有资产权益转移的存量项目未按规定履行相关国有资产审批、评估手续的；未通过物有所值评价和财政承受能力论证的。

（三）未建立按效付费机制。包括通过政府付费或可行性缺口补助方式获得回报，但未建立与项目产出绩效相挂钩的付费机制的；政府付费或可行性缺口补助在项目合作期内未连续、平滑支付，导致某一时期内财政支出压力激增的；项目建设成本不参与绩效考核，或实际与绩效考核结果挂钩部分占比不足30%，固化政府支出责任的。

二、《关于印发政府和社会资本合作模式操作指南（试行）的通知》

第十条　县级（含）以上地方人民政府可建立专门协调机制，主要负责项目评审、组织协调和检查督导等工作，实现简化审批流程、提高工作效率的目的。政府或其指定的有关职能部门或事业单位可作为项目实施机构，负责项目准备、采购、监管和移交等工作。

三、《关于开展政府和社会资本合作的指导意见》

第四条第二款　明确实施主体。按照地方政府的相关要求，明确相应的行业管理部门、事业单位、行业运营公司或其他相关机构，作为政府授权的项目实施机构，在授权范围内负责PPP项目的前期评估论证、实施方案编制、合作伙伴选择、项目合同签订、项目组织实施以及合作期满移交等工作。

四、《关于推进政府和社会资本合作规范发展的实施意见》

第二条　规范推进PPP项目实施

（一）规范的PPP项目应当符合以下条件：

1. 属于公共服务领域的公益性项目，合作期限原则上在10年以上，按规定履行物有所值评价、财政承受能力论证程序；

2. 社会资本负责项目投资、建设、运营并承担相应风险，政府承担政策、法律等风险；

3. 建立完全与项目产出绩效相挂钩的付费机制，不得通过降低考核标准等方式，提前锁定、固化政府支出责任；

4. 项目资本金符合国家规定比例，项目公司股东以自有资金按时足额缴纳资本金；

5. 政府方签约主体应为县级及县级以上人民政府或其授权的机关或事业单位；

6. 按规定纳入全国 PPP 综合信息平台项目库，及时充分披露项目信息，主动接受社会监督。

（二）在符合上述条件的同时，新上政府付费项目原则上还应符合以下审慎要求：

1. 财政支出责任占比超过 5% 的地区，不得新上政府付费项目。按照"实质重于形式"原则，污水、垃圾处理等依照收支两条线管理、表现为政府付费形式的 PPP 项目除外；

2. 采用公开招标、邀请招标、竞争性磋商、竞争性谈判等竞争性方式选择社会资本方；

3. 严格控制项目投资、建设、运营成本，加强跟踪审计。

对于规避上述限制条件，将新上政府付费项目打捆、包装为少量使用者付费项目，项目内容无实质关联、使用者付费比例低于 10% 的，不予入库。

（三）强化财政支出责任监管。确保每一年度本级全部 PPP 项目从一般公共预算列支的财政支出责任，不超过当年本级一般公共预算支出的 10%。新签约项目不得从政府性基金预算、国有资本经营预算安排 PPP 项目运营补贴支出。建立 PPP 项目支出责任预警机制，对财政支出责任占比超过 7% 的地区进行风险提示，对超过 10% 的地区严禁新项目入库。

五、《关于加强中央企业 PPP 业务风险管控的通知》

第二条　严格准入条件，提高项目质量。

各中央企业要将源头管控作为加强 PPP 业务管理的重中之重，细化 PPP 项目选择标准，优中选优，规范有序参与市场竞争，有效应对项目占用资金规模大、回报周期长带来的潜在风险。一是聚焦主业。根据项目投资、建设、运营等环节特征准确界定集团主业投资领域，认真筛选符合集团发展方向、具备竞争优势的项目。将 PPP 项目纳入企业年度投资计划管理，严控非主业领域 PPP 项目投资。二是坚持"事前算赢"原则，在项目决策前充分开展可行性分析，参考本企业平均投资回报水平合理设定 PPP 投资财务管控指标，投资回报率原则上不应低于本企业相同或相近期限债务融资成本，严禁开展不具备经济性的项目，严厉杜绝盲目决策，坚决遏制短期行为。三是认真评估 PPP 项目中合作各方的履约能力。在通过财政承受能力论证的项目中，优先选择发展改革、财政等部门入库项目，不得参与付费来源缺乏保障的项目。

第五条　规范会计核算，准确反映 PPP 业务状况。

各中央企业应当根据《企业会计准则》相关规定规范 PPP 业务会计核算。一是规范界定合并范围。根据股权出资比例、合作方投资性质、与合作方关联关系（如合营、担保、提供劣后级出资等），对项目融资、建设和运营的参与程度，风险回报分担机制，合作协议或章程约定等，按照"实质重于形式"原则综合判断对 PPP 项目的控制程度，规范界定合并范围；对确属无控制权的 PPP 项目，应当建立单独台账，动态监控项目的经营和风险状况，严防表外业务风险。二是足额计提资产减值准备。定期对 PPP 项目长期股权投资、取得的收费权、股东借款等资产进行减值测试，重点关注实际运营情况与项目可研预期差距较大、合作方付款逾期等减值迹象，及时足额计提减值准备，防范资产价值不实。三是规范核算项目收益。同时参与 PPP 项目投资、建设或运营的企业，应当合理划分和规范核算各阶段收益。

六、《国务院办公厅关于保持基础设施领域补短板力度的指导意见》

第十条 防范化解地方政府隐性债务风险和金融风险。地方政府建设投资应当量力而行，加大财政约束力度，在建设项目可行性研究阶段充分论证资金筹措方案。严格项目建设条件审核，区分轻重缓急，科学有序推进。严禁违法违规融资担保行为，严禁以政府投资基金、政府和社会资本合作（PPP）、政府购买服务等名义变相举债。金融机构要审慎合规经营，尽职调查、严格把关，按照市场化原则评估借款人财务能力和还款来源，综合考虑项目现金流、抵质押物等审慎授信。（地方各级人民政府负责）

七、《国家发展改革委关于依法依规加强 PPP 项目投资和建设管理的通知》

第一条 全面、深入开展 PPP 项目可行性论证和审查

（一）PPP 项目涉及公共资源配置和公众利益保障，其建设的必要性、可行性等重大事项应由政府研究认可。按照国务院关于"加强 PPP 项目可行性论证，合理确定项目主要内容和投资规模"的要求，所有拟采用 PPP 模式的项目，均要开展可行性论证。通过可行性论证审查的项目，方可采用 PPP 模式建设实施。

（二）PPP 项目可行性论证既要从经济社会发展需要、规划要求、技术和经济可行性、环境影响、投融资方案、资源综合利用以及是否有利于提升人民生活质量等方面，对项目可行性进行充分分析和论证，也要从政府投资必要性、政府投资方式比选、项目全生命周期成本、运营效率、风

险管理以及是否有利于吸引社会资本参与等方面，对项目是否适宜采用 PPP 模式进行分析和论证。

（三）实行审批制管理的 PPP 项目，在可行性研究报告审批通过后，方可开展 PPP 实施方案审查、社会资本遴选等后续工作。实行核准制的 PPP 项目，应在核准的同时或单独开展可行性论证和审查。实行备案制的 PPP 项目，应单独开展可行性论证和审查。

八、《政府投资条例》

第九条 政府采取直接投资方式、资本金注入方式投资的项目（以下统称政府投资项目），项目单位应当编制项目建议书、可行性研究报告、初步设计，按照政府投资管理权限和规定的程序，报投资主管部门或者其他有关部门审批。

项目单位应当加强政府投资项目的前期工作，保证前期工作的深度达到规定的要求，并对项目建议书、可行性研究报告、初步设计以及依法应当附具的其他文件的真实性负责。

第十条 除涉及国家秘密的项目外，投资主管部门和其他有关部门应当通过投资项目在线审批监管平台（以下简称在线平台），使用在线平台生成的项目代码办理政府投资项目审批手续。

投资主管部门和其他有关部门应当通过在线平台列明与政府投资有关的规划、产业政策等，公开政府投资项目审批的办理流程、办理时限等，并为项目单位提供相关咨询服务。

第十一条 投资主管部门或者其他有关部门应当根据国民经济和社会发展规划、相关领域专项规划、产业政策等，从下列方面对政府投资项目进行审查，作出是否批准的决定：

（一）项目建议书提出的项目建设的必要性；

（二）可行性研究报告分析的项目的技术经济可行性、社会效益以及项目资金等主要建设条件的落实情况；

（三）初步设计及其提出的投资概算是否符合可行性研究报告批复以及国家有关标准和规范的要求；

（四）依照法律、行政法规和国家有关规定应当审查的其他事项。

投资主管部门或者其他有关部门对政府投资项目不予批准的，应当书面通知项目单位并说明理由。

对经济社会发展、社会公众利益有重大影响或者投资规模较大的政府投资项目，投资主管部门或者其他有关部门应当在中介服务机构评估、公众参与、专家评议、风险评估的基础上作出是否批准的决定。

第十二条　经投资主管部门或者其他有关部门核定的投资概算是控制政府投资项目总投资的依据。

初步设计提出的投资概算超过经批准的可行性研究报告提出的投资估算 10% 的，项目单位应当向投资主管部门或者其他有关部门报告，投资主管部门或者其他有关部门可以要求项目单位重新报送可行性研究报告。

九、《企业投资项目核准和备案管理条例》

第三条　对关系国家安全、涉及全国重大生产力布局、战略性资源开发和重大公共利益等项目，实行核准管理。具体项目范围以及核准机关、核准权限依照政府核准的投资项目目录执行。政府核准的投资项目目录由国务院投资主管部门会同国务院有关部门提出，报国务院批准后实施，并适时调整。国务院另有规定的，依照其规定。

对前款规定以外的项目，实行备案管理。除国务院另有规定的，实行备案管理的项目按照属地原则备案，备案机关及其权限由省、自治区、直辖市和计划单列市人民政府规定。

十、《国务院办公厅关于清理规范工程建设领域保证金的通知》

第一条　全面清理各类保证金。对建筑业企业在工程建设中需缴纳的保证金，除依法依规设立的投标保证金、履约保证金、工程质量保证金、农民工工资保证金外，其他保证金一律取消。对取消的保证金，自本通知印发之日起，一律停止收取。

第二条　转变保证金缴纳方式。对保留的投标保证金、履约保证金、工程质量保证金、农民工工资保证金，推行银行保函制度，建筑业企业可以银行保函的方式缴纳。

十一、《关于进一步推动中央企业工程建设领域保证金保函替代工作有关事项的通知》

第四条　建立现金保证金支付审批备案制度。中央企业要建立和完善工程建设领域现金保证金缴纳审批备案制度，明确工程建设项目现金保证金的审批程序与权限。所属子企业对外提供现金保证金应由上级企业批准，其中，超过5000万元的应由集团总部批准，超过1亿元的应报国资委备案。有关中央企业应按照《国务院办公厅关于清理规范工程建设领域保证金的通知》（以下简称49号文件）要求，积极主动做好与业主方的沟通协商工作，努力降低现金保证金占用资金规模。

十二、《中华人民共和国政府采购法》

第二十六条　政府采购采用以下方式：

（一）公开招标；

（二）邀请招标；

（三）竞争性谈判；

（四）单一来源采购；

（五）询价；

（六）国务院政府采购监督管理部门认定的其他采购方式。

公开招标应作为政府采购的主要采购方式。

第二十七条 采购人采购货物或者服务应当采用公开招标方式的，其具体数额标准，属于中央预算的政府采购项目，由国务院规定；属于地方预算的政府采购项目，由省、自治区、直辖市人民政府规定；因特殊情况需要采用公开招标以外的采购方式的，应当在采购活动开始前获得设区的市、自治州以上人民政府采购监督管理部门的批准。

第二十八条 采购人不得将应当以公开招标方式采购的货物或者服务化整为零或者以其他任何方式规避公开招标采购。

第二十九条 符合下列情形之一的货物或者服务，可以依照本法采用邀请招标方式采购：

（一）具有特殊性，只能从有限范围的供应商处采购的；

（二）采用公开招标方式的费用占政府采购项目总价值的比例过大的。

第三十条 符合下列情形之一的货物或者服务，可以依照本法采用竞争性谈判方式采购：

（一）招标后没有供应商投标或者没有合格标的或者重新招标未能成立的；

（二）技术复杂或者性质特殊，不能确定详细规格或者具体要求的；

（三）采用招标所需时间不能满足用户紧急需要的；

（四）不能事先计算出价格总额的。

第三十一条 符合下列情形之一的货物或者服务，可以依照本法采用单一来源方式采购：

（一）只能从唯一供应商处采购的；

（二）发生了不可预见的紧急情况不能从其他供应商处采购的；

（三）必须保证原有采购项目一致性或者服务配套的要求，需要继续从原供应商处添购，且添购资金总额不超过原合同采购金额百分之十的。

第三十二条 采购的货物规格、标准统一、现货货源充足且价格变化幅度小的政府采购项目，可以依照本法采用询价方式采购。

十三、《政府采购竞争性磋商采购方式管理暂行办法》

第二条 本办法所称竞争性磋商采购方式，是指采购人、政府采购代理机构通过组建竞争性磋商小组（以下简称磋商小组）与符合条件的供应商就采购货物、工程和服务事宜进行磋商，供应商按照磋商文件的要求提交响应文件和报价，采购人从磋商小组评审后提出的候选供应商名单中确定成交供应商的采购方式。

第三条 符合下列情形的项目，可以采用竞争性磋商方式开展采购：

（一）政府购买服务项目；

（二）技术复杂或者性质特殊，不能确定详细规格或者具体要求的；

（三）因艺术品采购、专利、专有技术或者服务的时间、数量事先不能确定等原因不能事先计算出价格总额的；

（四）市场竞争不充分的科研项目，以及需要扶持的科技成果转化项目；

（五）按照招标投标法及其实施条例必须进行招标的工程建设项目以外的工程建设项目。

十四、《政府和社会资本合作项目政府采购管理办法》

第四条 PPP项目采购方式包括公开招标、邀请招标、竞争性谈判、竞争性磋商和单一来源采购。项目实施机构应当根据PPP项目的采购需求特点，依法选择适当的采购方式。公开招标主要适用于采购需求中核心边界条件和技术经济参数明确、完整、符合国家法律法规及政府采购政策，且采购过程中不作更改的项目。

第五条　PPP 项目采购应当实行资格预审。项目实施机构应当根据项目需要准备资格预审文件，发布资格预审公告，邀请社会资本和与其合作的金融机构参与资格预审，验证项目能否获得社会资本响应和实现充分竞争。

第七条　项目实施机构、采购代理机构应当成立评审小组，负责 PPP 项目采购的资格预审和评审工作。评审小组由项目实施机构代表和评审专家共 5 人以上单数组成，其中评审专家人数不得少于评审小组成员总数的 2/3。评审专家可以由项目实施机构自行选定，但评审专家中至少应当包含 1 名财务专家和 1 名法律专家。项目实施机构代表不得以评审专家身份参加项目的评审。

第八条　项目有 3 家以上社会资本通过资格预审的，项目实施机构可以继续开展采购文件准备工作；项目通过资格预审的社会资本不足 3 家的，项目实施机构应当在调整资格预审公告内容后重新组织资格预审；项目经重新资格预审后合格社会资本仍不够 3 家的，可以依法变更采购方式。

资格预审结果应当告知所有参与资格预审的社会资本，并将资格预审的评审报告提交财政部门（政府和社会资本合作中心）备案。

第十七条　项目实施机构应当在预中标、成交社会资本确定后 10 个工作日内，与预中标、成交社会资本签署确认谈判备忘录，并将预中标、成交结果和根据采购文件、响应文件及有关补遗文件和确认谈判备忘录拟定的项目合同文本在省级以上人民政府财政部门指定的政府采购信息发布媒体上进行公示，公示期不得少于 5 个工作日。项目合同文本应当将预中标、成交社会资本响应文件中的重要承诺和技术文件等作为附件。项目合同文本涉及国家秘密、商业秘密的内容可以不公示。

第十八条　项目实施机构应当在公示期满无异议后 2 个工作日内，将中标、成交结果在省级以上人民政府财政部门指定的政府采购信息发布媒体上进行公告，同时发出中标、成交通知书。

中标、成交结果公告内容应当包括：项目实施机构和采购代理机构的名称、地址和联系方式；项目名称和项目编号；中标或者成交社会资本的名称、地址、法人代表；中标或者成交标的名称、主要中标或者成交条件（包括但不限于合作期限、服务要求、项目概算、回报机制）等；评审小组和采购结果确认谈判工作组成员名单。

第十九条　项目实施机构应当在中标、成交通知书发出后 30 日内，与中标、成交社会资本签订经本级人民政府审核同意的 PPP 项目合同。

十五、《关于在公共服务领域深入推进政府和社会资本合作工作的通知》

第九条　简政放权释放市场主体潜力。各级财政部门要联合有关部门，加强项目前期立项程序与 PPP 模式操作流程的优化与衔接，进一步减少行政审批环节。对于涉及工程建设、设备采购或服务外包的 PPP 项目，已经依据政府采购法选定社会资本合作方的，合作方依法能够自行建设、生产或者提供服务的，按照《招标投标法实施条例》第九条规定，合作方可以不再进行招标。

十六、《中华人民共和国民法典》

第四百七十条　合同的内容由当事人约定，一般包括下列条款：

（一）当事人的姓名或者名称和住所；

（二）标的；

（三）数量；

（四）质量；

（五）价款或者报酬；

（六）履行期限、地点和方式；

（七）违约责任；

（八）解决争议的方法。

当事人可以参照各类合同的示范文本订立合同。

十七、《中华人民共和国招标投标法》（2017 年修正）

第四十五条　中标人确定后，招标人应当向中标人发出中标通知书，并同时将中标结果通知所有未中标的投标人。

中标通知书对招标人和中标人具有法律效力。中标通知书发出后，招标人改变中标结果的，或者中标人放弃中标项目的，应当依法承担法律责任。

第四十六条　招标人和中标人应当自中标通知书发出之日起三十日内，按照招标文件和中标人的投标文件订立书面合同。招标人和中标人不得再行订立背离合同实质性内容的其他协议。

招标文件要求中标人提交履约保证金的，中标人应当提交。

第四十七条　依法必须进行招标的项目，招标人应当自确定中标人之日起十五日内，向有关行政监督部门提交招标投标情况的书面报告。

第四十八条　中标人应当按照合同约定履行义务，完成中标项目。中标人不得向他人转让中标项目，也不得将中标项目肢解后分别向他人转让。

中标人按照合同约定或者经招标人同意，可以将中标项目的部分非主体、非关键性工作分包给他人完成。接受分包的人应当具备相应的资格条件，并不得再次分包。

中标人应当就分包项目向招标人负责，接受分包的人就分包项目承担连带责任。

十八、《关于加强固定资产投资项目资本金管理的通知》

第三条　鼓励依法依规筹措重大投资项目资本金

（七）对基础设施领域和国家鼓励发展的行业，鼓励项目法人和项目投资方通过发行权益型、股权类金融工具，多渠道规范筹措投资项目资本金。

（八）通过发行金融工具等方式筹措的各类资金，按照国家统一的会计制度应当分类为权益工具的，可以认定为投资项目资本金，但不得超过资本金总额的50%。存在下列情形之一的，不得认定为投资项目资本金：

1. 存在本息回购承诺、兜底保障等收益附加条件；

2. 当期债务性资金偿还前，可以分红或取得收益；

3. 在清算时受偿顺序优先于其他债务性资金。

（九）地方各级政府及其有关部门可统筹使用本级预算资金、上级补助资金等各类财政资金筹集项目资本金，可按有关规定将政府专项债券作为符合条件的重大项目资本金。

第四条　严格规范管理，加强风险防范

（十）项目借贷资金和不符合国家规定的股东借款、"名股实债"等资金，不得作为投资项目资本金。筹措投资项目资本金，不得违规增加地方政府隐性债务，不得违反国家关于国有企业资产负债率相关要求。不得拖欠工程款。

（十一）金融机构在认定投资项目资本金时，应严格区分投资项目与项目投资方，依据不同的资金来源与投资项目的权责关系判定其权益或债务属性，对资本金的真实性、合规性和投资收益、贷款风险进行全面审查，并自主决定是否发放贷款以及贷款数量和比例。项目单位应当配合金融机构开展投资项目资本金审查工作，提供有关资本金真实性和资金来源的证明材料，并对证明材料的真实性负责。

十九、《关于规范金融企业对地方政府和国有企业投融资行为有关问题的通知》

第二条　【资本金审查】国有金融企业向参与地方建设的国有企业（含地方政府融资平台公司）或 PPP 项目提供融资，应按照"穿透原则"加强资本金审查，确保融资主体的资本金来源合法合规，融资项目满足规定的资本金比例要求。若发现存在以"名股实债"、股东借款、借贷资金等债务性资金和以公益性资产、储备土地等方式违规出资或出资不实的问题，国有金融企业不得向其提供融资。

第三条　【还款能力评估】国有金融企业参与地方建设融资，应审慎评估融资主体的还款能力和还款来源，确保其自有经营性现金流能够覆盖应还债务本息，不得要求或接受地方政府及其部门以任何方式提供担保、承诺回购投资本金、保本保收益等兜底安排，或以其他方式违规承担偿债责任。项目现金流涉及可行性缺口补助、政府付费、财政补贴等财政资金安排的，国有金融企业应严格核实地方政府履行相关程序的合规性和完备性。严禁国有金融企业向地方政府虚构或超越权限、财力签订的应付（收）账款协议提供融资。

第四条　【投资基金】国有金融企业与地方政府及其部门合作设立各类投资基金，应严格遵守有关监管规定，不得要求或接受地方政府及其部门作出承诺回购投资本金、保本保收益等兜底安排，不得通过结构化融资安排或采取多层嵌套等方式将投资基金异化为债务融资平台。

第五条　【资产管理业务】国有金融企业发行银行理财、信托计划、证券期货经营机构资产管理计划、保险基础设施投资计划等资产管理产品参与地方建设项目，应按照"穿透原则"切实加强资金投向管理，全面掌握底层基础资产信息，强化期限匹配，不得以具有滚动发行、集合运作、分离定价特征的资金池产品对接，不得要求或接受地方政府以任何方式提供兜底安排或以其他方式违规承担偿债责任，不得变相为地方政府提供融资。国有金融企业在进行资产管理产品推介时，应充分说明投资风险，不得以地方政府承诺回购、保证最低收益等隐含无风险条件，作为营销手段。

第六条 【政策性开发性金融】政策性、开发性金融机构服务国家重大战略、支持经济社会薄弱环节时，应严格遵守国家法律和相关规定，严格按照市场化原则审慎合规授信，严格按照项目实际而不是政府信用提供融资，严格遵守业务范围划分规定。严禁为地方政府和国有企业提供各类违规融资，不得要求或接受地方政府出具任何形式明示或暗示承担偿债责任的文件，不得通过任何形式违法违规增加地方政府债务负担。

第七条 【合作方式】国有金融企业应将严格遵守国家地方政府债务管理法律法规和政策规定作为合规管理的重要内容，切实转变业务模式，依法规范对地方建设项目提供融资，原则上不得采取与地方政府及其部门签署一揽子协议、备忘录、会议纪要等方式开展业务，不得对地方政府及其部门统一授信。

第八条 【金融中介业务】国有金融企业为地方政府融资平台公司等地方国有企业在境内外发行债券提供中介服务时，应审慎评估举债主体财务能力和还款来源。对于发债企业收入来源中涉及财政资金安排的，应当尽职调查，认真核实财政资金安排的合规性和真实性。在债券募集说明书等文件中，不得披露所在地区财政收支、政府债务数据等明示或暗示存在政府信用支持的信息，严禁与政府信用挂钩的误导性宣传，并应在相关发债说明书中明确，地方政府作为出资人仅以出资额为限承担有限责任，相关举借债务由地方国有企业作为独立法人负责偿还。

第九条 【PPP】国有金融企业应以PPP项目规范运作为融资前提条件，对于未落实项目资本金来源、未按规定开展物有所值评价、财政承受能力论证的，物有所值评价、财政承受能力论证等相关信息没有充分披露的PPP项目，不得提供融资。

第十条　【融资担保】政府性融资担保机构应按照市场化方式运作，依法依规开展融资担保服务，自主经营、自负盈亏，不得要求或接受地方政府以任何形式在出资范围之外承担责任。

二十、《政府和社会资本合作（PPP）项目绩效管理操作指引》

第六条　项目实施机构负责编制 PPP 项目绩效目标与绩效指标，报项目所属行业主管部门、财政部门审核。

第七条　PPP 项目绩效目标包括总体绩效目标和年度绩效目标。总体绩效目标是 PPP 项目在全生命周期内预期达到的产出和效果；年度绩效目标是根据总体绩效目标和项目实际确定的具体年度预期达到的产出和效果，应当具体、可衡量、可实现。

PPP 项目绩效目标编制应符合以下要求：

（一）指向明确。绩效目标应符合区域经济、社会与行业发展规划，与当地财政收支状况相适应，以结果为导向，反映项目应当提供的公共服务，体现环境—社会—公司治理责任（ESG）理念。

（二）细化量化。绩效目标应从产出、效果、管理等方面进行细化，尽量进行定量表述；不能以量化形式表述的，可采用定性表述，但应具有可衡量性。

（三）合理可行。绩效目标应经过调查研究和科学论证，符合客观实际，既具有前瞻性，又有可实现性。

（四）物有所值。绩效目标应符合物有所值的理念，体现成本效益的要求。

第八条　PPP 项目绩效目标应包括预期产出、预期效果及项目管理等内容。

预期产出是指项目在一定期限内提供公共服务的数量、质量、时效等。

预期效果是指项目可能对经济、社会、生态环境等带来的影响情况，物有所值实现程度，可持续发展能力及各方满意程度等。

项目管理是指项目全生命周期内的预算、监督、组织、财务、制度、档案、信息公开等管理情况。

第九条　PPP 项目绩效指标是衡量绩效目标实现程度的工具，应按照系统性、重要性、相关性、可比性和经济性的原则，结合预期产出、预期效果和项目管理等绩效目标细化量化后合理设定。

第十条　PPP 项目绩效指标体系由绩效指标、指标解释、指标权重、数据来源、评价标准与评分方法构成。

指标权重是指标在评价体系中的相对重要程度。确定指标权重的方法通常包括专家调查法、层次分析法、主成分分析法、熵值法等。

数据来源是在具体指标评价过程中获得可靠和真实数据或信息的载体或途径。获取数据的方法通常包括案卷研究、资料收集与数据填报、实地调研、座谈会、问卷调查等。

评价标准是指衡量绩效目标完成程度的尺度。绩效评价标准具体包括计划标准、行业标准、历史标准或其他经相关主管部门确认的标准。

评分方法是结合指标权重，衡量实际绩效值与评价标准值偏离程度，对不同的等级赋予不同分值的方法。

第十一条　PPP 项目绩效目标与绩效指标各阶段管理应符合以下要求：

（一）PPP 项目准备阶段，项目实施机构应根据项目立项文件、历史资料，结合 PPP 模式特点，在项目实施方案中编制总体绩效目标和绩效指标体系并充分征求相关部门、潜在社会资本等相关方面的意见。财政部门应会同相关主管部门从依据充分性、设置合理性和目标实现保障度等方面进行审核。

（二）PPP 项目采购阶段，项目实施机构可结合社会资本响应及合同谈判情况对绩效指标体系中非实质性内容进行合理调整。PPP 项目绩效目标和指标体系应在项目合同中予以明确。

（三）PPP项目执行阶段，绩效目标和指标体系原则上不予调整。但因项目实施内容、相关政策、行业标准发生变化或突发事件、不可抗力等无法预见的重大变化影响绩效目标实现而确需调整的，由项目实施机构和项目公司（未设立项目公司时为社会资本，下同）协商确定，经财政部门及相关主管部门审核通过后报本级人民政府批准。

PPP项目移交完成后，财政部门应会同有关部门针对项目总体绩效目标实现情况，从全生命周期的项目产出、成本效益、物有所值实现情况、按效付费执行情况及对本地区财政承受能力的影响、监管成效、可持续性、PPP模式应用等方面编制绩效评价（即后评价）指标体系。

第十二条　项目公司（社会资本）对绩效目标或指标体系调整结果有异议的，可申请召开评审会，就调整结果的科学性、合理性、可行性等进行评审。双方对评审意见无异议的，按评审意见完善后履行报批程序；仍有异议的，按照合同约定的争议解决机制处理。

第十三条　编制政府付费和可行性缺口补助PPP项目年度支出预算时，应将年度绩效目标和指标连同编制的预算申报材料一并报送财政部门审核。使用者付费PPP项目参照执行。

二十一、《企业国有资产交易监督管理办法》

第七条　国资监管机构负责审核国家出资企业的产权转让事项。其中，因产权转让致使国家不再拥有所出资企业控股权的，须由国资监管机构报本级人民政府批准。

第八条　国家出资企业应当制定其子企业产权转让管理制度，确定审批管理权限。其中，对主业处于关系国家安全、国民经济命脉的重要行业和关键领域，主要承担重大专项任务子企业的产权转让，须由国家出资企业报同级国资监管机构批准。

转让方为多家国有股东共同持股的企业，由其中持股比例最大的国有股东负责履行相关批准程序；各国有股东持股比例相同的，由相关股东协商后确定其中一家股东负责履行相关批准程序。

第九条　产权转让应当由转让方按照企业章程和企业内部管理制度进行决策，形成书面决议。国有控股和国有实际控制企业中国有股东委派的股东代表，应当按照本办法规定和委派单位的指示发表意见、行使表决权，并将履职情况和结果及时报告委派单位。

第十条　转让方应当按照企业发展战略做好产权转让的可行性研究和方案论证。产权转让涉及职工安置事项的，安置方案应当经职工代表大会或职工大会审议通过；涉及债权债务处置事项的，应当符合国家相关法律法规的规定。

第十一条　产权转让事项经批准后，由转让方委托会计师事务所对转让标的企业进行审计。涉及参股权转让不宜单独进行专项审计的，转让方应当取得转让标的企业最近一期年度审计报告。

第十二条　对按照有关法律法规要求必须进行资产评估的产权转让事项，转让方应当委托具有相应资质的评估机构对转让标的进行资产评估，产权转让价格应以经核准或备案的评估结果为基础确定。

第十三条　产权转让原则上通过产权市场公开进行。转让方可以根据企业实际情况和工作进度安排，采取信息预披露和正式披露相结合的方式，通过产权交易机构网站分阶段对外披露产权转让信息，公开征集受让方。其中正式披露信息时间不得少于 20 个工作日。

因产权转让导致转让标的企业的实际控制权发生转移的，转让方应当在转让行为获批后 10 个工作日内，通过产权交易机构进行信息预披露，时间不得少于 20 个工作日。

第十四条　产权转让原则上不得针对受让方设置资格条件，确需设置的，不得有明确指向性或违反公平竞争原则，所设资格条件相关内容应当在信息披露前报同级国资监管机构备案，国资监管机构在 5 个工作日内未反馈意见的视为同意。

第十五条　转让方披露信息包括但不限于以下内容：

（一）转让标的基本情况；

（二）转让标的企业的股东结构；

（三）产权转让行为的决策及批准情况；

（四）转让标的企业最近一个年度审计报告和最近一期财务报表中的主要财务指标数据，包括但不限于资产总额、负债总额、所有者权益、营业收入、净利润等（转让参股权的，披露最近一个年度审计报告中的相应数据）；

（五）受让方资格条件（适用于对受让方有特殊要求的情形）；

（六）交易条件、转让底价；

（七）企业管理层是否参与受让，有限责任公司原股东是否放弃优先受让权；

（八）竞价方式，受让方选择的相关评判标准；

（九）其他需要披露的事项。

其中信息预披露应当包括但不限于以上（一）、（二）、（三）、（四）、（五）款内容。

第十六条　转让方应当按照要求向产权交易机构提供披露信息内容的纸质文档材料，并对披露内容和所提供材料的真实性、完整性、准确性负责。产权交易机构应当对信息披露的规范性负责。

第十七条　产权转让项目首次正式信息披露的转让底价，不得低于经核准或备案的转让标的评估结果。

第十八条　信息披露期满未征集到意向受让方的，可以延期或在降低转让底价、变更受让条件后重新进行信息披露。

降低转让底价或变更受让条件后重新披露信息的，披露时间不得少于20个工作日。新的转让底价低于评估结果的 90% 时，应当经转让行为批准单位书面同意。

第十九条　转让项目自首次正式披露信息之日起超过 12 个月未征集到合格受让方的，应当重新履行审计、资产评估以及信息披露等产权转让工作程序。

第二十条　在正式披露信息期间，转让方不得变更产权转让公告中公布的内容，由于非转让方原因或其他不可抗力因素导致可能对转让标的价值判断造成影响的，转让方应当及时调整补充披露信息内容，并相应延长信息披露时间。

第二十一条　产权交易机构负责意向受让方的登记工作，对意向受让方是否符合受让条件提出意见并反馈转让方。产权交易机构与转让方意见不一致的，由转让行为批准单位决定意向受让方是否符合受让条件。

第二十二条　产权转让信息披露期满、产生符合条件的意向受让方的，按照披露的竞价方式组织竞价。竞价可以采取拍卖、招投标、网络竞价以及其他竞价方式，且不得违反国家法律法规的规定。

第二十三条　受让方确定后，转让方与受让方应当签订产权交易合同，交易双方不得以交易期间企业经营性损益等理由对已达成的交易条件和交易价格进行调整。

第二十四条　产权转让导致国有股东持有上市公司股份间接转让的，应当同时遵守上市公司国有股权管理以及证券监管相关规定。

第二十五条　企业产权转让涉及交易主体资格审查、反垄断审查、特许经营权、国有划拨土地使用权、探矿权和采矿权等政府审批事项的，按照相关规定执行。

第二十六条　受让方为境外投资者的，应当符合外商投资产业指导目录和负面清单管理要求，以及外商投资安全审查有关规定。

第二十七条　交易价款应当以人民币计价，通过产权交易机构以货币进行结算。因特殊情况不能通过产权交易机构结算的，转让方应当向产权交易机构提供转让行为批准单位的书面意见以及受让方付款凭证。

第二十八条　交易价款原则上应当自合同生效之日起 5 个工作日内一次付清。

金额较大、一次付清确有困难的，可以采取分期付款方式。采用分期付款方式的，首期付款不得低于总价款的 30%，并在合同生效之日起 5 个工作日内支付；其余款项应当提供转让方认可的合法有效担保，并按同期银行贷款利率支付延期付款期间的利息，付款期限不得超过 1 年。

第二十九条　产权交易合同生效后，产权交易机构应当将交易结果通过交易机构网站对外公告，公告内容包括交易标的名称、转让标的评估结果、转让底价、交易价格，公告期不少于 5 个工作日。

第三十条　产权交易合同生效，并且受让方按照合同约定支付交易价款后，产权交易机构应当及时为交易双方出具交易凭证。

第三十一条　以下情形的产权转让可以采取非公开协议转让方式：

（一）涉及主业处于关系国家安全、国民经济命脉的重要行业和关键领域企业的重组整合，对受让方有特殊要求，企业产权需要在国有及国有控股企业之间转让的，经国资监管机构批准，可以采取非公开协议转让方式；

（二）同一国家出资企业及其各级控股企业或实际控制企业之间因实施内部重组整合进行产权转让的，经该国家出资企业审议决策，可以采取非公开协议转让方式。

第三十二条　采取非公开协议转让方式转让企业产权，转让价格不得低于经核准或备案的评估结果。

以下情形按照《中华人民共和国公司法》、企业章程履行决策程序后，转让价格可以资产评估报告或最近一期审计报告确认的净资产值为基础确定，且不得低于经评估或审计的净资产值：

（一）同一国家出资企业内部实施重组整合，转让方和受让方为该国家出资企业及其直接或间接全资拥有的子企业；

（二）同一国有控股企业或国有实际控制企业内部实施重组整合，转让方和受让方为该国有控股企业或国有实际控制企业及其直接、间接全资拥有的子企业。

第三十三条　国资监管机构批准、国家出资企业审议决策采取非公开协议方式的企业产权转让行为时，应当审核下列文件：

（一）产权转让的有关决议文件；

（二）产权转让方案；

（三）采取非公开协议方式转让产权的必要性以及受让方情况；

（四）转让标的企业审计报告、资产评估报告及其核准或备案文件。其中属于第三十二条（一）、（二）款情形的，可以仅提供企业审计报告；

（五）产权转让协议；

（六）转让方、受让方和转让标的企业的国家出资企业产权登记表（证）；

（七）产权转让行为的法律意见书；

（八）其他必要的文件。

第二节　法人人格否认视域下母子公司管控合规管理指南：法律法规及相关制度文件

一、文件索引一

中华人民共和国公司法

第二十条　公司股东应当遵守法律、行政法规和公司章程，依法行使股东权利，不得滥用股东权利损害公司或者其他股东的利益；不得滥用公司法人独立地位和股东有限责任损害公司债权人的利益。

公司股东滥用股东权利给公司或者其他股东造成损失的，应当依法承担赔偿责任。

公司股东滥用公司法人独立地位和股东有限责任，逃避债务，严重损害公司债权人利益的，应当对公司债务承担连带责任。

第二十一条　公司的控股股东、实际控制人、董事、监事、高级管理人员不得利用其关联关系损害公司利益。

违反前款规定，给公司造成损失的，应当承担赔偿责任。

二、文件索引二

全国法院民商事审判工作会议纪要

（四）关于公司人格否认

公司人格独立和股东有限责任是公司法的基本原则。否认公司独立人格，由滥用公司法人独立地位和股东有限责任的股东对公司债务承担连带责任，是股东有限责任的例外情形，旨在矫正有限责任制度在特定法律事实发生时对债权人保护的失衡现象。在审判实践中，要准确把握《中华人民共和国公司法》第二十条第三款规定的精神。一是只有在股东实施了滥用公司法人独立地位及股东有限责任的行为，且该行为严重损害了公司债权人利益的情况下，才能适用。损害债权人利益，主要是指股东滥用权利使公司财产不足以清偿公司债权人的债权。二是只有实施了滥用法人独立地位和股东有限责任行为的股东才对公司债务承担连带清偿责任，而其他股东不应承担此责任。三是公司人格否认不是全面、彻底、永久地否定公司的法人资格，而只是在具体案件中依据特定的法律事实、法律关系，突破股东对公司债务不承担责任的一般规则，例外地判令其承担连带责任。人民法院在个案中否认公司人格的判决的既判力仅仅约束该诉讼的各方当事人，不当然适用于涉及该公司的其他诉讼，不影响公司独立法人资格的存续。如果其他债权人提起公司人格否认诉讼，已生效判决认定的事实可以作为证据使用。四是《中华人民共和国公司法》第二十条第三款规定的滥用行为，实践中常见的情形有人格混同、过度支配与控制、资本显著不足等。在审理案件时，需要根据查明的案件事实进行综合判断，既审慎适用，又当用则用。实践中存在标准把握不严而滥用这一例外制度的现象，同时也存在因法律规定较为原则、抽象，适用难度大，而不善于适用、不敢于适用的现象，均应当引起高度重视。

10.【人格混同】认定公司人格与股东人格是否存在混同，最根本的判断标准是公司是否具有独立意思和独立财产，最主要的表现是公司的财产与股东的财产是否混同且无法区分。在认定是否构成人格混同时，应当综合考虑以下因素：

（1）股东无偿使用公司资金或者财产，不作财务记载的；

（2）股东用公司的资金偿还股东的债务，或者将公司的资金供关联公司无偿使用，不作财务记载的；

（3）公司账簿与股东账簿不分，致使公司财产与股东财产无法区分的；

（4）股东自身收益与公司盈利不加区分，致使双方利益不清的；

（5）公司的财产记载于股东名下，由股东占有、使用的；

（6）人格混同的其他情形。

在出现人格混同的情况下，往往同时出现以下混同：公司业务和股东业务混同；公司员工与股东员工混同，特别是财务人员混同；公司住所与股东住所混同。人民法院在审理案件时，关键要审查是否构成人格混同，而不要求同时具备其他方面的混同，其他方面的混同往往只是人格混同的补强。

11.【过度支配与控制】公司控制股东对公司过度支配与控制，操纵公司的决策过程，使公司完全丧失独立性，沦为控制股东的工具或躯壳，严重损害公司债权人利益，应当否认公司人格，由滥用控制权的股东对公司债务承担连带责任。实践中常见的情形包括：

（1）母子公司之间或者子公司之间进行利益输送的；

（2）母子公司或者子公司之间进行交易，收益归一方，损失却由另一方承担的；

（3）先从原公司抽走资金，然后再成立经营目的相同或者类似的公司，逃避原公司债务的；

（4）先解散公司，再以原公司场所、设备、人员及相同或者相似的经营目的另设公司，逃避原公司债务的；

（5）过度支配与控制的其他情形。

控制股东或实际控制人控制多个子公司或者关联公司，滥用控制权使多个子公司或者关联公司财产边界不清、财务混同，利益相互输送，丧失人格独立性，沦为控制股东逃避债务、非法经营，甚至违法犯罪工具的，可以综合案件事实，否认子公司或者关联公司法人人格，判令承担连带责任。

12.【资本显著不足】资本显著不足指的是公司设立后在经营过程中，股东实际投入公司的资本数额与公司经营所隐含的风险相比明显不匹配。股东利用较少资本从事力所不及的经营，表明其没有从事公司经营的诚意，实质是恶意利用公司独立人格和股东有限责任把投资风险转嫁给债权人。由于资本显著不足的判断标准有很大的模糊性，特别是要与公司采取"以小博大"的正常经营方式相区分，因此在适用时要十分谨慎，应当与其他因素结合起来综合判断。

13.【诉讼地位】人民法院在审理公司人格否认纠纷案件时，应当根据不同情形确定当事人的诉讼地位：

（1）债权人对债务人公司享有的债权已经由生效裁判确认，其另行提起公司人格否认诉讼，请求股东对公司债务承担连带责任的，列股东为被告，公司为第三人；

（2）债权人对债务人公司享有的债权提起诉讼的同时，一并提起公司人格否认诉讼，请求股东对公司债务承担连带责任的，列公司和股东为共同被告；

（3）债权人对债务人公司享有的债权尚未经生效裁判确认，直接提起公司人格否认诉讼，请求公司股东对公司债务承担连带责任的，人民法院应当向债权人释明，告知其追加公司为共同被告。债权人拒绝追加的，人民法院应当裁定驳回起诉。

三、文件索引三

上海证券交易所上市公司控股股东、实际控制人行为指引

第一章　总则

1.1　为引导和规范上市公司控股股东、实际控制人的行为，切实保护上市公司和其他股东的合法权益，根据《中华人民共和国公司法》《中华人民共和国证券法》《上海证券交易所股票上市规则》（以下简称《股票上市规则》）等规定，制定本指引。

1.2　本所上市公司的控股股东、实际控制人适用本指引。本所鼓励上市公司控股股东、实际控制人依据本指引结合自身实际情况，完善相关行为规范。

1.3　控股股东、实际控制人及其相关人员应当遵守证券市场有关法律法规的规定，促进上市公司规范运作，提高上市公司质量。

1.4　控股股东、实际控制人应当遵守诚实信用原则，依照法律法规以及上市公司章程的规定善意行使权利，严格履行其做出的各项承诺，谋求公司和全体股东利益的共同发展。

1.5　控股股东、实际控制人不得滥用权利，通过关联交易、利润分配、资产重组、对外投资等方式损害上市公司及其他股东的利益。

第二章 上市公司治理

2.1 控股股东、实际控制人应当建立制度，明确对上市公司重大事项的决策程序及保证上市公司独立性的具体措施，确立相关人员在从事上市公司相关工作中的职责、权限和责任追究机制。

控股股东、实际控制人依照国家法律法规或有权机关授权履行国有资本出资人职责的，从其规定。

2.2 控股股东、实际控制人应当维护上市公司资产完整，不得侵害上市公司对其法人财产的占有、使用、收益和处分的权利。

2.2.1 控股股东、实际控制人应当按照法律规定及合同约定及时办理投入或转让给上市公司资产的过户手续。

2.2.2 控股股东、实际控制人不得通过以下方式影响上市公司资产的完整性：

（一）与生产型上市公司共用与生产经营有关的生产系统、辅助生产系统和配套设施；

（二）与非生产型上市公司共用与经营有关的业务体系及相关资产；

（三）以显失公平的方式与上市公司共用商标、专利、非专利技术等；

（四）无偿或以明显不公平的条件占有、使用、收益或者处分上市公司的资产。

2.3 控股股东、实际控制人应当维护上市公司人员独立，不得通过以下方式影响上市公司人员的独立性：

（一）通过行使相关法律法规及上市公司章程规定的股东权利以外的方式，影响上市公司人事任免或者限制上市公司董事、监事、高级管理人员以及其他在上市公司任职的人员履行职责；

（二）任命上市公司总经理、副总经理、财务负责人或董事会秘书在本公司或本公司控制的企业担任除董事、监事以外的经营管理类职务；

（三）要求上市公司为其无偿提供服务；

（四）指使上市公司董事、监事、高级管理人员以及其他在上市公司任职的人员实施损害上市公司利益的决策或者行为。

2.4　控股股东、实际控制人应当维护上市公司财务独立。

2.4.1　控股股东、实际控制人不得通过以下方式影响上市公司财务的独立性：

（一）与上市公司共用银行账户或者借用上市公司银行账户；

（二）通过借款、违规担保等方式非经营性占用上市公司资金；

（三）通过财务会计核算系统或者其他管理软件，控制上市公司的财务核算或资金调动；

（四）要求上市公司为其支付或垫支工资、福利、保险、广告等费用或其他支出。

2.4.2　控股股东、实际控制人通过其下属财务公司（以下简称财务公司）为上市公司提供日常金融服务的，应当按照法律法规的规定，督促财务公司以及相关各方配合上市公司履行关联交易的决策程序和信息披露义务，监督财务公司规范运作，保证上市公司存储在财务公司资金的安全，不得利用支配地位强制上市公司接受财务公司的服务。

2.5　控股股东、实际控制人应当维护上市公司机构独立。

2.5.1　控股股东、实际控制人应当支持上市公司董事会、监事会、业务经营部门或其他机构及其人员的独立运作，不得通过行使相关法律法规及上市公司章程规定的股东权利以外的方式干预上市公司机构的设立、调整或者撤销，或对公司董事会、监事会和其他机构及其人员行使职权进行限制或施加其他不正当影响。

2.6　控股股东、实际控制人应当维护上市公司业务独立。

2.6.1　控股股东、实际控制人应当支持并配合上市公司建立独立的生产经营模式，不得与上市公司在业务范围、业务性质、客户对象、产品可替代性等方面存在可能损害上市公司利益的竞争。

2.6.2　控股股东、实际控制人应当维护上市公司在生产经营、内部管理、对外投资、对外担保等方面的独立决策，支持并配合上市公司依法履行重大事项的内部决策程序，以行使提案权、表决权等相关法律法规及上市公司章程规定的股东权利方式，通过股东大会依法参与上市公司重大事项的决策。

2.6.3　实际控制人不得利用其对上市公司的控制地位，谋取属于上市公司的商业机会。

2.7　控股股东、实际控制人与上市公司发生关联交易，应当遵循关联交易程序公平与实质公平的原则，并签署书面协议，不得造成上市公司对其利益的输送。

2.8　本所鼓励控股股东、实际控制人通过重大资产重组实现整体上市等方式减少上市公司关联交易。

第三章　信息披露

3.1　控股股东、实际控制人应当严格按照有关规定履行信息披露义务，并保证披露信息的及时、公平、真实、准确、完整，不得有虚假记载、误导性陈述或者重大遗漏。

3.2　控股股东、实际控制人应当在相关制度中至少明确以下内容：

（一）涉及上市公司的重大信息的范围；

（二）未披露重大信息的报告流程；

（三）内幕信息知情人登记制度；

（四）未披露重大信息保密措施；

（五）对外发布信息的流程；

（六）配合上市公司信息披露工作的程序；

（七）相关人员在信息披露事务中的职责与权限；

（八）其他信息披露管理制度。

3.3　控股股东、实际控制人应当指定相关部门和人员负责信息披露工作，及时向上市公司告知相关部门和人员的联系信息。

3.4 控股股东、实际控制人应当配合上市公司的信息披露工作和内幕信息知情人登记工作，及时答复上市公司问询，保证所提供信息、材料的真实、准确和完整。

3.4.1 控股股东、实际控制人发生下列情形之一的，应当在该事件发生当日书面通知上市公司，并配合上市公司的信息披露工作：

（一）控制权变动；

（二）对上市公司进行重大资产重组或者债务重组；

（三）经营状况恶化进入破产或者解散程序；

（四）其他可能对上市公司证券及其衍生品种交易价格产生较大影响的事件。

前款事件出现重大进展或者变化的，控股股东、实际控制人应当立即将进展或者变化情况、可能产生的影响告知上市公司。

3.4.2 本指引前条规定的事件在依法披露前出现以下情形之一的，控股股东、实际控制人应当立即书面通知上市公司予以公告，并配合上市公司的信息披露工作：

（一）该事件难以保密；

（二）该事件已经泄漏或者市场出现传闻；

（三）上市公司证券及其衍生品种出现异常交易情况。

3.4.3 控股股东、实际控制人为履行法定职责要求上市公司提供有关对外投资、财务预算数据、财务决算数据等未披露信息时，应当做好内幕信息知情人的登记备案工作，并承担保密义务。

如果控股股东、实际控制人无法完成前款规定的登记和保密工作，应督促上市公司按照公平披露原则，在提供信息的同时进行披露。

3.4.4 除前条规定外，控股股东、实际控制人不得调用、查阅上市公司未披露的财务、业务等信息。

3.4.5　控股股东、实际控制人应当配合上市公司完成与信息披露相关的问询、调查以及查证工作。接到上市公司书面问询函件的，控股股东、实际控制人应当及时向相关各方了解真实情况，在期限内以书面方式答复，并提供有关证明材料，保证相关信息和资料的真实、准确和完整。

3.5　控股股东、实际控制人应当向上市公司提供实际控制人及其一致行动人的基本情况，配合上市公司逐级披露上市公司与实际控制人之间的股权和控制关系。

3.6　通过投资关系、协议或者其他安排共同控制上市公司的，除按前条规定提供信息以外，还应当书面告知上市公司实施共同控制的方式和内容。

3.7　通过接受委托或者信托等方式拥有上市公司权益的控股股东、实际控制人，应当及时将委托人情况、委托或者信托合同以及其他资产管理安排的主要内容书面告知上市公司，配合上市公司履行信息披露义务。

3.8　公共媒体上出现与控股股东、实际控制人有关的、对上市公司证券及其衍生品种交易价格可能产生重大影响的报道或传闻，控股股东、实际控制人应当主动了解真实情况，并及时将相关信息告知上市公司予以披露。

3.9　控股股东、实际控制人在接受媒体采访和投资者调研或者与其他机构和个人进行沟通时，不得提供、传播与上市公司相关的未披露重大信息或者提供、传播虚假信息、进行误导性陈述等。

3.10　控股股东、实际控制人及其相关人员应当对其因各种原因知悉的上市公司未披露重大信息予以保密，不得公开或者泄露该信息，不得利用该信息牟取利益。

3.11　在境内外同时发行证券及其衍生品种的上市公司的控股股东、实际控制人，在境外市场披露的涉及上市公司的重大信息，应当同时通过上市公司在境内市场披露。

第三节　劳动用工合规管理指南：法律法规及相关制度文件

一、《人才市场管理规定》

第二十二条　用人单位可以通过委托人才中介服务机构、参加人才交流会、在公共媒体和互联网发布信息以及其他合法方式招聘人才。

二、详见《中华人民共和国劳动法》（以下简称《劳动法》）、《中华人民共和国就业促进法》（以下简称《就业促进法》）、《中华人民共和国传染病防治法》（以下简称《传染病防治法》）、《残疾人就业条例》

《劳动法》

第十二条　劳动者就业，不因民族、种族、性别、宗教信仰不同而受歧视。

《就业促进法》

第三条　劳动者依法享有平等就业和自主择业的权利。

劳动者就业，不因民族、种族、性别、宗教信仰等不同而受歧视。

第二十五条　各级人民政府创造公平就业的环境，消除就业歧视，制定政策并采取措施对就业困难人员给予扶持和援助。

第二十六条　用人单位招用人员、职业中介机构从事职业中介活动，应当向劳动者提供平等的就业机会和公平的就业条件，不得实施就业歧视。

第二十九条　国家保障残疾人的劳动权利。

各级人民政府应当对残疾人就业统筹规划，为残疾人创造就业条件。

用人单位招用人员，不得歧视残疾人。

第三十一条　农村劳动者进城就业享有与城镇劳动者平等的劳动权利，不得对农村劳动者进城就业设置歧视性限制。

《传染病防治法》

第十六条　国家和社会应当关心、帮助传染病病人、病原携带者和疑似传染病病人，使其得到及时救治。任何单位和个人不得歧视传染病病人、病原携带者和疑似传染病病人。

传染病病人、病原携带者和疑似传染病病人，在治愈前或者在排除传染病嫌疑前，不得从事法律、行政法规和国务院卫生行政部门规定禁止从事的易使该传染病扩散的工作。

《残疾人就业条例》

第四条　国家鼓励社会组织和个人通过多种渠道、多种形式，帮助、支持残疾人就业，鼓励残疾人通过应聘等多种形式就业。禁止在就业中歧视残疾人。

三、《关于进一步规范招聘行为促进妇女就业的通知》

二、依法禁止招聘环节中的就业性别歧视。各类用人单位、人力资源服务机构在拟定招聘计划、发布招聘信息、招用人员过程中，不得限定性别（国家规定的女职工禁忌劳动范围等情况除外）或性别优先，不得以性别为由限制妇女求职就业、拒绝录用妇女，不得询问妇女婚育情况，不得将妊娠测试作为入职体检项目，不得将限制生育作为录用条件，不得差别化地提高对妇女的录用标准。国有企事业单位、公共就业人才服务机构及各部门所属人力资源服务机构要带头遵法守法，坚决禁止就业性别歧视行为。

四、《人力资源市场暂行条例》

第二十四条　用人单位发布或者向人力资源服务机构提供的单位基本

情况、招聘人数、招聘条件、工作内容、工作地点、基本劳动报酬等招聘信息，应当真实、合法，不得含有民族、种族、性别、宗教信仰等方面的歧视性内容。

五、《中华人民共和国劳动合同法》（以下简称《劳动合同法》）、《人力资源市场暂行条例》

《劳动合同法》

第九条 用人单位招用劳动者，不得扣押劳动者的居民身份证和其他证件，不得要求劳动者提供担保或者以其他名义向劳动者收取财物。

《人力资源市场暂行条例》

第二十七条 人力资源服务机构接受用人单位委托招聘人员或者开展其他人力资源服务，不得采取欺诈、暴力、胁迫或者其他不正当手段，不得以招聘为名牟取不正当利益，不得介绍单位或者个人从事违法活动。

六、《劳动法》

第十五条 禁止用人单位招用未满十六周岁的未成年人。

文艺、体育和特种工艺单位招用未满十六周岁的未成年人，必须遵守国家有关规定，并保障其接受义务教育的权利。

七、《民法典》

第一千零三十二条 自然人享有隐私权。任何组织或者个人不得以刺探、侵扰、泄露、公开等方式侵害他人的隐私权。

隐私是自然人的私人生活安宁和不愿为他人知晓的私密空间、私密活动、私密信息。

八、《劳动合同法》

第九十一条 用人单位招用与其他单位尚未解除劳动合同的劳动者，

给其他单位造成损失的，应当承担连带赔偿责任。

九、《中华人民共和国公司法》

第一百四十六条　有下列情形之一的，不得担任公司的董事、监事、高级管理人员：

（一）无民事行为能力或者限制民事行为能力；

（二）因贪污、贿赂、侵占财产、挪用财产或者破坏社会主义市场经济秩序，被判处刑罚，执行期满未逾五年，或者因犯罪被剥夺政治权利，执行期满未逾五年；

（三）担任破产清算的公司、企业的董事或者厂长、经理，对该公司、企业的破产负有个人责任的，自该公司、企业破产清算完结之日起未逾三年；

（四）担任因违法被吊销营业执照、责令关闭的公司、企业的法定代表人，并负有个人责任的，自该公司、企业被吊销营业执照之日起未逾三年；

（五）个人所负数额较大的债务到期未清偿。

公司违反前款规定选举、委派董事、监事或者聘任高级管理人员的，该选举、委派或者聘任无效。

董事、监事、高级管理人员在任职期间出现本条第一款所列情形的，公司应当解除其职务。

十、根据《劳动法》禁止招用未满十六周岁的未成年人；已经依法享受养老保险待遇或领取退休金的人员在司法实践中一般被认定为形成的是劳务关系；在校生利用业余时间勤工俭学，不视为就业的，属于劳务关系

《劳动法》

第十五条　禁止用人单位招用未满十六周岁的未成年人。

《最高人民法院关于审理劳动争议案件适用法律问题的解释（一）》

第三十二条　用人单位与其招用的已经依法享受养老保险待遇或者领取退休金的人员发生用工争议而提起诉讼的，人民法院应当按劳务关系处理。

《关于贯彻执行〈中华人民共和国劳动法〉若干问题的意见》

12. 在校生利用业余时间勤工助学，不视为就业，未建立劳动关系，可以不签订劳动合同。

十一、《劳动法》

第九十七条　由于用人单位的原因订立的无效合同，对劳动者造成损害的，应当承担赔偿责任。

十二、《劳动合同法》

第八十二条　用人单位自用工之日起超过一个月不满一年未与劳动者订立书面劳动合同的，应当向劳动者每月支付二倍的工资。

用人单位违反本法规定不与劳动者订立无固定期限劳动合同的，应当自订立无固定期限劳动合同之日起向劳动者每月支付二倍的工资。

第十四条第三款　用人单位自用工之日起满一年不与劳动者订立书面劳动合同的，视为用人单位与劳动者已订立无固定期限劳动合同。

十三、《人力资源社会保障部办公厅关于订立电子劳动合同有关问题的函》

用人单位与劳动者协商一致，可以采用电子形式订立书面劳动合同。采用电子形式订立劳动合同，应当使用符合电子签名法等法律法规规定的可视为书面形式的数据电文和可靠的电子签名。用人单位应保证电子劳动合同的生成、传递、储存等满足电子签名法等法律法规规定的要求，确保其完整、准确、不被篡改。符合劳动合同法规定和上述要求的电子劳动合同一经订立即具有法律效力，用人单位与劳动者应当按照电子劳动合同的约定，全面履行各自的义务。

十四、《劳动合同法》

第八十一条　用人单位提供的劳动合同文本未载明本法规定的劳动合同必备条款或者用人单位未将劳动合同文本交付劳动者的，由劳动行政部门责令改正；给劳动者造成损害的，应当承担赔偿责任。

十五、《劳动合同法》

第十二条　劳动合同分为固定期限劳动合同、无固定期限劳动合同和以完成一定工作任务为期限的劳动合同。

十六、《劳动合同法》

第十四条　无固定期限劳动合同，是指用人单位与劳动者约定无确定终止时间的劳动合同。

用人单位与劳动者协商一致，可以订立无固定期限劳动合同。有下列情形之一，劳动者提出或者同意续订、订立劳动合同的，除劳动者提出订立固定期限劳动合同外，应当订立无固定期限劳动合同：

（一）劳动者在该用人单位连续工作满十年的；

（二）用人单位初次实行劳动合同制度或者国有企业改制重新订立劳动合同时，劳动者在该用人单位连续工作满十年且距法定退休年龄不足十年的；

（三）连续订立二次固定期限劳动合同，且劳动者没有本法第三十九条和第四十条第一项、第二项规定的情形，续订劳动合同的。

用人单位自用工之日起满一年不与劳动者订立书面劳动合同的，视为用人单位与劳动者已订立无固定期限劳动合同。

十七、《劳动合同法》

第八十二条第二款　用人单位违反本法规定不与劳动者订立无固定期限劳动合同的，自应当订立无固定期限劳动合同之日起向劳动者每月支付二倍的工资。

十八、劳动和社会保障部《关于确立劳动关系有关事项的通知》

一、用人单位招用劳动者未订立书面劳动合同，但同时具备下列情形的，劳动关系成立。

（一）用人单位和劳动者符合法律、法规规定的主体资格；

（二）用人单位依法制定的各项劳动规章制度适用于劳动者，劳动者受用人单位的劳动管理，从事用人单位安排的有报酬的劳动；

（三）劳动者提供的劳动是用人单位业务的组成部分。

十九、《劳动合同法》

第十九条　劳动合同期限三个月以上不满一年的，试用期不得超过一个月；劳动合同期限一年以上不满三年的，试用期不得超过二个月；三年以上固定期限和无固定期限的劳动合同，试用期不得超过六个月。

同一用人单位与同一劳动者只能约定一次试用期。

以完成一定工作任务为期限的劳动合同或者劳动合同期限不满三个月的，不得约定试用期。

试用期包含在劳动合同期限内。劳动合同仅约定试用期的，试用期不成立，该期限为劳动合同期限。

第七十条　非全日制用工双方当事人不得约定试用期。

二十、《劳动合同法》

第二十条　劳动者在试用期的工资不得低于本单位相同岗位最低档工资或者劳动合同约定工资的百分之八十，并不得低于用人单位所在地的最低工资标准。

二十一、《劳动合同法》

第八十三条　用人单位违反本法规定与劳动者约定试用期的，由劳动行政部门责令改正；违法约定的试用期已经履行的，由用人单位以劳动者试用期满月工资为标准，按已经履行的超过法定试用期的期间向劳动者支付赔偿金。

二十二、《劳动法》

第四十一条　用人单位由于生产经营需要，经与工会和劳动者协商后可以延长工作时间，一般每日不得超过一小时；因特殊原因需要延长工作时间的，在保障劳动者身体健康的条件下延长工作时间每日不得超过三小时，但是每月不得超过三十六小时。

二十三、《工资支付暂行规定》

第十三条　用人单位在劳动者完成劳动定额或规定的工作任务后，根据实际需要安排劳动者在法定标准工作时间以外工作的，应按以下标准支付工资：

（一）用人单位依法安排劳动者在日法定标准工作时间以外延长工作时间的，按照不低于劳动合同规定的劳动者本人小时工资标准的150%支付劳动者工资；

（二）用人单位依法安排劳动者在休息日工作，而又不能安排补休的，按照不低于劳动合同规定的劳动者本人日或小时工资标准的200%支付劳动者工资；

（三）用人单位依法安排劳动者在法定休假节日工作的，按照不低于劳动合同规定的劳动者本人日或小时工资标准的300%支付劳动者工资。

实行计件工资的劳动者，在完成计件定额任务后，由用人单位安排延长工作时间的，应根据上述规定的原则，分别按照不低于其本人法定工作时间计件单价的150%、200%、300%支付其工资。

经劳动行政部门批准实行综合计算工时工作制的，其综合计算工作时间超过法定标准工作时间的部分，应视为延长工作时间，并应按本规定支付劳动者延长工作时间的工资。

实行不定时工时制度的劳动者，不执行上述规定。

二十四、《国务院关于职工工作时间的规定》

第七条　国家机关、事业单位实行统一的工作时间，星期六和星期日为周休息日。

企业和不能实行前款规定的统一工作时间的事业单位，可以根据实际情况灵活安排周休息日。

二十五、《全国年节及纪念日放假办法》

第二条　全体公民放假的节日：

（一）新年，放假1天（1月1日）；

（二）春节，放假3天（农历正月初一、初二、初三）；

（三）清明节，放假1天（农历清明当日）；

（四）劳动节，放假1天（5月1日）；

（五）端午节，放假1天（农历端午当日）；

（六）中秋节，放假 1 天（农历中秋当日）；

（七）国庆节，放假 3 天（10 月 1 日、2 日、3 日）。

第三条　部分公民放假的节日及纪念日：

（一）妇女节（3 月 8 日），妇女放假半天；

（二）青年节（5 月 4 日），14 周岁以上的青年放假半天；

（三）儿童节（6 月 1 日），不满 14 周岁的少年儿童放假 1 天；

（四）中国人民解放军建军纪念日（8 月 1 日），现役军人放假半天。

第四条　少数民族习惯的节日，由各少数民族聚居地区的地方人民政府，按照各该民族习惯，规定放假日期。

第六条　全体公民放假的假日，如果适逢星期六、星期日，应当在工作日补假。部分公民放假的假日，如果适逢星期六、星期日，则不补假。

二十六、《职工带薪年休假条例》

第四条　职工有下列情形之一的，不享受当年的年休假：

（一）职工依法享受寒暑假，其休假天数多于年休假天数的；

（二）职工请事假累计 20 天以上且单位按照规定不扣工资的；

（三）累计工作满 1 年不满 10 年的职工，请病假累计 2 个月以上的；

（四）累计工作满 10 年不满 20 年的职工，请病假累计 3 个月以上的；

（五）累计工作满 20 年以上的职工，请病假累计 4 个月以上的。

二十七、《职工带薪年休假条例》

第二条　机关、团体、企业、事业单位、民办非企业单位、有雇工的个体工商户等单位的职工连续工作 1 年以上的，享受带薪年休假（以下简称年休假）。单位应当保证职工享受年休假。职工在年休假期间享受与正常工作期间相同的工资收入。

第三条第二款　国家法定休假日、休息日不计入年休假的假期。

第五条 单位根据生产、工作的具体情况，并考虑职工本人意愿，统筹安排职工年休假。

年休假在 1 个年度内可以集中安排，也可以分段安排，一般不跨年度安排。单位因生产、工作特点确有必要跨年度安排职工年休假的，可以跨 1 个年度安排。

单位确因工作需要不能安排职工休年休假的，经职工本人同意，可以不安排职工休年休假。对职工应休未休的年休假天数，单位应当按照该职工日工资收入的 300% 支付年休假工资报酬。

二十八、《工资支付暂行规定》

第五条 工资应当以法定货币支付。不得以实物及有价证券替代货币支付。

第六条 用人单位应将工资支付给劳动者本人。劳动者本人因故不能领取工资时，可由其亲属或委托他人代领。

用人单位可委托银行代发工资。

用人单位必须书面记录支付劳动者工资的数额、时间、领取者的姓名以及签字，并保存两年以上备查。用人单位在支付工资时应向劳动者提供一份其个人的工资清单。

第七条 工资必须在用人单位与劳动者约定的日期支付。如遇节假日或休息日，则应提前在最近的工作日支付。工资至少每月支付一次，实行周、日、小时工资制的可按周、日、小时支付工资。

第十二条 非因劳动者原因造成单位停工、停产在一个工资支付周期内的，用人单位应按劳动合同规定的标准支付劳动者工资。超过一个工资支付周期的，若劳动者提供了正常劳动，则支付给劳动者的劳动报酬不得低于当地的最低工资标准；若劳动者没有提供正常劳动，应按国家有关规定办理。

第十三条 用人单位在劳动者完成劳动定额或规定的工作任务后，根据实际需要安排劳动者在法定标准工作时间以外工作的，应按以下标准支付工资：

（一）用人单位依法安排劳动者在日法定标准工作时间以外延长工作时间的，按照不低于劳动合同规定的劳动者本人小时工资标准的150%支付劳动者工资；

（二）用人单位依法安排劳动者在休息日工作，而又不能安排补休的，按照不低于劳动合同规定的劳动者本人日或小时工资标准的200%支付劳动者工资；

（三）用人单位依法安排劳动者在法定休假节日工作的，按照不低于劳动合同规定的劳动者本人日或小时工资标准的300%支付劳动者工资。

实行计件工资的劳动者，在完成计件定额任务后，由用人单位安排延长工作时间的，应根据上述规定的原则，分别按照不低于其本人法定工作时间计件单价的150%、200%、300%支付其工资。

经劳动行政部门批准实行综合计算工时工作制的，其综合计算工作时间超过法定标准工作时间的部分，应视为延长工作时间，并应按本规定支付劳动者延长工作时间的工资。

实行不定时工时制度的劳动者，不执行上述规定。

第十五条 有下列情况之一的，用人单位可以代扣劳动者工资：

（一）用人单位代扣代缴的个人所得税；

（二）用人单位代扣代缴的应由劳动者个人负担的各项社会保险费用；

（三）法院判决、裁定中要求代扣的抚养费、赡养费；

（四）法律、法规规定可以从劳动者工资中扣除的其他费用。

第十六条 因劳动者本人原因给用人单位造成经济损失的，用人单位可按照劳动合同的约定要求其赔偿经济损失。经济损失的赔偿，可从劳动者本人的工资中扣除。但每月扣除的部分不得超过劳动者当月工资的

20%。若扣除后的剩余工资部分低于当地月最低工资标准，则按最低工资标准支付。

第十八条　各级劳动行政部门有权监察用人单位工资支付的情况。用人单位有下列侵害劳动者合法权益行为的，由劳动行政部门责令其支付劳动者工资和经济补偿，并可责令其支付赔偿金：

（一）克扣或者无故拖欠劳动者工资的；

（二）拒不支付劳动者延长工作时间工资的；

（三）低于当地最低工资标准支付劳动者工资的。

经济补偿和赔偿金的标准，按国家有关规定执行。

二十九、《企业财务通则》

第四十六条　企业不得承担属于个人的下列支出：

（一）娱乐、健身、旅游、招待、购物、馈赠等支出。

（二）购买商业保险、证券、股权、收藏品等支出。

（三）个人行为导致的罚款、赔偿等支出。

（四）购买住房、支付物业管理费等支出。

（五）应由个人承担的其他支出。

三十、《财政部关于企业加强职工福利费财务管理的通知》

三、职工福利是企业对职工劳动补偿的辅助形式，企业应当参照历史一般水平合理控制职工福利费在职工总收入的比重。按照《企业财务通则》第四十六条规定，应当由个人承担的有关支出，企业不得作为职工福利费开支。

五、企业职工福利一般应以货币形式为主。对以本企业产品和服务作为职工福利的，企业要严格控制。国家出资的电信、电力、交通、热力、供水、燃气等企业，将本企业产品和服务作为职工福利的，应当按商业化原则实行公平交易，不得直接供职工及其亲属免费或者低价使用。

三十一、《住房公积金管理条例》

第二条　本条例适用于中华人民共和国境内住房公积金的缴存、提取、使用、管理和监督。

本条例所称住房公积金，是指国家机关、国有企业、城镇集体企业、外商投资企业、城镇私营企业及其他城镇企业、事业单位、民办非企业单位、社会团体（以下统称单位）及其在职职工缴存的长期住房储金。

第二十条　单位应当按时、足额缴存住房公积金，不得逾期缴存或者少缴。

对缴存住房公积金确有困难的单位，经本单位职工代表大会或者工会讨论通过，并经住房公积金管理中心审核，报住房公积金管理委员会批准后，可以降低缴存比例或者缓缴；待单位经济效益好转后，再提高缴存比例或者补缴缓缴。

三十二、《职业教育法》

第二十四条　企业应当根据本单位实际，有计划地对本单位的职工和准备招用的人员实施职业教育，并可以设置专职或者兼职实施职业教育的岗位。

企业应当按照国家有关规定实行培训上岗制度。企业招用的从事技术工种的劳动者，上岗前必须进行安全生产教育和技术培训；招用的从事涉及公共安全、人身健康、生命财产安全等特定职业（工种）的劳动者，必须经过培训并依法取得职业资格或者特种作业资格。

企业开展职业教育的情况应当纳入企业社会责任报告。

三十三、《劳动合同法》

第二十二条 用人单位为劳动者提供专项培训费用，对其进行专业技术培训的，可以与该劳动者订立协议，约定服务期。

三十四、《劳动合同法实施条例》

第十七条 劳动合同期满，但是用人单位与劳动者依照劳动合同法第二十二条的规定约定的服务期尚未到期的，劳动合同应当续延至服务期满；双方另有约定的，从其约定。

三十五、《劳动合同法》

第二十二条第二、三款 劳动者违反服务期约定的，应当按照约定向用人单位支付违约金。违约金的数额不得超过用人单位提供的培训费用。用人单位要求劳动者支付的违约金不得超过服务期尚未履行部分所应分摊的培训费用。

用人单位与劳动者约定服务期的，不影响按照正常的工资调整机制提高劳动者在服务期期间的劳动报酬。

三十六、《劳动合同法实施条例》

第二十六条第一款 用人单位与劳动者约定了服务期，劳动者依照劳动合同法第三十八条的规定解除劳动合同的，不属于违反服务期的约定，用人单位不得要求劳动者支付违约金。

三十七、《劳动合同法》

第二十六条第一款 下列劳动合同无效或者部分无效：

（一）以欺诈、胁迫的手段或者乘人之危，使对方在违背真实意思的情况下订立或者变更劳动合同的；

（二）用人单位免除自己的法定责任、排除劳动者权利的；

（三）违反法律、行政法规强制性规定的。

三十八、《劳动合同法》

第三十八条　用人单位有下列情形之一的，劳动者可以解除劳动合同：

（一）未按照劳动合同约定提供劳动保护或者劳动条件的；

（二）未及时足额支付劳动报酬的；

（三）未依法为劳动者缴纳社会保险费的；

（四）用人单位的规章制度违反法律、法规的规定，损害劳动者权益的；

（五）因本法第二十六条第一款规定的情形致使劳动合同无效的；

（六）法律、行政法规规定劳动者可以解除劳动合同的其他情形。

三十九、《劳动合同法》

第四十八条　用人单位违反本法规定解除或者终止劳动合同，劳动者要求继续履行劳动合同的，用人单位应当继续履行；劳动者不要求继续履行劳动合同或者劳动合同已经不能继续履行的，用人单位应当依照本法第八十七条规定支付赔偿金。

四十、《劳动合同法》

第四十二条　劳动者有下列情形之一的，用人单位不得依照本法第四十条、第四十一条的规定解除劳动合同：

（一）从事解除职业病危害作业的劳动者未进行离岗前职业健康检查，或者疑似职业病病人在诊断或者医学观察期的；

（二）在本单位患职业病或者因工负伤并被确认丧失或者部分丧失劳动能力的等；

（三）患病或者非因工负伤，在规定的医疗期内的；

（四）女职工在孕期、产期、哺乳期的；

（五）在本单位连续工作满十五年，且距法定退休年龄不足五年的；

（六）法律、行政法规规定的其他情形。

四十一、《劳动合同法》

第四十条第一款　有下列情形之一的，用人单位提前三十日以书面形式通知劳动者本人或者额外支付劳动者一个月工资后，可以解除劳动合同：

（一）劳动者患病或者非因工负伤，在规定的医疗期满后不能从事原工作，也不能从事由用人单位另行安排的工作的。

四十二、《劳动合同法》

第四十条第二款　（二）劳动者不能胜任工作，经过培训或者调整工作岗位，仍不能胜任工作的。

四十三、《劳动合同法》

第四十条第三款　（三）劳动合同订立时所依据的客观情况发生重大变化，致使劳动合同无法履行，经用人单位与劳动者协商，未能就变更劳动合同内容达成协议的。

四十四、《劳动合同法》

第四十一条第一款　有下列情形之一，需要裁减人员二十人以上或者裁减不足二十人但占企业职工总数百分之十以上的，用人单位提前三十日向工会或者全体职工说明情况，听取工会或者职工的意见后，裁减人员方案经向劳动行政部门报告，可以裁减人员：

（一）依照企业破产法规定进行重整的；

（二）生产经营发生严重困难的；

（三）企业转产、重大技术革新或者经营方式调整，经变更劳动合同后，仍需裁减人员的；

（四）其他因劳动合同订立时所依据的客观经济情况发生重大变化，致使劳动合同无法履行的。

四十五、《劳动合同法》

第四十一条第二款、第三款 裁减人员时，应当优先留用下列人员：

（一）与本单位订立较长期限的固定期限劳动合同的；

（二）与本单位订立无固定期限劳动合同的；

（三）家庭无其他就业人员，有需要扶养的老人或者未成年人的。

用人单位依照本条第一款规定裁减人员，在六个月内重新招用人员的，应当通知被裁减的人员，并在同等条件下优先招用被裁减的人员。

四十六、《国务院关于进一步做好稳就业工作的意见》

二、支持企业稳定岗位

（一）加大援企稳岗力度。阶段性降低失业保险费率、工伤保险费率的政策，实施期限延长至 2021 年 4 月 30 日。参保企业面临暂时性生产经营困难且恢复有望、坚持不裁员或少裁员的失业保险稳岗返还政策，以及困难企业开展职工在岗培训的补贴政策，实施期限均延长至 2020 年 12 月 31 日。

（四）规范企业裁员行为。支持企业与职工集体协商，采取协商薪酬、调整工时、轮岗轮休、在岗培训等措施，保留劳动关系。对拟进行经济性裁员的企业，指导其依法依规制定和实施职工安置方案，提前 30 日向工会或全体职工说明相关情况，依法依规支付经济补偿，偿还拖欠的职工工资，补缴欠缴的社会保险费。

四十七、《劳动合同法》

第四十四条 有下列情形之一的，劳动合同终止：

（一）劳动合同期满的；

（二）劳动者开始依法享受基本养老保险待遇的；

（三）劳动者死亡，或者被人民法院宣告死亡或者宣告失踪的；

（四）用人单位被依法宣告破产的；

（五）用人单位被吊销营业执照、责令关闭、撤销或者用人单位决定提前解散的；

（六）法律、行政法规规定的其他情形。

四十八、《劳动合同法》

第四十五条 劳动合同期满，有本法第四十二条规定情形之一的，劳动合同应当续延至相应的情形消失时终止。但是，本法第四十二条第二项规定丧失或者部分丧失劳动能力劳动者的劳动合同的终止，按照国家有关工伤保险的规定执行。

四十九、《劳动合同法》

第十四条第二款 用人单位与劳动者协商一致，可以订立无固定期限劳动合同。有下列情形之一，劳动者提出或者同意续订、订立劳动合同的，除劳动者提出订立固定期限劳动合同外，应当订立无固定期限劳动合同：

（一）劳动者在该用人单位连续工作满十年的；

（二）用人单位初次实行劳动合同制度或者国有企业改制重新订立劳

动合同时，劳动者在该用人单位连续工作满十年且距法定退休年龄不足十年的；

（三）连续订立二次固定期限劳动合同，且劳动者没有本法第三十九条和第四十条第一项、第二项规定的情形，续订劳动合同的。

五十、《劳动合同法》

第五十条 用人单位应当在解除或者终止劳动合同时出具解除或者终止劳动合同的证明，并在十五日内为劳动者办理档案和社会保险关系转移手续。

劳动者应当按照双方约定，办理工作交接。用人单位依照本法有关规定应当向劳动者支付经济补偿的，在办结工作交接时支付。

用人单位对已经解除或者终止的劳动合同的文本，至少保存二年备查。

五十一、《企业民主管理规定》

第三条 职工代表大会（或职工大会，下同）是职工行使民主管理权力的机构，是企业民主管理的基本形式。

企业应当按照合法、有序、公开、公正的原则，建立以职工代表大会为基本形式的民主管理制度，实行厂务公开，推行民主管理。公司制企业（以下简称公司）应当依法建立职工董事、职工监事制度。

企业应当尊重和保障职工依法享有的知情权、参与权、表达权和监督权等民主权利，支持职工参加企业管理活动。

五十二、《劳动法》

第八条 劳动者依照法律规定，通过职工大会、职工代表大会或者其他形式，参与民主管理或者就保护劳动者合法权益与用人单位进行平等协商。

五十三、《企业民主管理规定》

第八条　企业可以根据职工人数确定召开职工代表大会或者职工大会。

企业召开职工代表大会的，职工代表人数按照不少于全体职工人数的百分之五确定，最少不少于三十人。职工代表人数超过一百人的，超出的代表人数可以由企业与工会协商确定。

第九条　职工代表大会的代表由工人、技术人员、管理人员、企业领导人员和其他方面的职工组成。其中，企业中层以上管理人员和领导人员一般不得超过职工代表总人数的百分之二十。有女职工和劳务派遣职工的企业，职工代表中应当有适当比例的女职工和劳务派遣职工代表。

第十条　职工代表大会每届任期为三年至五年。具体任期由职工代表大会根据本单位的实际情况确定。

职工代表大会因故需要提前或者延期换届的，应当由职工代表大会或者其授权的机构决定。

第十七条　职工代表大会每年至少召开一次。职工代表大会全体会议必须有三分之二以上的职工代表出席。

第二十三条　与企业签订劳动合同建立劳动关系以及与企业存在事实劳动关系的职工，有选举和被选举为职工代表大会代表的权利。

依法终止或者解除劳动关系的职工代表，其代表资格自行终止。

五十四、《企业工会工作条例（试行）》

第三十四条　国有企业、国有控股企业职工代表大会或职工大会的职权：

（一）听取审议企业生产经营、安全生产、重组改制等重大决策以及实行厂务公开、履行集体合同情况报告，提出意见和建议。

（二）审议通过集体合同草案、企业改制职工安置方案。审查同意或否决涉及职工切身利益的重要事项和企业规章制度。

（三）审议决定职工生活福利方面的重大事项。

（四）民主评议监督企业中层以上管理人员，提出奖惩任免建议。

（五）依法行使选举权。

（六）法律法规规定的其他权利。

集体（股份合作制）企业职工代表大会或职工大会的职权：

（一）制定、修改企业章程。

（二）选举、罢免企业经营管理人员。

（三）审议决定经营管理以及企业合并、分立、变更、破产等重大事项。

（四）监督企业贯彻执行国家有关劳动安全卫生等法律法规、实行厂务公开、执行职代会决议等情况。

（五）审议决定有关职工福利的重大事项。

私营企业、外商投资企业和港澳台商投资企业职工代表大会或职工大会的职权：

（一）听取企业发展规划和年度计划、生产经营等方面的报告，提出意见和建议。

（二）审议通过涉及职工切身利益重大问题的方案和企业重要规章制度、集体合同草案等。

（三）监督企业贯彻执行国家有关劳动安全卫生等法律法规、实行厂务公开、履行集体合同和执行职代会决议、缴纳职工社会保险、处分和辞退职工的情况。

（四）法律法规、政策和企业规章制度规定及企业授权和集体协商议定的其他权利。

五十五、《劳动法》

第七条　劳动者有权依法参加和组织工会。

工会代表和维护劳动者的合法权益，依法独立自主地开展活动。

五十六、《劳动合同法》

第四十条　有下列情形之一的，用人单位提前三十日以书面形式通知劳动者本人或者额外支付劳动者一个月工资后，可以解除劳动合同：

（一）劳动者患病或者非因工负伤，在规定的医疗期满后不能从事原工作，也不能从事由用人单位另行安排的工作的；

（二）劳动者不能胜任工作，经过培训或者调整工作岗位，仍不能胜任工作的；

（三）劳动合同订立时所依据的客观情况发生重大变化，致使劳动合同无法履行，经用人单位与劳动者协商，未能就变更劳动合同内容达成协议的。

五十七、《劳动合同法》

第四十一条第一款　有下列情形之一，需要裁减人员二十人以上或者裁减不足二十人但占企业职工总数百分之十以上的，用人单位提前三十日向工会或者全体职工说明情况，听取工会或者职工的意见后，裁减人员方案经向劳动行政部门报告，可以裁减人员：

（一）依照企业破产法规定进行重整的；

（二）生产经营发生严重困难的；

（三）企业转产、重大技术革新或者经营方式调整，经变更劳动合同后，仍需裁减人员的；

（四）其他因劳动合同订立时所依据的客观经济情况发生重大变化，致使劳动合同无法履行的。

五十八、《女职工劳动保护特别规定》

附录：

女职工禁忌从事的劳动范围

一、女职工禁忌从事的劳动范围：

（一）矿山井下作业；

（二）体力劳动强度分级标准中规定的第四级体力劳动强度的作业；

（三）每小时负重 6 次以上、每次负重超过 20 公斤的作业，或者间断负重、每次负重超过 25 公斤的作业。

二、女职工在经期禁忌从事的劳动范围：

（一）冷水作业分级标准中规定的第二级、第三级、第四级冷水作业；

（二）低温作业分级标准中规定的第二级、第三级、第四级低温作业；

（三）体力劳动强度分级标准中规定的第三级、第四级体力劳动强度的作业；

（四）高处作业分级标准中规定的第三级、第四级高处作业。

三、女职工在孕期禁忌从事的劳动范围：

（一）作业场所空气中铅及其化合物、汞及其化合物、苯、镉、铍、砷、氰化物、氮氧化物、一氧化碳、二硫化碳、氯、己内酰胺、氯丁二烯、氯乙烯、环氧乙烷、苯胺、甲醛等有毒物质浓度超过国家职业卫生标准的作业；

（二）从事抗癌药物、己烯雌酚生产，接触麻醉剂气体等的作业；

（三）非密封源放射性物质的操作，核事故与放射事故的应急处置；

（四）高处作业分级标准中规定的高处作业；

（五）冷水作业分级标准中规定的冷水作业；

（六）低温作业分级标准中规定的低温作业；

（七）高温作业分级标准中规定的第三级、第四级的作业；

（八）噪声作业分级标准中规定的第三级、第四级的作业；

（九）体力劳动强度分级标准中规定的第三级、第四级体力劳动强度的作业；

（十）在密闭空间、高压室作业或者潜水作业，伴有强烈振动的作业，或者需要频繁弯腰、攀高、下蹲的作业。

四、女职工在哺乳期禁忌从事的劳动范围：

（一）孕期禁忌从事的劳动范围的第一项、第三项、第九项；

（二）作业场所空气中锰、氟、溴、甲醇、有机磷化合物、有机氯化合物等有毒物质浓度超过国家职业卫生标准的作业。

五十九、《企业职工患病或非因工负伤医疗期规定》

第二条　医疗期是指企业职工因患病或非因工负伤停止工作治病休息不得解除劳动合同的时限。

六十、《关于贯彻〈企业职工患病或非因工负伤医疗期规定〉的通知》

一、关于医疗期的计算问题

1. 医疗期计算应从病休第一天开始，累计计算。如：应享受三个月医疗期的职工，如果从 1995 年 3 月 5 日起第一次病休，那么，该职工的医疗期应在 3 月 5 日至 9 月 5 日之间确定，在此期间累计病休三个月即视为医疗期满。其他依此类推。

2. 病休期间，公休、假日和法定节日包括在内。

六十一、上海市人民政府《关于本市劳动者在履行劳动合同期间患病或者非因工负伤的医疗期标准的规定》

一、医疗期是指劳动者患病或者非因工负伤停止工作治病休息，用人单位不得因此解除劳动合同的期限。

二、医疗期按照劳动者在本用人单位的工作年限设置。劳动者在本单位工作第 1 年，医疗期为 3 个月；以后工作每满 1 年，医疗期增加 1 个月，但不超过 24 个月。

三、劳动者经劳动能力鉴定委员会鉴定为完全丧失劳动能力但不符合退休、退职条件的，应当延长医疗期。延长的医疗期由用人单位与劳动者具体约定，但约定延长的医疗期与前条规定的医疗期合计不得低于 24 个月。

四、下列情形中关于医疗期的约定长于上述规定的，从其约定：

（一）集体合同对医疗期有特别约定的；

（二）劳动合同对医疗期有特别约定的；

（三）用人单位内部规章制度对医疗期有特别规定的。

五、劳动者在本单位工作期间累计病休时间超过按照规定享受的医疗期，用人单位可以依法与其解除劳动合同。

六、本规定施行前已经履行的劳动合同，其医疗期按照当时本市的相关规定执行。

七、本规定自 2015 年 5 月 1 日起施行，有效期至 2025 年 6 月 30 日。

六十二、《关于贯彻〈企业职工患病或非因工负伤医疗期规定〉的通知》

二、关于特殊疾病的医疗期问题

根据目前的实际情况，对某些患特殊疾病（如癌症、精神病、瘫痪等）的职工，在 24 个月内尚不能痊愈的，经企业和劳动主管部门批准，可以适当延长医疗期。

六十三、《劳动合同法》

第十四条　无固定期限劳动合同，是指用人单位与劳动者约定无确定终止时间的劳动合同。

用人单位与劳动者协商一致，可以订立无固定期限劳动合同。有下列情形之一，劳动者提出或者同意续订、订立劳动合同的，除劳动者提出订立固定期限劳动合同外，应当订立无固定期限劳动合同：

（一）劳动者在该用人单位连续工作满十年的；

（二）用人单位初次实行劳动合同制度或者国有企业改制重新订立劳动合同时，劳动者在该用人单位连续工作满十年且距法定退休年龄不足十年的；

（三）连续订立二次固定期限劳动合同，且劳动者没有本法第三十九条和第四十条第一项、第二项规定的情形，续订劳动合同的。

用人单位自用工之日起满一年不与劳动者订立书面劳动合同的，视为用人单位与劳动者已订立无固定期限劳动合同。

六十四、详见《对外承包工程管理条例》《对外承包工程项下外派劳务管理暂行办法》

《对外承包工程管理条例》

第十一条　从事对外承包工程外派人员中介服务的机构应当取得国务院商务主管部门的许可，并按照国务院商务主管部门的规定从事对外承包工程外派人员中介服务。

对外承包工程的单位通过中介机构招用外派人员的，应当选择依法取得许可并合法经营的中介机构，不得通过未依法取得许可或者有重大违法行为的中介机构招用外派人员。

第十二条　对外承包工程的单位应当依法与其招用的外派人员订立劳动合同，按照合同约定向外派人员提供工作条件和支付报酬，履行用人单位义务。

第十四条　对外承包工程的单位应当为外派人员购买境外人身意外伤

害保险。

《对外承包工程项下外派劳务管理暂行办法》

第四条　对外承包工程项下外派劳务应由总包商（对外签约单位）自营，或由总包商通过签署分包合同将承包工程中的部分工程连同其项下外派劳务整体分包给具有对外承包工程经营资格的分包商。

第五条　总包商不得将工程项下外派劳务单独分包或转包。分包商不得将其承包的工程及项下外派劳务再分包或转包。

第六条　总包商或分包商须直接与外派劳务人员签订《劳务派遣和雇用合同》，不得委托任何中介机构或个人招收外派劳务。

第四节　商业秘密保护合规管理指南：法律法规及相关制度文件

一、法律清单

中国相关法：

（一）《中华人民共和国反不正当竞争法》*

第九条　经营者不得实施下列侵犯商业秘密的行为：（一）以盗窃、贿赂、欺诈、胁迫或者其他不正当手段获取权利人的商业秘密；（二）披露、使用或者允许他人使用以前项手段获取的权利人的商业秘密；（三）违反约定或者违反权利人有关保守商业秘密的要求，披露、使用或者允许他人使用其所掌握的商业秘密。第三人明知或者应知商业秘密权利人的员工、前员工或者其他单位、个人实施前款所列违法行为，仍获取、披露、使用或

---

* 2019 年修正的《中华人民共和国反不正当竞争法》。

者允许他人使用该商业秘密的，视为侵犯商业秘密。本法所称的商业秘密，是指不为公众所知悉、具有商业价值并经权利人采取相应保密措施的技术信息和经营信息。

第十五条　监督检查部门及其工作人员对调查过程中知悉的商业秘密负有保密义务。

第十七条　经营者违反本法规定，给他人造成损害的，应当依法承担民事责任。经营者的合法权益受到不正当竞争行为损害的，可以向人民法院提起诉讼。因不正当竞争行为受到损害的经营者的赔偿数额，按照其因被侵权所受到的实际损失确定；实际损失难以计算的，按照侵权人因侵权所获得的利益确定。赔偿数额还应当包括经营者为制止侵权行为所支付的合理开支。经营者违反本法第六条、第九条规定，权利人因被侵权所受到的实际损失、侵权人因侵权所获得的利益难以确定的，由人民法院根据侵权行为的情节判决给予权利人三百万元以下的赔偿。

第二十一条　经营者违反本法第九条规定侵犯商业秘密的，由监督检查部门责令停止违法行为，处十万元以上五十万元以下的罚款；情节严重的，处五十万元以上三百万元以下的罚款。

第三十条　监督检查部门的工作人员滥用职权、玩忽职守、徇私舞弊或者泄露调查过程中知悉的商业秘密的，依法给予处分。

（二）《中华人民共和国刑法》*

第二百一十九条　侵犯商业秘密罪

有下列侵犯商业秘密行为之一，给商业秘密的权利人造成重大损失的，处三年以下有期徒刑或者拘役，并处或者单处罚金；造成特别严重后果的，处三年以上七年以下有期徒刑，并处罚金：

（一）以盗窃、利诱、胁迫或者其他不正当手段获取权利人的商业秘

---

* 2017 年修正的《中华人民共和国刑法》。

密的；

（二）披露、使用或者允许他人使用以前项手段获取的权利人的商业秘密的；

（三）违反约定或者违反权利人有关保守商业秘密的要求，披露、使用或者允许他人使用其所掌握的商业秘密的。

明知或者应知前款所列行为，获取、使用或者披露他人的商业秘密的，以侵犯商业秘密论。

本条所称商业秘密，是指不为公众所知悉，能为权利人带来经济利益，具有实用性并经权利人采取保密措施的技术信息和经营信息。

本条所称权利人，是指商业秘密的所有人和经商业秘密所有人许可的商业秘密使用人。

第三百零八条之一　泄露不应公开的案件信息罪

司法工作人员、辩护人、诉讼代理人或者其他诉讼参与人，泄露依法不公开审理的案件中不应当公开的信息，造成信息公开传播或者其他严重后果的，处三年以下有期徒刑、拘役或者管制，并处或者单处罚金。

有前款行为，泄露国家秘密的，依照本法第三百九十八条的规定定罪处罚。

公开披露、报道第一款规定的案件信息，情节严重的，依照第一款的规定处罚。

单位犯前款罪的，对单位判处罚金，并对其直接负责的主管人员和其他直接责任人员，依照第一款的规定处罚。

（三）《中华人民共和国促进科技成果转化法》*

第十一条　国家建立、完善科技报告制度和科技成果信息系统，向社会公布科技项目实施情况以及科技成果和相关知识产权信息，提供科技成

---

* 2015年修正的《中华人民共和国促进科技成果转化法》。

果信息查询、筛选等公益服务。公布有关信息不得泄露国家秘密和商业秘密。对不予公布的信息，有关部门应当及时告知相关科技项目承担者。

第三十条第二款 科技中介服务机构提供服务，应当遵循公正、客观的原则，不得提供虚假的信息和证明，对其在服务过程中知悉的国家秘密和当事人的商业秘密负有保密义务。

第四十二条 企业、事业单位应当建立健全技术秘密保护制度，保护本单位的技术秘密。职工应当遵守本单位的技术秘密保护制度。

企业、事业单位可以与参加科技成果转化的有关人员签订在职期间或者离职、离休、退休后一定期限内保守本单位技术秘密的协议；有关人员不得违反协议约定，泄露本单位的技术秘密和从事与原单位相同的科技成果转化活动。

职工不得将职务科技成果擅自转让或者变相转让。

第四十八条第二款 科技中介服务机构及其从业人员违反本法规定泄露国家秘密或者当事人的商业秘密的，依照有关法律、行政法规的规定承担相应的法律责任。

第五十一条 违反本法规定，职工未经单位允许，泄露本单位的技术秘密，或者擅自转让、变相转让职务科技成果的，参加科技成果转化的有关人员违反与本单位的协议，在离职、离休、退休后约定的期限内从事与原单位相同的科技成果转化活动，给本单位造成经济损失的，依法承担民事赔偿责任；构成犯罪的，依法追究刑事责任。

（四）《中华人民共和国民法典》

第五百零一条 保密义务

当事人在订立合同过程中知悉的商业秘密或者其他应当保密的信息，无论合同是否成立，不得泄露或者不正当地使用；泄露、不正当地使用该商业秘密或者信息，造成对方损失的，应当承担赔偿责任。

第七百八十五条 承揽人的保密义务

承揽人应当按照定作人的要求保守秘密，未经定作人许可，不得留存复制品或者技术资料。

第八百六十四条 技术转让和技术许可范围的约定

技术转让合同和技术许可合同可以约定实施专利或者使用技术秘密的范围，但不得限制技术竞争和技术发展。

第八百六十八条 技术秘密转让合同让与人和技术秘密使用许可合同许可人主要义务

技术秘密转让合同的让与人和技术秘密使用许可合同的许可人应当按照约定提供技术资料，进行技术指导，保证技术的实用性、可靠性，承担保密义务。

前款规定的保密义务，不限制许可人申请专利，但是当事人另有约定的除外。

第八百六十九条 技术秘密转让合同的受让人和技术秘密使用许可合同的被许可人应当按照约定使用技术，支付转让费、使用费，承担保密义务。

第八百七十一条 技术转让合同受让人和技术许可合同被许可人的技术保密义务

技术转让合同的受让人和技术许可合同的被许可人应当按照约定的范围和期限，对让与人、许可人提供的技术中尚未公开的秘密部分，承担保密义务。

第八百七十二条 让与人违约责任

许可人未按照约定许可技术的，应当返还部分或者全部使用费，并应当承担违约责任；实施专利或者使用技术秘密超越约定的范围的，违反约定擅自许可第三人实施该项专利或者使用该项技术秘密的，应当停止违约行为，承担违约责任；违反约定的保密义务的，应当承担违约责任。

让与人承担违约责任，参照适用前款规定。

第八百七十三条　受让人违约责任

被许可人未按照约定支付使用费的，应当补交使用费并按照约定支付违约金；不补交使用费或者支付违约金的，应当停止实施专利或者使用技术秘密，交还技术资料，承担违约责任；实施专利或者使用技术秘密超越约定的范围的，未经许可人同意擅自许可第三人实施该专利或者使用该技术秘密的，应当停止违约行为，承担违约责任；违反约定的保密义务的，应当承担违约责任。

受让人承担违约责任，参照适用前款规定。

第八百七十四条　技术合同侵权责任

受让人或者被许可人按照约定实施专利、使用技术秘密侵害他人合法权益的，由让与人或者许可人承担责任，但是当事人另有约定的除外。

第八百七十五条　后续技术成果的归属与分享

当事人可以按照互利的原则，在合同中约定实施专利、使用技术秘密后续改进的技术成果的分享办法；没有约定或者约定不明确，依据本法第五百一十条的规定仍不能确定的，一方后续改进的技术成果，其他各方无权分享。

（五）《中华人民共和国公司法》*

第一百四十八条　董事、高管人员的禁止行为

董事、高级管理人员不得有下列行为：（七）擅自披露公司秘密；董事、高级管理人员违反前款规定所得的收入应当归公司所有。

（六）《中华人民共和国劳动法》**

第二十二条　劳动合同当事人可以在劳动合同中约定保守用人单位商

---

* 2018年修正的《中华人民共和国公司法》。
** 2018年修正的《中华人民共和国劳动法》。

业秘密的有关事项。

第一百零二条　劳动者违反本法规定的条件解除劳动合同或者违反劳动合同中约定的保密事项，对用人单位造成经济损失的，应当依法承担赔偿责任。

国际条约：

（七）《巴黎公约》

第10条之二　不正当竞争

（1）本联盟国家有义务对各该国国民保证给予制止不正当竞争的有效保护。［（1）The countries of the Union are bound to assure to nationals of such countries effective protection against unfair competition.］

（2）凡在工商业事务中违反诚实的习惯做法的竞争行为构成不正当竞争的行为。［（2）Any act of competition contrary to honest practices in industrial or commercial matters constitutes an act of unfair competition.］

（3）下列各项特别应予以禁止：［（3）The following in particular shall be prohibited：］

（i）具有采用任何手段对竞争者的营业所、商品或工商业活动产生混淆性质的一切行为；［（i）all acts of such a nature as to create confusion by any means whatever with the establishment，the goods，or the industrial or commercial activities，of a competitor；］

（ii）在经营商业中，具有损害竞争者的营业所、商品或工商业活动的信用性质的虚伪说法；［（ii）false allegations in the course of trade of such a nature as to discredit the establishment，the goods，or the industrial or commercial activities，of a competitor；］

（iii）在经营商业中使用会使公众对商品的性质、制造方法、特点、用途或数量易于产生误解的表示或说法。［（iii）indications or allegations the use of which in the course of trade is liable to mislead the public as to the nature, the manufacturing process, the characteristics, the suitability for their purpose, or the quantity, of the goods.〕

（八）与贸易有关的知识产权协定（草案）

第二部分　关于知识产权效力、范围和使用的标准

第七节　对未披露信息的保护

第 39 条　一、在保证针对《巴黎公约》（1967）第 10 条之二规定的不公平竞争而采取有效保护的过程中，各成员应依照第 2 款对未披露信息和依照第 3 款提交政府或政府机构的数据进行保护。（1. In the course of ensuring effective protection against unfair competition as provided in Article 10bis of the Paris Convention（1967）, Members shall protect undisclosed information in accordance with paragraph 2 and data submitted to governments or governmental agencies in accordance with paragraph 3.）

二、自然人和法人应有可能防止其合法控制的信息在未经其同意的情况下以违反诚实商业行为的方式向他人披露，或被他人取得或使用，只要此类信息：（2. Natural and legal persons shall have the possibility of preventing information lawfully within their control from being disclosed to, acquired by, or used by others without their consent in a manner contrary to honest commercial practices so long as such information：）

（一）属秘密，即作为一个整体或就其各部分的精确排列和组合而言，该信息尚不为通常处理所涉信息范围内的人所普遍知道，或不易被他们获得；（（a）is secret in the sense that it is not, as a body or in the precise configuration and assembly of its components, generally known among or readily accessible to persons within the circles that normally deal with the kind of information in question；）

（二）因属秘密而具有商业价值；并且（has commercial value because

it is secret；and）

（三）由该信息的合法控制人，在此种情况下采取合理的步骤以保持其秘密性质。（（c）has been subject to reasonable steps under the circumstances，by the person lawfully in control of the information，to keep it secret.）

三、各成员如要求，作为批准销售使用新型化学个体制造的药品或农业化学物质产品的条件，需提交通过巨大努力取得的、未披露的试验数据或其他数据，则应保护该数据，以防止不正当的商业使用。此外，各成员应保护这些数据不被披露，除非属为保护公众所必需，或除非采取措施以保证该数据不被用在不正当的商业使用中。（3. Members，when requiring，as a condition of approving the marketing of pharmaceutical or of agricultural chemical products which utilize new chemical entities，the submission of undisclosed test or other data，the origination of which involves a considerable effort，shall protect such data against unfair commercial use. In addition，Members shall protect such data against disclosure，except where necessary to protect the public，or unless steps are taken to ensure that the data are protected against unfair commercial use.）

美国法律：

（九）《不公平竞争法第三次重述》*

第四章　贸易价值的适用

主题 2　商业秘密

§39　商业秘密的定义

商业秘密是指可用于企业或其他企业运营的任何信息，并且具有足够的价值和秘密，可以提供实际或潜在的经济优势。

---

* 1995 年施行的《不公平竞争法第三次重述》。

§40 商业秘密的拨款

如果出现以下情况，则可能会对另一个商业秘密的占用承担责任：

（a）行为人通过第 43 条规定的规则获得的不正当行为获得该行为人知道或有理由知道的另一商业秘密；要么

（b）在未经另一方同意的情况下，该行为人使用或披露另一方的商业秘密，并且在使用或披露时，

（1）该行为人知道或有理由知道该信息是该行为人根据第 41 条规定的规则在行为人对另一方承担责任的情况下获得的商业秘密；要么

（2）行为人知道或有理由知道该信息是行为人通过第 43 条规定的不正当手段获得的商业秘密；要么

（3）行为人知道或有理由知道该信息是行为人通过第 43 条规定的不正当手段获得或通过其商业秘密的披露而获得的商业秘密。根据第 41 条规定的规则违反对另一方的信任义务；要么

（4）行为人知道或有理由知道该信息是该行为人通过意外或错误获得的商业秘密，除非该收购是另一方未采取合理预防措施以维护信息保密的结果。

§41 信心的责任

如果出现以下情况，则商业秘密被披露的人对商业秘密的所有者负有信任义，以符合第 40 条规定的规则：

（a）该人在披露商业秘密前明确承诺保密；要么

（b）商业秘密在披露当事人之间的关系或披露的其他事实证明在披露时得出的结论的情况下向该人披露，

（1）该人知道或有理由知道该披露是为了保密，而且

（2）披露的另一方在推断该人同意保密义务方面是合理的。

§42 员工违反信心

使用或披露雇主或前雇主所有的商业秘密违反保密义务的雇员或前雇

员，根据第 40 条规定的规则，对商业秘密的占用负有责任。

§43　不正当地获取商业秘密

根据第 40 条规定的规则，"不正当"意味着获取另一个商业秘密，包括盗窃，欺诈，未经授权拦截通信，诱导或知道参与违反信任，以及其他方式本身就是不法行为或在案子。对公开产品或信息的独立发现和分析不是不正当的获取方式。

§44　禁令：商业秘密的拨款

（1）在适当的情况下，根据第（2）款规定的规则，可以颁发禁令救济，以防止根据第 40 条规定的规则承担责任的人继续或威胁性地侵占他人的商业秘密。

（2）禁令救济的适当性和范围取决于对案件所有因素的比较评估，包括以下主要因素：

（a）受保护利益的性质；

（b）拨款的性质和范围；

（c）强制令和其他补救措施对原告的相对充分性；

（d）如果禁令被授予可能导致被告合法利益的相对损害，如果禁令被拒绝，则可能导致原告的合法利益；

（e）第三者和公众的利益；

（f）原告提起诉讼或以其他方式主张其权利的任何不合理的延误；

（g）原告的任何相关不当行为；和

（h）制定和执行禁令的实用性。

（3）商业秘密行动中禁令救济的期限应限于保护原告免受拨款造成的任何损害所必需的时间，并剥夺被告因拨款而产生的任何经济利益。

§45　货币救济：商业秘密的拨款

（1）根据第 40 条规定对另一个商业秘密进行盗用的另一方应对由于拨款或由于拨款产生的行为人自身的金钱利益而导致的另一笔金钱损失负

责，以两者为准。更大，除非根据第（2）款规定的规则进行此类救济是不合适的。

（2）货币救济金是否合适以及衡量此类救济的适当方法取决于对案件所有因素的比较评估，包括以下主要因素：

（a）原告确定金钱损失的事实和程度或由于拨款而产生的行为人的金钱利益的确定程度；

（b）拨款的性质和范围；

（c）原告对其他补救措施的相对充分性；

（d）行为人的意图和知识以及行为人依赖任何善意的性质和程度；

（e）原告提起诉讼或以其他方式主张其权利的任何无理拖延；和

（f）原告的任何相关不当行为。

（十）《经济间谍法》*

第90章　保护商业秘密

第1831条　经济间谍罪

（a）一般

任何人图谋使、或知道，犯罪有益于外国政府、外国机构或外国代理人，仍故意实施下列行为的，即：

（1）盗窃商业秘密，或者未经许可侵占、取得、带出、藏匿商业秘密，或者以伪造、阴谋、欺骗手段，获取商业秘密；

（2）对商业秘密，未经许可抄写、临摹、复制、草绘、绘制、拍摄、下载、上载、改变、破坏、影印、传送、递送、托送、邮寄，或用通讯或口头传递；

（3）知道商业秘密是未经许可盗窃、侵占、获取或传递的结果，仍然接受、购买或占有该商业秘密；

---

* 1996年施行的《经济间谍法》。

（4）上述（1）（3）项行为的预备行为；

（5）上述（1）（3）项行为的共谋行为，其共谋人之一的行为作用于该共谋之目的，处 50 万美元罚金，或 15 年以下有期徒刑，或二者并处；组织犯罪依（b）款规定。

（b）组织犯罪

任何组织犯（a）款罪的，处 1000 万美元以下罚金。

第 1832 条　侵夺商业秘密罪

（a）任何人图谋使、或知道，犯罪有损于其产品是为州际、国际贸易生产或产品处于该贸易中的商业秘密的所有人，仍为该所有人以外任何人的经济利益，以传递有关该产品或者包含于该产品的商业秘密为目的，故意实施下列行为的，即：

（1）盗窃商业秘密，或者未经许可侵占、取得、带出、藏匿商业秘密，或者以伪造、阴谋、欺骗手段，获取商业秘密；

（2）对商业秘密，未经许可抄写、临摹、复制、草绘、绘制、拍摄、下载、上载、改变、破坏、影印、传送、递送、托送、邮寄，或用通讯或口头传递；

（3）知道商业秘密是未经许可盗窃、侵占、获取或传递的结果，仍然接受、购买或占有该商业秘密；

（4）上述（1）（3）项行为的预备行为；

（5）上述（1）（3）项行为的共谋行为，其共谋人之一的行为作用于该共谋之目的，处罚金，或 10 年以下有期徒刑，或二者并处；组织犯罪依（b）款规定。

（b）组织犯罪

任何组织犯（a）款罪的，处 500 万美元以下罚金。

第 1833 条　例外

本章不适用于：

（1）任何执行美国政府、州政府职能的实体，或州政府的分支权利机构，所采取的合法行为；

（2）向对犯罪管辖有合法授权的任何执行美国政府、州政府职能的实体，或州政府的分支权利机构，报告可疑违法行为。

第1834条 没收犯罪财产

（a）法院处罚本章各罪的犯罪人的，除其他处罚外，应责令向美国政府清缴下列犯罪财产：

（1）犯罪人直接或间接地获得的、构成或导源于作为犯罪结果的收入的任何财产；

（2）法院根据案情，考虑性质、范围和比例，认定的在犯罪中或为帮助犯罪，以任何方式、任何部分，使用或企图使用的犯罪人的财产。

（b）对依本节没收之财产的任何没收或处理，和任何有关行政和司法程序，应适用1970年毒品犯罪综合防治法第413节；依本节规定不应没收的，属于第413节第（d）条和第（f）条规定的财产除外。

第1835条 保密令

在依本章进行的任何控诉或其他程序中，为必要和恰当地保守商业秘密，法院应考虑联邦刑事与民事诉讼法、联邦证据法和其他联邦法律的要求，下达命令和采取其他有关措施。对美国政府提出的诉间上诉，联邦地区法院应以决定或命令，予以受理，授权或指导任何商业秘密的披露。

第1836条 禁止侵权的民事程序

（a）在民事诉讼程序中，检察长对违反本节之犯罪，可申请适当的禁令救济。

（b）对依本条的民事诉讼，联邦地区法院有一审专属管辖权。

第1837条 美国境外的犯罪行为

本章规定亦适用于美国境外的行为，如果：

（1）自然人犯罪，该人为美国公民或有美国永久居留权的外国人，或者组织犯罪，该组织根据美国联邦、州或其权利分支机构的法律产生；

（2）促成犯罪的行为，原生于美国。

第 1838 条　适用时与其他法律的关系

本章不得解释为，相对于无论是联邦、州、共同体、领地、属地法律所规定的，对侵占商业秘密的任何其他民事、刑事救济，产生了先占或替代作用；或对政府雇员根据美国法典第 552 条（一般称为信息自由法）进行的合法信息公开，产生任何影响。

第 1839 条　定义

本章使用的术语：

（1）"外国机构"是指由外国政府实质上所有、控制、赞助、指挥、管理或支配的任何职能机构，委、局、处室、所、协会，或者任何法律、商业或业务组织、团体、公司；

（2）"外国的代理人"指任何外国政府的任何官员、雇员、授权代理人、公务人员、委任代表或代表；

（3）"商业秘密"是指所有形式和类型的财务、经营、科学、技术、经济或工程信息，包括样式、计划、编辑产品、程序装置、公式、设计、原型、方法、技术、工艺、流程或编码，无论有形或无形，无论是否或怎样得到物理、电子、绘制、照相或书写方式的存放、组织、存储，如果——

（a）所有者对该信息采取了合理的措施；并且

（b）该信息由于未能被公众所知，且未能用正当手段已经可以确定，因而具有实际或潜在的独立经济价值。

（4）商业秘密的"所有者"，指由于法定权利或衡平权利，或接受许可，从而保有商业秘密的人或实体。

二、制度清单

（一）国家经贸委办公厅《关于加强国有企业商业秘密保护工作的通知》

各省、自治区、直辖市及计划单列市经贸委（经委、计经委）、新疆生产建设兵团经委，国务院有关部门，解放军总后勤部：

商业秘密是市场经济发展的产物，是知识产权的重要组成部分，也是企业重要的无形资产，它对企业在市场竞争中的生存和发展有着重要影响。随着我国社会主义市场经济的发展，商业秘密已经成为国有企业技术创新的重要内容，是企业形成和保持竞争优势的重要手段。在市场经济条件下，进一步加强国有企业商业秘密保护工作，对于保护国有企业知识产权，提高国有企业管理水平，增强国有企业竞争能力，促进国有企业进一步发展，都具有十分重要的意义。

近年来，部分国有企业已经认识到保护商业秘密的重要性，建立了相应的商业秘密保护制度，取得了较好的效果。但是，从总体上看，多数国有企业保护商业秘密的意识仍然比较淡薄，保护措施仍然比较落后，致使侵害国有企业商业秘密权益的案件不断增加，国有企业商业秘密被泄密和窃密的现象屡屡发生，部分国有企业的生产经营受到了严重影响。因此，必须充分认识商业秘密的重要性，提高商业秘密保护意识，把商业秘密作为重要的知识产权、无形资产和参与市场竞争的一种重要手段，采取各种有效措施切实加强保护和管理。现就有关问题通知如下：

1. 正确理解商业秘密的定义，合理认定商业秘密的范围

商业秘密是指不为公众所知悉，能为权利人带来经济利益，具有实用性并经权利人采取保密措施的技术信息和经营信息。企业在确认商业秘密时，要注意以下几点：

（1）商业秘密主要是指制作方法、技术、工艺、配方、数据、程序、

设计、客户名单、货源情报、招投标文件以及其他技术信息和经营信息；

（2）这些信息必须处在秘密和难以为公众知悉的状态；

（3）这些信息必须具有实用性，能给企业带来经济利益；

（4）企业作为权利人，必须对这些信息采取合理的保密措施。

国有企业要结合实际情况，对本企业的技术信息和经营信息进行清理。在清理过程中，对有关信息适用哪种知识产权保护形式，企业要权衡利弊后作出合理选择。对于确实适合以商业秘密形式保护的信息，要准确认定商业秘密的范围，并把商业秘密作为重要的知识产权纳入企业资产管理的轨道。企业在确定商业秘密的范围时，可以根据商业秘密的重要程度，如关系到企业生存与发展及重大经济利益、关系到企业发展及较大经济利益、影响企业经济利益等程度，对商业秘密确定不同的密级。

2. 采取切实可行的保护措施，把国有企业商业秘密保护工作提高到一个新水平

当前，侵犯国有企业商业秘密的行为主要有四类：第一类是不特定人以盗窃、利诱、欺诈、胁迫或者其他不正当手段获取国有企业商业秘密的行为；第二类是不特定人披露、使用或者允许他人使用以第一类所述的不正当手段获取的国有企业商业秘密的行为；第三类是特定人（如本企业职工或交易相对人）违反约定或者违反国有企业有关保守商业秘密要求，披露、使用或者允许他人使用其所掌握的商业秘密的行为；第四类是第三人明知或应知商业秘密是他人非法获取、披露或者使用的，而仍然予以获取、使用或者披露的行为。

国有企业要根据本企业的实际情况，尽快采取切实可行的保护措施，防止商业秘密被窃密、泄密和破密。要设立或指定专门机构并配备专职或兼职人员，如企业法律事务机构或企业法律顾问等，专门负责商业秘密的管理工作。国有企业要以书面形式告知职工所要承担的保密义务，并确认职工知悉保护商业秘密的事实。国有企业在经济往来、合作研究与开发、

技术转让、合资与合作、组织形式变更等经济活动中，要十分注意保护商业秘密，如果发现国有企业商业秘密的合法权益受到侵害，要及时通过行政或司法途径予以解决。

国有企业要逐步建立健全商业秘密保护制度，使商业秘密保护措施制度化。国有企业根据实际需要，可以制定如下商业秘密管理制度：商业秘密事项产生、认定管理办法；商业秘密资料使用和销毁管理办法；商业秘密密级确定及保密期限管理办法；职工保守商业秘密管理办法；商业秘密管理奖惩办法；对外接待保密管理办法；商业秘密要害部位保密工作管理办法；会议保密规定；传真机、计算机和通讯设备使用管理规定等。

3. 各级经济主管部门要切实加强对国有企业商业秘密保护工作的指导和监督

各级经济主管部门要重视国有企业商业秘密保护工作，进一步加强对国有企业商业秘密保护工作的指导和监督。

（1）要把商业秘密保护工作作为加强企业管理的一项重要内容来抓。重点是指导国有企业落实商业秘密保护措施，逐步建立起完善的商业秘密保护制度；

（2）要加强调查研究，及时发现和分析国有企业商业秘密保护工作中出现的问题，总结并推广保护国有企业商业秘密的先进做法和成功经验，努力探索保护国有企业商业秘密的有效途径；

（3）要根据行业、产品等不同情况，进行分类指导，研究制定分行业、分产品的商业秘密保护规范，引导国有企业商业秘密保护工作走向规范化；

（4）要提高依法行政的意识，在执行公务时注意保护企业的商业秘密，对本部门工作人员利用工作之便侵犯国有企业商业秘密的行为，要坚决予以查处。

（二）《中央企业商业秘密保护暂行规定》

第一章　总则

第一条　为加强中央企业商业秘密保护工作，保障中央企业利益不受侵害，根据《中华人民共和国保守国家秘密法》和《中华人民共和国反不正当竞争法》等法律法规，制定本规定。

第二条　本规定所称的商业秘密，是指不为公众所知悉、能为中央企业带来经济利益、具有实用性并经中央企业采取保密措施的经营信息和技术信息。

第三条　中央企业经营信息和技术信息中属于国家秘密范围的，必须依法按照国家秘密进行保护。

第四条　中央企业商业秘密中涉及知识产权内容的，按国家知识产权有关法律法规进行管理。

第五条　中央企业商业秘密保护工作，实行依法规范、企业负责、预防为主、突出重点、便利工作、保障安全的方针。

第二章　机构与职责

第六条　中央企业商业秘密保护工作按照统一领导、分级管理的原则，实行企业法定代表人负责制。

第七条　各中央企业保密委员会是商业秘密保护工作的工作机构，负责贯彻国家有关法律、法规和规章，落实上级保密机构、部门的工作要求，研究决定企业商业秘密保护工作的相关事项。

各中央企业保密办公室作为本企业保密委员会的日常办事机构，负责依法组织开展商业秘密保护教育培训、保密检查、保密技术防护和泄密事件查处等工作。

第八条　中央企业保密办公室应当配备专职保密工作人员，负责商业秘密保护管理。

第九条　中央企业科技、法律、知识产权等业务部门按照职责分工，负责职责范围内商业秘密的保护和管理工作。

第三章　商业秘密的确定

第十条　中央企业依法确定本企业商业秘密的保护范围，主要包括：战略规划、管理方法、商业模式、改制上市、并购重组、产权交易、财务信息、投融资决策、产购销策略、资源储备、客户信息、招投标事项等经营信息；设计、程序、产品配方、制作工艺、制作方法、技术诀窍等技术信息。

第十一条　因国家秘密范围调整，中央企业商业秘密需要变更为国家秘密的，必须依法定程序将其确定为国家秘密。

第十二条　中央企业商业秘密及其密级、保密期限和知悉范围，由产生该事项的业务部门拟定，主管领导审批，保密办公室备案。

第十三条　中央企业商业秘密的密级，根据泄露会使企业的经济利益遭受损害的程度，确定为核心商业秘密、普通商业秘密两级，密级标注统一为"核心商密"、"普通商密"。

第十四条　中央企业自行设定商业秘密的保密期限。可以预见时限的以年、月、日计，不可以预见时限的应当定为"长期"或者"公布前"。

第十五条　中央企业商业秘密的密级和保密期限一经确定，应当在秘密载体上作出明显标志。标志由权属（单位规范简称或者标识等）、密级、保密期限三部分组成。

第十六条　中央企业根据工作需要严格确定商业秘密知悉范围。知悉范围应当限定到具体岗位和人员，并按照涉密程度实行分类管理。

第十七条　商业秘密需变更密级、保密期限、知悉范围或者在保密期限内解密的，由业务部门拟定，主管领导审批，保密办公室备案。保密期限已满或者已公开的，自行解密。

第十八条　商业秘密的密级、保密期限变更后，应当在原标明位置的附近作出新标志，原标志以明显方式废除。保密期限内解密的，应当以能够明显识别的方式标明"解密"的字样。

第四章　保护措施

第十九条　中央企业与员工签订的劳动合同中应当含有保密条款。

中央企业与涉密人员签订的保密协议中，应当明确保密内容和范围、双方的权利与义务、协议期限、违约责任。

中央企业应当根据涉密程度等与核心涉密人员签订竞业限制协议，协议中应当包含经济补偿条款。

第二十条　中央企业因工作需要向各级国家机关，具有行政管理职能的事业单位、社会团体等提供商业秘密资料，应当以适当方式向其明示保密义务。所提供涉密资料，由业务部门拟定，主管领导审批，保密办公室备案。

第二十一条　中央企业涉及商业秘密的咨询、谈判、技术评审、成果鉴定、合作开发、技术转让、合资入股、外部审计、尽职调查、清产核资等活动，应当与相关方签订保密协议。

第二十二条　中央企业在涉及境内外发行证券、上市及上市公司信息披露过程中，要建立和完善商业秘密保密审查程序，规定相关部门、机构、人员的保密义务。

第二十三条　加强中央企业重点工程、重要谈判、重大项目的商业秘密保护，建立保密工作先期进入机制，关系国家安全和利益的应当向国家有关部门报告。

第二十四条　对涉密岗位较多、涉密等级较高的部门（部位）及区域，应当确定为商业秘密保护要害部门（部位）或者涉密区域，加强防范与管理。

第二十五条　中央企业应当对商业秘密载体的制作、收发、传递、使用、保存、销毁等过程实施控制，确保秘密载体安全。

第二十六条　中央企业应当加强涉及商业秘密的计算机信息系统、通讯及办公自动化等信息设施、设备的保密管理，保障商业秘密信息安全。

第二十七条　中央企业应当将商业秘密保护工作纳入风险管理，制定泄密事件应急处置预案，增强风险防范能力。发现商业秘密载体被盗、遗失、失控等事件，要及时采取补救措施，发生泄密事件要及时查处并报告国务院国资委保密委员会。

第二十八条　中央企业应当对侵犯本单位商业秘密的行为，依法主张权利，要求停止侵权，消除影响，赔偿损失。

第二十九条　中央企业应当保证用于商业秘密保密教育、培训、检查、奖励及保密设施、设备购置等工作的经费。

第五章　奖励与惩处

第三十条　中央企业在商业秘密保护工作中，对成绩显著或作出突出贡献的部门和个人，应当给予表彰和奖励。

第三十一条　中央企业发生商业秘密泄密事件，由本企业保密委员会负责组织有关部门认定责任，相关部门依法依规进行处理。

第三十二条　中央企业员工泄露或者非法使用商业秘密，情节较重或者给企业造成较大损失的，应当依法追究相关法律责任。涉嫌犯罪的，依法移送司法机关处理。

第六章　附则

第三十三条　中央企业应当结合企业实际，依据本规定制定本企业商业秘密保护实施办法或者工作细则。

第三十四条　本规定自发布之日起施行。

《PPP 业务合规管理指南》编委会成员

李朝晖　陈宝智　李长梅　杜吉国　胡耀芳　吴　恒
高金柱　徐晓明　李爱秀　刘兆星　周京皖　黄建国
李思敏　王建杰　王　珂　季开平　邓燕宁　李芝芝
王　飞　贾　青　唐　旭　张钰羚

《法人人格否认视域下母子公司管控合规管理指南》编委会成员

王立勇　黄　珂　熊濛萌　王昆鹏　刘长胜　石晓峰
杜文利　赵　洋　刘远成　孙瑞雪　覃诗佳　任丽婷
吴尘染

《反垄断合规管理指南》编委会成员

孔雪屏　唐大龙　武小军　张小雨　刘逸青

《商业伙伴合规管理指南》编委会成员

谢艳华　祝莹霞　梁源远

《劳动用工合规管理指南》编委会成员

张黎立　贺晓东　张家玮　黄　佳　侯　君　宋晓娟
李紫垣

《世界银行制裁应对合规管理指南》编委会成员

王书宝　屈自伟　彭申映　房　芳　刘玉飞　宋　媛
赵倩茹

《商业秘密保护合规管理指南》编委会成员

计　岩　孙策君　刘　明　罗　剑　康　诺　张陆军